# 다른 의견

**Conflicted**

# 다른 의견
## Conflicted

이언 레슬리 지음 · 엄윤미 옮김

**싸우지 않고, 도망치지 않고,
만족스럽게 대화하기 위한 9가지 원칙**

어크로스

반대에 부딪힐 때마다 우리는
그 의견이 옳은지 그른지 들여다보지 않고
어떻게 하면 빠져나갈 수 있을지를 생각한다.
우리의 팔을 뻗는 대신 발톱을 드러낸다.

미셸 드 몽테뉴


반대 없이는 진보도 일어나지 않는다.

윌리엄 블레이크, 《천국과 지옥의 결혼》


모두가 고개를 끄덕였지만, 아무도 동의하지 않았다.

이언 매큐언, 《암스테르담》

**일러두기**

• 본문 하단의 주는 옮긴이의 주입니다.
• 원문에서 이탤릭체로 강조한 곳은 고딕체로 표시했습니다.

# 다른 사람과 대화하기

나는 곧 만나게 될 남자에 대해 아는 것이 거의 없다. 끔찍한 범죄의 용의자라는 것, 그리고 그가 나를 적대시하고 있다는 것 외에는.

나는 영국 시골의 어느 호텔, 조명이 환하고 가구가 거의 없는 방에 앉아 있다. 하나뿐인 창문에는 두툼한 커튼이 드리워져 있다. 내 앞에는 테이블이, 반대편에는 빈 의자가 하나 놓여 있다. 내 오른편에 앉은 경찰관이 용의자에 대해 이야기해주고 있다. 지금 그는 밖에서 대기하고 있다. 경찰관은 범죄 내용을 나에게 상세히 설명해준다. 우리가 무엇을 알고 있고 아직 모르는 게 무엇인지, 그리고 내가 용의자에게서 어떻게든 얻어내야 하는 결정적인 정보는 무엇인지 말해준다. 용의자는 자존심이 강하고 화가 나 있으며 교활한 사내라고 한다.

경찰관의 말에 집중하려고 애쓰지만, 나는 이미 잠시 후의 만남에 정신이 팔려 있다. 그는 여기 있고 싶지 않을 것이다. 당연히 나 같은 사람을 좋아하지도 않을 것이다. 어떻게 하면 나와 근본적으로 다른 입장에 있는 사람이 마음을 열고 무엇이라도 말하게 할 수 있을까? 진실을 말하게 하는 것은 그다음 문제다.

브리핑이 끝났다. 손이 떨리는 것을 경찰관에게 보이지 않으려고 손을 테이블 위에 가만히 올려놓는다.

"준비되셨나요?" 경찰관이 묻는다.

"네." 나는 거짓말을 한다.

용의자가 방 안으로 건들건들 걸어 들어온다.

그의 이름은 프랭크 바넷. 건장한 체격의 배송 트럭 운전사다. 그는 자신감을 보이며 행동한다. 지금 나에겐 분명 없는 것이다. 조금 전에, 그가 구류 상태에서 경찰관들에게 고함을 지르고 공격적으로 행동했다는 이야기를 들었다. 아이들을 학교에 데려다주던 중에 체포되어 화가 나 있는 것이 분명하다고 했다. 건너편에 앉은 바넷이 나를 차갑게 노려본다. 나는 긴장했다는 것을 들키지 않으려고 애쓰면서, 지난 일요일 오후에 뭘 하고 있었는지 묻는다.

"빌어먹을, 내가 왜 형씨한테 말해야 되는데?"

맙소사. 나에겐 생소한 상황이다. 내가 나누는 대화의 대부분은 최소한 나와 이야기하고 싶어 하는 사람들을 상대로 이루어진다. 상대방은 대화가 잘 이루어지길 바라고, 나 또한 그렇다. 대화 내용에 동의하진 않더라도, 대화 방식에는 동의하고 있다. 암묵적으로 존재하던 합의가 사라져버린 상황은 걱정스러울 만큼 혼란스러웠다. 나는 다시 대화를 시도한다. 바넷에게 일요일에 뭘 하고 있었는지 내게 알려주면 좋겠다고 말해본다.

> 바넷 그걸 왜 나한테 묻는 거요?
> 이언 그날 근처에 있었던 사람들에게 물어볼 게 있⋯.
> 바넷 다른 놈들한테는 관심 없다고. 왜 나한테, 프랭크 바넷한테 그런 걸 묻냐고? 왜 나냐고?

속이 뒤틀린다. 바넷의 적의에 이자까지 붙여 되돌려주고 싶다는 생각이 든다. 저렇게 공격적으로 나올 자격이 있나? 범죄 용의자는 내가 아니라 그인데 말이다. 한편으로는 이 대립 상황을 회피하고 사과하고 싶다. 나는 혼란스럽고 불편하다. 이러지도 저러지도 못하는 상황이다.

## '갈등의 시대'에 갈등을 다루는 법

지난 몇 년 동안 나는 우리 사회에서 공적으로 이루어지는 의견 대립들이 왜 이렇게 엉망으로 흘러가 버리는가 하는 질문에 깊은 관심을 갖게 되었다. 의견이 다른 사람들 간의 대화는 점점 더 어려운 일이 되고 있다. 악다구니의 진창에 빠져버리거나, 중립 기어를 놓고 어정쩡한 태도를 취한다. 개인적인 삶의 영역에서도 같은 문제에 부딪힌다. 부모와 아이들 간의 논쟁이든, 직장에서의 말다툼이든, 논쟁하는 법을 모르니 의견이 충돌하면 거기에 걸려 앞으로 나아가지 못한다. 독기를 내뿜으며 싸우거나 무의미한 교착상태에 빠져들지 않고도 다른 의견을 표현할 수 있어야 하지 않을까? 우리는 왜 그렇게 하지 못하는 걸까?

이러한 질문에 만족할 만한 답을 찾기 위해 나는 연구를 시작했다. 고대 철학자들로부터 시작해 수천 년 동안 사상가들이 수립하고 다듬어온 훌륭한 지적 토론의 원칙들을 읽어보았다. '상대의 선의를 가정하라', '너의 주장뿐만 아니라 상대방의 주장도 이해하라', '허수아비 논증의 오류°에 빠지지 마라' 등등. 이런 원칙들은 현명하고 깨달음을 주는 것들이지만, 여전히 석연치 않은 것이 남았다. 건강한 식생활이나 규칙적인 운동이 그렇듯, 의견이 다를 때 어떻게 해야 하는지를 알면서도 실천하기는 어려워 보였다. 이론적으로는 이해할 수 있지만, 상사나 아내, 소셜미디어의 낯선 사람과 싸우기 시작하는 순간 이론은 창밖으로 사라져버린다. 나는 생산적인 의견 대립은 철학의 문제가 아니라 잘 훈련된 습관이나 기술의 문제라고 생각하게 되었다.

인간은 논리적인 기계가 아니다. 우리는 자기중심적이고, 오만하고, 충동적이고, 불안정하며, 바라는 것이 많다. 논쟁을 벌일 때면 순수한 의견과 근거를 제시하기보다는 거의 언제나 상대에 대한 감정과 뒤얽힌다. 감정이 반드시 나쁜 것만은 아니다. 감정이 있기에 우리는 믿는 바를 지킬 수 있고, 다른 사람의 관점에 공감할 수 있다. 하

---

● 상대의 이야기를 곡해해, 그와 유사하지만 전혀 다른 '허수아비'를 정해놓고 그것을 공격하는 오류.

지만 감정은 건강한 논쟁을 방해하기도 한다. 원시적 본능이 작동하기 시작하면 생각이 흐려지고 행동이 왜곡된다. 예의 바른 의견 대립의 표면 아래서 긴장이 부글부글 끓어오른다. 끓어오른 긴장이 때로는 분노가 되고, 때로는 우리를 뚱하게 뒤로 물러나 있게 한다. 어떤 경우엔 진실함과 친밀함 쪽으로 우리를 밀어주기도 한다.

반대 의견을 낼 때, 우리는 대화에 우리의 전부를, 즉 머리와 마음, 직감을 동원한다. 토론이나 논쟁에 관한 대부분의 논문들은 머리에만 집중하는 것이 문제다. 나는 세 가지를 모두 다루고 싶었다. 조사 전문가를 설득해서 경찰 심문팀의 일원으로 역할극에 참여한 것도 이 때문이었다. 우리가 매일의 일상에서 겪는 의견 대립은 범죄 수사를 위한 면담과는 당연히 다를 것이다. 우리는 아마도 직장에서 프로젝트를 진행하는 방식에 대해, 육식을 해도 괜찮은지에 대해, 공동 계좌에서 누가 더 돈을 많이 쓰고 있는지에 대해 논쟁을 할 것이다. 그러나 이런 논쟁도 프랭크 바넷과의 논쟁과 근본적인 공통점을 갖는다. 적어도 부분적으로는 상대에 대해 어떻게 느끼는가가 연관되어 있다는 점에서 그렇다. 의견 대립의 표면 아래에서 언제나 관계에 대한 무언의 협상이 벌어진다. 관계의 문제부터 해결하지 않으면, 대화가 잘 흘러갈 가능성은 없다.

감춰진 영역에 주의를 기울인다면, 가장 어려운 의견 대립도 생산적인 대화로 이끌 수 있다. 어떤 사람들은 이 일을 업으로 삼는다. 우리는 긴장감이 높고 위험이 크며 적대적인 대화를 풀어나가는 일이 업무의 일부인 사람들에게서 많은 것을 배울 수 있다. 경찰관, 인질 협상가, 외교관 등이다. 이들 전문가들이 매일 마주치는 어려움과 우리 모두가 부부 싸움이나 정치적 논쟁, 직장 내 갈등 상황에서 마주치는 어려움은 놀랄 만큼 비슷하다. 직접 경험을 통해 쌓아온 전문성에 커뮤니케이션 과학과 인지심리학 분야의 아이디어와 연구를 더한 결과, 우리 모두의 삶에 적용할 수 있는 생산적인 논쟁의 원칙을 찾아낼 수 있었다.

이 과정에서, 나는 범죄 조사관 역할에만 참여해본 것이 아니었다. 멤피스에서는 경찰관들이 폭력이 빈번하게 일어나는 거리에서 긴장감 높은 상황을 다루는 법을 훈련받는 모습을 참관했다. 이혼 중재 전문가를 만나 같은 공간에 있는 것조차 못 견뎌하는 두 사람이 합의점을 찾아가는 과정을 어떻게 이끄는지에 대해 이야기를 나눴다. 치료사들에게는 어떤 조언도 받아들이지 않는 환자와 어떻게 대화를 나누는지 물어보았다. 인질 협상가들로부터는 건물을 폭파시키겠다고 협박하는 사람이나 다리에서 뛰어내리려는 사람을 어떻게 설득하는가를 배웠다. 이들 전문가들은 각각 다른 영역에서 일했지만, 전혀 가망 없어 보이는 상황에서도 소중한 것을 찾아내는 경험을 쌓은 사람들이었다. 그들은 대화 아래의 대화를 이끌어가는 전문가였다.

그 과정에서, 이 글을 쓰고 있는 나 자신을 포함해 인간에 대해 많은 것을 배웠다. 나는 타고난 싸움꾼이 아니다. 사소한 갈등만 생겨도 불편해서 어쩔 줄 모르는 사람이다. 하지만 나는 갈등이 무조건 피해야 하는 대상이 아니라는 것, 적절한 조건에서는 충족감을 주는 커다란 혜택을 가져오기도 한다는 것을 배웠다. 의견 대립이 불쾌한 방향으로 흘러가지만 않는다면, 아이들은 부모와 공개적으로 대립할 수 있을 때 더 행복하다는 것도 배웠다. 격렬한 논쟁을 벌이는 커플은 대립 상황을 회피하는 커플보다 대개 만족도가 높다는 것도 배웠다. 일터에서는 관계를 해치지 않으면서 대립되는 의견을 직접적이고 격렬하게 내놓는 법을 아는 팀들이 더 좋은 성과를 낸다. 계속 동의하기만 하는 것은 해롭다는 것을 배웠고, 우리가 의견 대립을 잘 풀어갈 때 서로의 차이를 가장 잘 활용할 수 있다는 것도 배웠다.

교착상태와 악다구니에 빠지지 않고 서로를 이해하며 앞으로 나아가는 방식으로 의견 대립을 풀어가는 법을 배울 수 있다면, 이는 우리 모두에게 도움이 될 것이다. 그러나 생산적인 의견 대립은 중요한 삶의 기술 이상의 것이다. 인류가 전례 없는 존재론적 도전에 맞서야 할 때, 이 기술은 인류라는 종이 살아남기 위해 반드시 필요한 것이 된다. 의견 대립은 사유의 방식이기도 하다. 아마도 우리가 가진 가장 좋은 사유법일 것이며, 부부 관계에서 기업, 민주주의에 이르기까지 공동으로 굴려가는 것들을 건강하게 유지하는 데 핵심적인 역할을 할 것이다. 우리는 모호한 관념을 실행 가능한 아이디어로, 사각지대를 통찰로, 불신을 공감으로 바꾸어놓기 위해 의견 대립의 기술을 사용할 수 있다. 지금처럼 이 기술이 필요했던 적은 없었다.

환상을 가지고 있다면, 말씀드리겠다. 생산적으로 의견 대립을 풀어가는 일은 어렵다. 진화 과정에서 우리는 이 기술을 장착하지 못했다. 훈련받지도 못했다. 사실은 우리 모두 엉망이라고 말해도 될 것이다. 이제는 바뀌어야 한다. 그렇지 않으면 우리는 점점 목소리가

커져가는 의견 대립에서 빛을 만들어내지 못하고 뜨거운 열만 뿜어
내게 될 것이다. 아니면 의견 대립 자체를 회피함으로써 아무것도 만
들어내지 못할 것이다. 유독한 논쟁을 벌이는 것보다 더 나쁜 것은
아예 논쟁을 하지 않는 것이다.

**Part 2**

# 생산적 의견 대립을 위한 원칙

## Part 3

# 자리를 떠나지 말 것

Part
1

다른 의견을
말하고 들어야 하는 이유

극단적으로

다른 사람들이

모여 사는 세상

우리는 그 어느 때보다도
의견 대립이 일어날 가능성이 높은
사회에 살고 있지만,
이에 대해 전혀 준비되어 있지 않다.

2010년, 《타임》은 페이스북의 사명을 이렇게 정의했다. "울부짖는 무리를 길들이고, 기회가 무작위적으로 주어지는 외롭고 반사회적인 세상을 다정한 곳으로 만든다." 인터넷이 대중화된 첫 10년 동안은, 사람들이 의사소통을 많이 할수록 더 친절해지고 서로를 이해하게 되며 공공의 담론도 더욱 건강해질 것이라는 이론이 인기를 얻었다. 2020년대에 접어든 지금, 이러한 비전은 지극히 순진해 보인다. 울부짖는 무리들은 밤낮으로 서로 충돌하고 있다. 인터넷이 사람들을 연결해주긴 하지만 항상 동료의식을 만들어내지는 않는다. 최악의 경우 인터넷은 불화와 분열을 만들어내는 기계처럼 보인다.

실리콘밸리의 창업자 폴 그레이엄Paul Graham은 인터넷은 태생적으로 의견 충돌을 만들어내는 매체라고 지적했다. 디지털 미디어 플랫폼은 본질적으로 상호작용을 하게 되어 있는데, 사람들은, 음… 논쟁을 좋아한다. 그레이엄이 말하듯, "사람들은 동의할 때보다 반대할 때 더 큰 동기부여를 얻는 경향이 있다." 독자들은 반대 의견이 있을 때 기사나 포스팅에 의견을 남길 가능성이 높고, 반대하는 입장일 때

할 말이 더 많다('동의한다'는 표현은 그리 다양하지 않다). 반대할 때 더 활발해지기도 하는데, 이는 보통 화를 낸다는 의미다.

2010년, 어느 데이터 사이언스 팀이 BBC 토론 포럼의 사용자 행동을 연구했다. 그들은 1만 8000명의 사용자가 남긴 약 250만 건의 포스팅에 드러난 감정 상태를 측정했다. 그 결과 긴 토론 타래를 이어가는 것은 부정적인 의견들이고, 가장 적극적인 사용자는 부정적인 감정을 표출하는 경우가 많다는 것을 발견했다.

우리는 불쾌한 의견 충돌이 어디에나 있는 세상, 사람들이 더 자주 공격적이 되거나 공격받는 세상, 더 많이 말하고 훨씬 덜 듣는 세상에 살고 있다. 우리가 사용하는 커뮤니케이션 기술은 분명 이러한 현상에 일조했다. 이게 모두 페이스북이나 트위터 탓이라고 비난하는 것은 솔깃한 일이지만, 그렇게 해버린다면 지난 수십 년, 아니 수백 년 동안 형성되어온 인간 행동의 근본적인 변화라는 측면을 놓치게 될 것이다. 디지털 세상에서만이 아니라 사회적으로도 일방향 소통 채널은 줄어들었다. 모든 사람들이 모든 사람들의 말에 대답한다. 우리가 서로에게 더 많이 반대하게 된 것은 현대 사회가 속마음을 말하라고 요구하고 있기 때문이다.

## 고맥락-저맥락 문화

미국의 인류학자 에드워드 T. 홀Edward T. Hall은 고맥락 문화와 저맥락 문화라는 두 가지 커뮤니케이션 문화를 소개했다. 이는 대다수 좋은 이론들이 그렇듯 명확한 이해를 돕기 위해 현실을 단순화한 것이다. 저맥락 문화에서 커뮤니케이션은 명쾌하고 직설적이다. 사람들의 말은 생각과 감정의 표현이며, 있는 그대로 받아들여진다. 의미를 파악하기 위해 누가 어떤 상황에서 말하고 있느냐라는 맥락을 이해할 필요가 없다. 반면 고맥락 문화에서는 겉으로 드러나는 메시지가 많지 않으며, 대부분의 메시지가 은연중에 표현된다. 각각의 메시지는 단어 자체보다는 맥락에 담겨 전달된다. 커뮤니케이션은 완곡하고 미묘하며 애매모호하다.

대체로 유럽과 북미 국가들은 저맥락 문화에, 아시아 국가들은 고맥락 문화에 속한다. 예를 들어 부부즈케는 일본 교토에서 즐겨 먹는 단순한 음식으로 밥에 녹차나 국물을 부은 것이다. 교토 사람의 집에 갔는데 주인이 부부즈케를 내준다면, 당신이 배가 고픈 상황일 때는 먹겠지만 그렇지 않으면 사양할 것이다. 하지만 교토에서 부부즈케를 내놓는 것은 이제 손님이 일어날 때가 되었다는 것을 알리는 전통적인 방식이다. 이 의미를 이해하려면 맥락을 알아야 한다.

일본과 같은 고맥락 사회는 보다 전통적이고 의례를 중요시한다. 좋은 커뮤니케이션이란 공통의 상징, 연장자나 지위가 높은 사람에게 경의를 표하는 것과 같은 암묵적 예의의 규칙을 깊이 이해하는 것이다. 커뮤니케이션의 주된 목적은 정보를 주고받거나 속마음을 털어놓는 것이 아니라 좋은 관계를 유지하는 것이다. 잘 듣는 것이 중요한데, 고맥락 대화에서 의미를 파악하기 위해서는 듣는 사람이 말의 행간을 읽어내야만 하기 때문이다. 고맥락 사회에서 말하는 사람은 절제된 단어를 사용하고, 말 사이에 멈추어 침묵하는 것을 편안하게 여기며, 자신이 말할 차례를 기꺼이 기다린다.

미국과 같은 저맥락 사회는 덜 전통적이고 다양성이 높다. 단기적인 관계가 많이 이루어지고, 유동적이며, 경의를 표하기 위한 의례가 적다. 말하기나 듣기에서 전통이나 의례, 지위를 이해하는 것은 그다지 도움이 되지 않는다. 모든 사람은 자신의 기준에 따라 말한다. 맥락을 믿어선 안 되기 때문에, 사람들은 언어 자체에 의지한다. 저맥락 커뮤니케이션의 특징은, 어느 학자의 말을 빌리자면 "끊임없는, 때로는 영원히 끝나지 않는 언어의 사용"에 있다. 의도는 명확히 표현되고, 욕망은 전달되며, 이유는 설명된다. 사람들은 서로를 이름으로 부르며 스몰토크에 참여한다. 상대의 말에 더 자주 끼어들고 입씨름을 벌이며 더 많은 논쟁을 한다.

여기에 고맥락 문화와 저맥락 문화의 가장 큰 차이가 있는데, 얼마나 많은 의견 충돌을 만들어내느냐는 것이다. 아시아 문화에서는 의견을 직설적이고 강하게 표현하는 일은 드물다. 그런 행동은 미숙하거나 심지어는 공격적인 것으로 받아들여진다. 서구인들은 좀 더 흔쾌히 솔직한 생각을 말하며 의견 대립이 일어날 위험을 무릅쓴다. 마찰이 생길지라도 의견이 다른 것을 당연하게 여긴다. 이 차이는 상대적인 것이기도 하다. 서구에서도 지나친 의견 충돌을 피하기 위해 저녁식사 자리에서는 정치나 종교 이야기를 하지 않는 관습과 같은 문화적 전략이 만들어졌다. 하지만 전통이 사라져가면서, 이러한 관습이 갈등을 줄여주던 효과도 약해지고 있다.

| 고맥락 문화 | 저맥락 문화 |
| --- | --- |
| 암시적인 | 명쾌한 |
| 간접적인, 미묘한 | 직접적인, 대립하는 |
| 감정적인 | 사무적인 |
| 보다 강한 관계 | 보다 얕은 관계 |
| 보다 높은 신뢰 | 보다 낮은 신뢰 |

여기서는 설명을 위해 국가 수준에서의 차이를 대략적으로 비교하고 있지만, 홀의 고맥락-저맥락 문화 모델은 다양한 수준으로 적용할 수 있다. 서로를 잘 아는 작은 마을 주민들의 커뮤니케이션은 고개를 끄덕이거나 윙크를 하는 것으로도 이루어지며, 다른 배경의 낯선 사람들과 만나는 것에 익숙한 대도시 사람들보다 훨씬 고맥락적이다. 오래된 조직에서 직원들이 서로 의사를 전달하는 방식은 새로들어온 직원에겐 혼란스러울 수 있다. 반면 스타트업에서는 명확하게 설명할 수 있는 것만 전달된다. 각 개인은 고맥락과 저맥락 방식사이를 오간다. 가족과 친구들 사이에서는 고맥락 커뮤니케이션을많이 하겠지만, 콜센터 직원과 통화할 때는 저맥락 커뮤니케이션을할 것이다. 다양성이 높고 혁신이 일어나며 변화하는 사회에는 저맥락 문화가 더 적합하다. 그러나 한편으론 인간미 없고 불안정하며 예측할 수 없는 것처럼 느껴질 때도 있다. 게다가 더 많은 갈등의 소지를 품고 있기도 하다.

세계 어디에 살고 있든, 우리 대부분은 점점 저맥락적으로 변해가는 삶을 살고 있다. 더 많은 사람들이 도시로 몰려들고, 낯선 사람들과 거래를 하며 스마트폰으로 대화를 나누고 있기 때문이다. 각 국가의 커뮤니케이션 문화가 있다 해도, 대부분의 국가들은 상거래, 도시화, 기술이라는 범세계적 벡터의 영향을 받고 있다. 이에 따라 전통이 약화되고, 위계는 평등해지며, 의견 충돌의 범위는 넓어지고 있다. 우리가 이러한 변화에 준비되어 있는지는 확실치 않다.

인류라는 종으로 존재해온 대부분의 기간 동안 인간은 고맥락 방식으로 행동해왔다. 우리 선조들은 정착지에서 전통과 정해진 명령 체계를 공유하는 부족들과 함께 살았다. 오늘날에는 가치와 관습이 다른 사람들을 자주 만나게 된다. 동시에 그 어느 때보다도 평등주의 성향이 강해졌다. 어디를 보든, 모든 사람들이 평등하게 목소리를 내거나 그럴 수 있기를 요구하는 상호 관계가 존재한다. 결혼 관계가 변화해온 모습을 예로 들어보자. 70년 전에는 대부분의 결혼 관계에서 누가 어떤 집안일을 담당할지, 누가 아이를 돌볼지 논의할 필요가 없었다. 그런 일은 말로 하지 않아도 되는 것이었다. 이러한 의사결정을 문화가 내려주었기 때문이다. 젠더 평등 의식이 부상하면서, 오늘날의 가정에서는 좀 더 명확한 커뮤니케이션과 협상이 필요하다. 이제는 누가 빨래를 할지를 맥락이 결정해주지 않는다. 나도 당신도 이 변화를 매우 긍정적으로 받아들이지만 동시에 이러한 변화가 가시 돋친 의견 대립의 가능성도 높인다는 것을 알고 있다.

결혼을 이해하려면 사회의 전반적인 상황을 읽어야 한다. 아이들은 더 이상 부모의 권위에 조용히 순종하지 않는다. 조직은 명령과 통제보다 협력에 기대어 운영된다. 언론인들은 더 이상 독자들이 기사를 있는 그대로 받아들일 거라 기대할 수 없다. 축구 감독들은 탈의실에서 선수들에게 고함을 지르는 것이 팀의 승리를 이끄는 가장 효과적인 방식이 아니라는 것을 알게 되었다. 모든 사람들은 자신의 의견이 경청되기를 기대하며, 점점 그렇게 되고 있다. 이렇게 시끌벅적하고 불손하고 눈부시게 다양한 세상에서, 무엇을 말해도 되고 무엇을 말해선 안 되는지에 대한 암묵적 규칙은 훨씬 느슨하고 유연해지고 있으며, 어떤 경우엔 사라지고 있다. 우리의 결정을 이끄는 맥락이 이전보다 줄어들면서, '모두가 동의하는' 것들의 수는 빠르게 줄어들고 있다.

저맥락으로의 이동은 오랜 기간에 걸쳐 이루어져왔지만, 커뮤니케이션 기술은 변화의 가속도를 어지러울 정도로 빠르게 만들었다. 인간은 눈과 자세, 움직임, 목소리의 높이와 억양으로 상대의 의도를 간파하는 고도로 진화된 능력을 가지고 있다. 온라인에서는 이러한 맥락이 사라진다. 스마트폰의 인터페이스와 마이크로블로깅 플랫폼들은 저맥락에 맞추어 설계된 것이다. 사용자들은 한 번에 몇 마디 글과 몇 장의 사진만을 올릴 수 있다. 이모지가 신호를 키워준다 하더라도 우리는 글쓴이의 의도를 대략적으로만 읽어낼 수 있다. 적어도 극단적인 형태에서의 저맥락 문화를 규정짓는 것이 무엇이었는지 생각해보라. 영원히 이어지는 수다, 자주 벌어지는 논쟁, 모든 사람들이 자신의 생각을 표현하기 위해 항상 떠들고 있는 것이다. 갈등 중재 전문가인 이언 맥더프Ian Macduff가 말하듯, "인터넷 세상은 대체로 저맥락 세상과 같다." 이런 상황에서 우리는 20만 년 전의 세상에서 진화해온 갈등 중재 전략에 여전히 기대고 있는 것이다.

## 싸우거나 도망치는 두 가지 전략

인간이 순수하게 이성적인 존재라면, 우리는 상대방의 반대 의견을 예의 바르게 경청한 후 신중하게 대답을 내놓을 것이다. 현실에서 의견 대립이 일어날 때는 우리 뇌에 화학적 신호가 흘러넘쳐 눈앞의 이슈에 집중하기가 어려워진다. 내가 공격받고 있다는 신호다. '나는 당신에게 동의하지 않아요'라는 말은 '나는 당신을 좋아하지 않아요'로 받아들여진다. 다른 사람의 관점에 마음을 열기보다는 자신을 보호하는 데 집중하게 되는 것이다.

의견 대립에 대한 반감은 진화의 역사에 담겨 있다. 신경과학자 조너스 캐플런Jonas Kaplan, 세라 김블Sarah Gimbel, 샘 해리스Sam Harris는 뇌 영상법을 이용해 사람들이 강력하게 지켜온 정치적 신념에 반하는 증거를 마주했을 때 어떤 일이 벌어지는지 연구했다. 그 결과 신체적 위협을 받았을 때와 같은 뇌 영역이 활성화되는 것을 발견했다. 약한 의견 대립이 일어나는 경우에도 대화 상대는 우리를 해치려는 위험한 적대자가 된다. 우리의 몸도 마찬가지로 반응한다. 가슴이 조여들고 심장 박동이 빨라진다.

동물들은 싸우거나 도망치는 두 가지 전략으로 위협에 대응한다.

하버드대학의 생물학자 월터 브래드퍼드 캐넌Walter Bradford Cannon이 1915년에 이를 처음으로 발견했다. 인간도 다르지 않다. 의견 대립이 생기면 우리는 공격적이 되어 맹렬히 비난을 퍼붓거나, 뒤로 물러나 의견을 속으로 삼키며 갈등을 피하려 한다. 이러한 인간 본연의 반응은 오늘날의 저맥락 환경에서도 우리 행동에 여전히 영향을 미친다. 적대적이고 대체로 무의미한 논쟁에 뛰어들거나, 또는 논쟁을 피하기 위해 할 수 있는 모든 일을 하는 것이다. 21세기에는 두 가지 대응 전략 모두 제대로 기능하지 못한다.

의견 충돌에 싸움으로 대응하는 예를 찾기 위해 멀리 갈 것도 없다. 소셜미디어 피드를 열거나 제일 좋아하는 웹사이트의 댓글을 읽어보라. 앞서 지적한 대로, 인터넷이 모든 사람들에게 반대할 수 있는 기회를 주었기 때문에 일어나는 일이기도 하다. 하지만 한편으론 의견 대립이 공공의 소리 지르기 대결이 되도록 소셜미디어가 맞춤 설계되었기 때문이기도 하다. 소셜미디어는 사람들이 이미 동의하고 있는 의견만 만나게 하는 반향실Echo Chamber을 만들어낸다고 알려져 있다. 그러나 증거가 보여주는 사실은 그와 반대다. 소셜미디어 사용자들은 비사용자들보다 더 다양한 뉴스를 얻는다. 한 연구에 따르면 소셜미디어 사용자들은 두 배 많은 정보원에서 뉴스를 얻는다. 자신이 세계를 바라보는 관점에 힘을 실어주는 채널을 선호하긴 하지만, 더 많은 정보원에서 뉴스를 얻을수록 좋든 싫든 다른 관점에 폭넓게 노출되기 마련이다. 인터넷은 버블을 만들어내는 것이 아니라 버블을 터뜨려 적대감과 두려움, 분노를 만들어낸다.

'정말 역겹네요', '그자는 악마예요'와 같이 도덕적 판단을 내리는 언어는 온라인 대화에서 눈에 띄는 특징이다. 예일대에서 뇌신경학을 연구하는 몰리 크로켓Molly Crockett은 우리가 오프라인의 삶에서는 비도덕적이라 할 만한 행위에 맞닥뜨릴 일이 거의 없다고 지적한다. 미국과 캐나다에서 진행한 연구에 따르면, 비도덕적인 행위를 목격하는 경험은 우리의 일상 경험 중 5퍼센트가 채 안 된다. 그러나 인터넷에서는 비도덕적인 행위에 항상 맞닥뜨리게 된다. 뉴스는 악당들과 잔혹 행동의 퍼레이드처럼 느껴진다. 데이터에 따르면, 사람들은 충격적인 비도덕적 행위를 전통 미디어보다 온라인을 통해 알게 될 가능성이 높다. 분개할 만한 콘텐츠가 공유될 가능성이 높기 때문이라는 것이 일부 이유다. 뉴욕대의 컴퓨터 사회심리학자 윌리엄 브래디William Brady가 이끄는 연구팀에서 과학자들은 논쟁적인 정치 사안에 관한 50만 건 이상의 트윗을 분석했다. 트윗에 포함된 도덕적·감정적인 단어들은 네트워크를 타고 리트윗되며 퍼져나가는 과정에서 한 단어가 늘어날 때마다 20퍼센트 더 확산됐다. 분노에 찬 메시지를 올린 사용자는 '좋아요'나 '공유'를 통해 지위가 상승하고, 이러한 메시지들이 올라오는 플랫폼은 광고주들에게 팔 수 있는 관심과 참여도를 얻는다. 따라서 온라인 플랫폼들은 모든 논쟁에서 가장 극단적이고 폭발력 있는 내용을 밀어 올릴 때 이득을 얻는다. 세밀한 뉘앙스, 회고, 서로에 대한 이해 같은 것들은 이 십자포화 속에서 상처를 받게 될 뿐만 아니라 필연적인 희생자가 된다.

퍼져나가는 분노로부터 관계를 보호하기 위해 수백 년에 걸쳐 발달해온 사회적 규범들, 예를 들어 낯선 사람들과 논쟁적인 주제로 대화하지 않는다는 관습은 온라인에서는 적용되지 않는다. 우리는 모르는 사람들을 대상으로 무분별하게 방사성의 메시지를 포스팅하고, 트윗하고, 전달한다. 낯선 사람들에게 화를 낼 때면 상대의 관점을 보거나 공정하게 대하려 노력할 가능성이 낮다. 심리학자들은 크게 분노하는 사람일수록 자신과 다른 사람들에게 편견을 가지게 될 가능성이 높다는 점을 발견했다. 분노의 원인과는 무관한 사람들인데도 말이다.

물론 소셜미디어는 실제의 삶과 다르다. 사람들이 온라인에서 분노에 차서 쏟아낸 의견 대립을 실제의 삶에 옮겨온다는 증거는 별로 없다. 그러나 이는 보이는 것처럼 순수하게 좋은 소식이 아니다. 온라인에서만 공허한 분노를 본다는 것은 현실에서 의견 대립을 제대로 풀어내지 못하고 있다는 증거일 수도 있다. 싸우는 것처럼 연막을 치고 있지만 실은 도망치고 있는 것이다. 트위터에서의 도덕적 분노에 대한 윌리엄 브래디의 연구에 따르면, 메시지의 확산은 진보주의자와 보수주의자들 각각의 내부에서 이루어졌지, 두 집단 사이에서 이루어지지 않았다. 사람들은 외부 집단에 대한 분노를 공유하며 결속을 다졌을 뿐 그 누구도 논쟁에 참여하지는 않았다. 어떤 의미에서 분노는 표면적으로만 의견 대립에 관한 것이다. 분노에 동참하는 전적인 의미는 우리 편에게 동조하는 것이었다.

미국의 공화당 지지자와 민주당 지지자들은 점점 더 다른 동네로 갈라져 거주하며 다른 교회, 다른 상점에 다닌다. 유권자들은 논쟁에 참여하는 대신 논쟁을 피하기 위해 할 수 있는 모든 일을 하고 있으며, 분열을 조장하는 미디어의 수사 속에서 정치에 대한 관심을 잃었다.

컬럼비아대학의 2020년 연구에 따르면, 정치는 미국에서 가장 꺼리는 대화 주제다. 정치학자 사마라 클라Samara Klar와 야나 크룹니코프Yanna Krupnikov는 어떤 당이든 선거 현수막이 걸려 있는 동네는 주택 구매자들에게 매력도가 떨어진다는 것을 발견했다. 한 온라인 설문에 따르면, 20퍼센트가 조금 넘는 응답자들은 같은 정치관을 가지고 있다고 해도 새로운 동료가 사무실에서 정치 이야기를 한다면 그 동료를 반기지 않을 것이라고 대답했다. 같은 응답자들이 정치적 양극화에 관한 기사를 읽고 난 후 수치는 40퍼센트까지 상승했다. 불편한 대화에 대한 우려 때문이었다.

저맥락 문화에서도 사람들은 갈등과 스트레스를 유발할 가능성이 있는 대화 주제를 피하는 경향이 있다. 의견에 동의할 때, 특히 소원해지고 싶지 않은 사람에게 동의할 때 반대하는 것보다 기분이 좋은 것은 사실이다. 그러나 피하는 것—도망치는 것—도 또한 소원해지는 이유가 될 수 있다.

## 갈등 회피의 함정

텀블러Tumblr와 비슷한 마이크로블로깅 플랫폼 포스터러스Posterous는 게리 탄Garry Tan이 2008년에 설립했다. 이 서비스는 로켓처럼 빠르게 성장해 가장 인기 있는 사이트 중 하나가 되었다. 탄과 그의 공동 창업자는 수백만 달러의 투자를 유치하며 실리콘밸리 창업자들 중에서도 유명인의 지위에 올랐다. 그러나 2010년, 사이트의 접속 트래픽이 성장을 멈추었다. 두 창업자는 이유를 알 수 없었다. "우리는 우리가 성장한 이유도, 더 이상 성장하지 않는 이유도 알지 못했습니다." 탄이 나에게 말했다. 탄과 파트너는 무엇을 해야 하는가에 대한 의견 대립 속에 갇혀버렸다.

하버드 경영대학원의 연구에 따르면 65퍼센트의 스타트업은 '공동 창업자 간의 갈등' 때문에 실패한다. 새로운 사업을 성공시키기 위해 리더들은 어려운 변화를 겪어야 한다. 쿨한 아이디어를 가지고 일하는 친구에서 다수의 이해관계자들을 가진 복잡한 기업체의 관리자로 변화해야 하는 것이다. 직감에 따르며 자신의 방식으로 결정을 내려온 사람들이 준비되지 않은 채 새로운, 많은 경우 부담스러운 책임을 지게 된다. 친구나 가족이어서 채용되었던 직원들은 압박 속에서 한계를 시험받는다. 함께 시작한 친구들은 한계에 다다를 때까지 결속력을 시험받게 된다.

신중하고 예의 바른 탄에게 대립은 어려운 것이었다("아버지는 고집 세고 사려 깊지 못한 분이었어요. 저는 그 반대쪽으로 진화해왔죠"). 친구들과의 긴장 상태를 겪으며 그는 신체적으로나 정신적으로 무너질 지경에 이르렀다. 잠을 자지 못했고 거의 먹지도 못했다. 빠르게 달리고 있는 사람처럼 맥박이 뛰었다. 그는 결국 건강을 위해, 모든 것을 바쳤던 회사에서 사임했다(포스터러스는 트위터에 인수되었고, 이후 곧 서비스가 중단되었다).

포스터러스가 가파른 내리막에 들어섰을 때, 탄과 파트너들은 긴급하게 협력해 해결 방안을 찾아냈어야 했다. 그러나 그들은 서로를 피했다. 나중에 탄이 깨달은 문제점은, 공동 창업자들이 성공을 누리던 시절에 한번도 싸워보지 않았다는 것이었다. "저는 관계를 만들어내고 최상의 성과를 올리기 위해 반드시 해야 했던 어려운 일을 하지 않고 건너뛰었습니다. 갈등을 끌어안고 해결하는 일 말입니다. (…) 우리는 터놓고 솔직하게 이야기한 적이 거의 없었어요." 그들의 관계는 겉으론 단단해 보였지만, 안을 들여다보면 불안정했다.

현대의 직장에서는 동료들과 잘 어울리는 것, 심리적 안전감을 만들어내는 것을 중요하게 여긴다. 이러한 특성이 가장 좋지 않게 발현되는 경우는, 다른 사람들을 따라 고개를 끄덕여야 한다고, 의문을 누르고 불편한 질문을 삼켜야 한다고 느끼는 경우다. 조직의 각 부문 간에는 갈등이 있어야만 하고, 직원들은 조용히 자신의 우선순위를 추구하기보다 이러한 갈등을 공개적으로 논의해야 한다. 암묵적으로 의견 대립을 막는 문화를 가진 조직은 옹졸한 사내 정치나 의사결정의 실책, 권력 남용에 더욱 취약해진다. 테이블에 둘러앉은 사람들은 무언가, 또는 누군가 잘못되었다고 생각할 때 목소리를 낼 수 있어야 할 뿐만이 아니라 반드시 목소리를 내야 한다고 느껴야 한다.

의견 대립의 비용과 이익은 대칭으로 나타나지 않는다. 의견 대립이나 모든 종류의 갈등을 회피할 때 얻는 이익은 즉각적이다. 실제로도, 심리적으로도 방을 떠남으로써 당장은 마음이 편안해질 수 있다.

반면 의견 대립이 가져오는 이익은 의견 대립으로 인한 불편함과 비교하면 당장 분명하게 드러나지 않는다. 의견 대립이 가져오는 이익은 보다 장기적으로 누적되어 나타나며, 결국엔 더 크다.

## 토론, 논쟁, 대화 말고 다른 단어는 없나요?

성격을 연구하는 심리학자들은 측정 가능한 일관적인 특성을 파악해냈다. 개방성(얼마나 새로운 경험을 좋아하는가)이나 성실성(얼마나 효율적이고 조직화되어 있는가)이 그 예다. 또 다른 특성은 얼마나 공감할 수 있고 연민할 수 있는가, 즉 얼마나 친절한 사람인가이다. 심리학자들이 이 특성을 뭐라고 이름 붙였을까? 선뜻 동의하는 성격agreeableness*이라는 단어를 썼다. 과학자들만이 아니다. 일상적인 생활에서 우리는 'disagreeable'이라는 단어를 별로 좋아하지 않는 대상이나 사람을 의미하는 데 쓴다. 동의하지 않는 것이 환영받지 못하거나 심지어 부끄러운 행동이라는 감각이 우리의 몸에 배어 있는 것이다.

다른 의견을 내는 것이 어렵다고 해서 회피할 수는 없다. 대신 의견 대립에 대해 어떻게 생각하고 느끼는지를 근본적으로 바꾸어야 한다. 갈등은 인간이 때때로, 어쩌다 우연히 맞닥뜨리는 것이 아니라 삶의 불가피한 요소다. 문자 그대로의 의미로 그렇다. 세포와 유기체는 소량의 독소에 스스로를 노출시키기 때문에 살아남는다. 계속 변

---

* agreeable은 '쾌활하다'는 의미다. 여기서는 '동의하다'라는 의미의 'agree'에서 파생한 단어임을 강조한 것이다.

화하는 환경에 적응하게 되고, 같은 독소에 치명적으로 노출되었을 때도 준비되어 있을 수 있기 때문이다. 인간관계도 이와 비슷하다. 살아 있는 생명체는 생존하고 번성하기 위해 갈등을 필요로 한다.

가족 갈등을 연구한 심리학자들은 갈등의 파괴적인 가능성에 집중해왔다. 부모와 자녀 사이의 심한 불화는 청소년기에 겪는 불행의 특질로 여겼다. 그러나 최근엔 갈등의 건설적인 역할이 주목을 받고 있다. 평범한 하루 동안 청소년들은 부모와 서너 차례, 친구들과 한두 차례의 갈등을 겪는다고 보고했다. 1989년에 발표된 연구에서, 조지아대학의 에이브러햄 테서Abraham Tesser가 이끄는 사회심리학 연구팀은 11~14세 청소년이 있는 가족들에게 TV를 뭘 볼까부터 언제 숙제를 해야 하는가에 대한 것까지 모든 의견 대립을 기록하도록 했다. 연구자들은 부모와 의견 대립이 많은 청소년들이 더 행복하고, 사회적으로 잘 적응하며, 더 성공적인 학교생활을 한다는 것을 발견했다.

그러나 이러한 내용은 차분한 의견 대립의 경우에만 해당되었다. 가정에서 분노에 찬 의견 대립을 많이 겪은 어린이들은 학교에서 잘 해내지 못했다. 마이애미의 10대 청소년들을 대상으로 한 2007년 연구에서도 유사한 결과가 나왔다. 가정에서 갈등을 많이 겪어본 아이들이 학교에서 우수할 가능성이 높지만, 가족이 따뜻하게 지지해주는 관계일 경우에만 그렇다는 것이다. 이 책 전반에서 내가 탐구하려는 주제가 바로 이것이다—건강한 관계가 건강한 의견 대립에 얼마나 큰 영향을 미치는가? 한편, 그 반대 역시 성립한다는 점에도 주

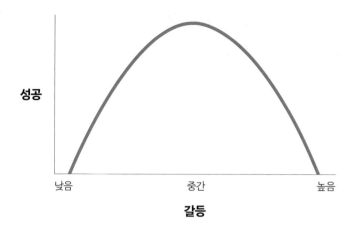

성공

낮음　　　　　　중간　　　　　　높음

**갈등**

목해야 한다. 열린 의견 대립을 자주 겪는 관계는 심각한 어려움도 잘 버텨낼 수 있게 된다. 예를 들면 사업이 무너지는 어려움 말이다.

　투자자로서 게리 탄은 스타트업 창업자들에게 의견 대립을 공개적으로 다루라고 조언한다. 그는 '갈등은 나쁜 것이고 우리는 갈등을 최소화해야 한다'라고 생각하는 창업자들을 너무 많이 보아왔다. 관리자들이 저지르는 가장 흔한 실수는 싸움이 제 기능을 하지 않는다는 생생한 증거를 보고 갈등이 본질적으로 바람직하지 않은 것이라고 결론 내리는 것이다. 갈등과 성공적인 팀워크 사이의 관계는 단순한 직선 관계가 아니다. 더 많은 갈등을 겪으면 성공 가능성이 낮아진다거나 그 반대가 되는 관계가 아니다. 통계학자들이 곡선이라고 부르는, 뒤집어진 U자 곡선을 따라가는 관계다(위 그래프 참조).

　가족 안에서도 의견 대립이 도움이 된다는 증거가 많다. 문제가 밖으로 드러나게 되고, 변화를 추동하기 때문이다. 그러나 이러한 혜택을 누리고 난 후의 추가적인 다툼은 관계를 좀먹기 시작한다. 약간의 갈등은 10대들에게 생산적인 것이지만, 끊임없는 불화는 그저 비참하게 만들 뿐이다.

서로를 더 잘 이해하고 더 나은 결정을 내리며 새로운 아이디어를 얻는다는 공통의 목표 아래서 적대적이지 않은 분위기로 논쟁하는 일을 묘사하는 적당한 단어가 없다는 것은 의미심장하다. 토론debate이라는 말은 승자와 패자 간의 경쟁이라는 의미를 내포한다. 논쟁argument이라는 말은 적대감과 함께 온다. 대화dialogue는 너무 단조로운 말이고, 변증법dialectic은 너무 모호하다. 이러한 언어의 공백은 우리가 생산적인 의견 대립에 얼마나 훈련되어 있지 못한가를 입증하는 것이다. 싸우기와 도망치기는 우리에게 자연스러운 선택지다. 의견 대립을 잘 이끌어가는 일은 그렇지 못하다. 언어는 중요하다. 언어학자 조지 레이코프와 마크 존슨은 고전이 된 그들의 저서 《삶으로서의 은유》에서 우리가 논쟁에 대해 이야기할 때 전쟁처럼 이야기한다고 지적한다. 우리는 그녀의 주장은 방어할 수 없다고, 그가 내 논문의 가장 약한 부분을 공격했다고, 내가 그의 논점을 무너뜨렸다고, 그녀가 내 아이디어를 저격했다고 말한다. 이러한 은유는 실질적인 영향을 미친다. 우리가 논쟁하는 방식을 결정하기 때문이다. 우리는 논쟁의 상대방을 이겨야만 할 적으로 바라본다. 공격받았다고 느끼고, 우리의 입장을 방어한다. 레이코프와 존슨은 논쟁을 춤으로 바라보는 문화를 상상해보자고 제안한다. 가장 만족스럽고 우아한 방식으로 완성하겠다는 목표를 가지고 함께 만들어내는 공연으로 상상해

보자는 것이다. 그럴 때 우리는 아주 다른 방식으로 논쟁하고, 새로운 논쟁을 경험할 수 있을 것이다. 논쟁이 스트레스를 받는 경험, 불쾌한 경험이 아니라 흥미로운 자극을 받는 경험, 즐거운 경험임을 발견할 수 있을 것이다. 우리를 멀어지게 하는 대신, 더 가까운 사이로 만들어줄 것이다.

Chapter
2

조용한 것은

가짜 평화이다

열 올리며 의견 대립을 하는
커플과 팀이 더 행복하다.
갈등은 사람들을 더욱 가깝게 한다.

오클랜드대학교 심리학 교수인 니콜라 오버럴Nickola Overall은 모두가 거리낌 없이 마음속 생각을 이야기하는 자유분방하고 떠들썩한 뉴질랜드 가정에서 자랐다. "친구들이나 동료들이 우리 가족을 만나고 나면 이렇게 말하곤 했죠. 그래, 당신이 왜 갈등을 연구하는지 알겠네"라고요. 오버럴은 커플들이 왜, 그리고 어떻게 다투는가에 관한 전문가다. 그녀는 낭만적 관계에 관심이 많다. 커플들 자체가 흥미롭기도 하지만, 사람들이 개인적 관계에서 갈등을 다루는 방식이 직장이나 정치에서 활용하는 전략에 시사하는 바가 있기 때문이다.

2008년, 오버럴은 그녀의 연구 분야에 오래 영향을 미치게 될 연구를 시작했다. 결혼한 부부들을 초대해서, 그들 관계의 문제에 대해 아무도 없는 방에서 논의하도록 했다. 방에는 카메라가 설치되어 있었다. 어떤 커플들은 합리적이고 차분하게 대화를 나눴다. 어떤 커플들은 열띤 논쟁에 뛰어들었다. "커플들이 실험실에서 정말로 개인적인 다툼을 시작하느냐는 질문을 종종 받습니다. 정말 그렇습니다. 쉽게들 그러죠." 오버럴이 말한다. "커플마다 자주 다투게 되는 두세 가지

대립

비판하고 폄하하며 파트너를 비난함. 분노와 짜증을 표출. 변화할 것을 요구하거나 지시함. 지배하려 들며 협상이 불가능한 태도를 취함.

파트너의 사랑과 관계에 대한 의무에 호소해 죄책감과 동정을 끌어내려 함. 상처와 슬픔을 강조하며, 상대에 대한 의존과 무력함을 전달.

직접적 ← → 간접적

문제의 원인과 결과를 보여주며 이성적으로 사고하고 협상을 이끌어감. 각각의 장단점을 견주어 보며 해결 방안을 제시하고, 대안을 탐색하며 문제 해결 지향의 논의를 진행.

갈등을 누그러뜨리고 사랑과 애정을 표현. 유머 감각을 발휘하며 문제를 최소화함. 파트너와 관계의 긍정적인 측면을 강조하며 더 나아질 수 있다는 태도를 전달하고, 부정적인 반응을 억누름.

협력

문제를 갖고 있어요. 그 문제에 대해 이야기를 나누기 시작하면 분노와 상처 받은 감정을 금방 드러내죠." 오버럴과 동료들은 녹화한 테이프를 보며 분석하는데, 이때 학계에서 일반적으로 사용하는 도식을 활용한다. 불편한 대화를 나누는 커플을 네 가지 커뮤니케이션 방식으로 분류하는 것이다.

'직접-협력'에서는 어려운 결정을 내리거나 문제를 해결하기 위해 솔직히 터놓고 합리적으로 이야기를 나눈다. '간접-협력'은 포옹, 사과, 분위기를 가볍게 하려는 노력 등 갈등을 누그러뜨리고 줄이려는 행동을 의미한다. '직접-대립'은 영국인들이 제대로 된 언쟁이라고 부르는 일로, 분노에 차 비난하거나 변화를 요구하는 것을 포함한다. '간접-대립'은 흔히 '수동 공격성'으로 알려져 있다. 상대방이 죄책감을 느끼도록 하고, 상대방의 행동 때문에 자신이 얼마나 상처 받았는지 강조하는 식이다. 겉으로는 '내가 부엌을 한 번 더 치울게, 정말 괜찮아'라고 말하면서.

2차 세계대전 이후, 연구자들은 적대감의 진창에 빠진 커플과 전반적으로 잘 지내는 커플을 구분해내는 데 노력을 집중했다. 수백 건의 연구 결과 불행한 커플일수록 논쟁을 많이 하고 행복한 커플은 동의와 애정을 더 많이 표현하는 것으로 나타났다. 갈등을 문제라는 인식의 틀로 바라보았고, 해결 방안은 그래프(48쪽)의 오른쪽 하단에서 찾을 수 있는 것이었다. 이러한 연구 결과, 이른바 관계의 표준 모델이라 할 수 있는 것이 나타났다. 행복한 커플이란 빈번히 서로의 감정을 공유하고 적대적인 논쟁을 피하는 커플이라는 것이다. 그러나 우리는 의견 충돌이 많고 때로는 소리를 지르며 다투지만 여전히 행복해 보이는 커플들도 알고 있다. 어쩌면 당신이 그런 커플일 수도 있다.

오버럴의 연구에서, 드러내놓고 더 많이 충돌한 커플들은 그런 과정이 즐겁지 않았다고 대답했다. 그들은 긴장감을 느꼈고 속이 상했다. 이후 그들은 연구원들에게 대화가 문제 해결에 도움이 되지 않았다고 대답했다. 그러나 그들의 말이 반드시 맞는 것은 아니었다. 오버럴의 연구팀은 1년 후 커플들을 다시 실험실로 초대해서, 이전에 이야기 나눴던 문제들에 진전이 있었는지 물었다. 대부분의 관계 전문가들은 직접-대립을 보이며 격렬한 논쟁을 벌인 커플들이 가장 적은 진전을 보였을 것으로 예측했을 것이다. 그러나 오버럴이 발견한 것은 반대였다. 대립을 많이 보였던 커플일수록 문제 해결에 진전을 보였을 가능성이 높았다.

표준 모델에는 큰 맹점이 있다. 대립을 드러내는 것이 언제나 결혼 생활이나 장기적 관계에 해롭기만 한 것은 아니다. 그 반대에 힘을 싣는 증거들이 늘어나고 있다. 시간이 쌓이면서 의견 충돌과 비판, 심지어는 분노가 결혼 생활의 만족도를 높일 수 있다는 것이다. 다툼이 가져오는 이득이 있다.

## 돈이 걸려 있으면 마음을 더 잘 읽을 수 있을까

1970년대 중반, 텍사스대학의 젊은 심리학 연구자 윌리엄 이케스William Ickes는 인간의 상호작용을 인위적인 조건 속에서만 연구하는 것에 불만을 가지고 있었다. 실험 참가자들은 무엇에 대해 이야기해야 하는지 엄격한 지시에 따라야 했다. 그는 즉흥적으로 일어나는 대화, 학계의 전문용어를 빌리자면 '구조화되지 않은 양자의 상호작용'('양자'란 두 사람이 이루는 그룹을 뜻한다) 속에서 두 사람이 상대의 마음을 얼마나 읽어내는가에 관심이 있었다. 이케스의 연구는 갈등이 행복한 관계를 유지하는 데 어떤 역할을 하는지를 알아낼 결정적인 실마리를 제시했다.

이케스는 대학생 응답자들이 서로 모르는 남녀 둘씩 짝을 이루어

실험실에 오도록 했다. 각각의 커플은 긴 의자와 슬라이드 프로젝터만이 놓여 있는 빈방으로 안내되었다. 실험 진행자는 두 사람을 의자에 앉게 하고, 슬라이드를 보고 점수를 매겨달라고 요청할 것이라고 설명했다. 그때 프로젝터가 고장 났다는 것을 알게 되고 진행자는 새 전구를 가지러 나간다. 둘만 남은 상태에서 참가자들은 대화를 시작하는데, 처음에는 어색하지만 시간이 지나면서 탄력을 받는다. 그때 진행자가 돌아와 이 실험의 실제 의도를 설명해준다. 숨겨놓은 카메라가 두 사람의 상호작용을 녹화하고 있었다.

연구의 2부에서, 응답자들은 그들의 대화 장면이 녹화된 테이프를 각자 다른 방에서 보게 된다. 응답자들은 대화 도중 어떤 생각을 했거나 어떤 감정이 들었는지 떠오를 때마다 비디오를 멈추고 기록해달라는 요청을 받는다. 그때 상대방이 어떤 생각을 했거나 어떤 감정이 들었을지도 판단해달라는 요청과 함께였다. 이후 연구원들이 비디오테이프를 분석하면서 각 참가자가 상대의 마음을 얼마나 정확하게 읽어냈는지 점수를 매긴다.

1957년, 영향력 있는 심리 치료사 칼 로저스Carl Rogers는 공감 능력을 '매 순간 다른 사람의 내면에서 일어나는 정서적 체험의 변화를 읽어내는 능력'이라고 정의했다. 이케스의 연구 이전까지는 이를 측정할 수 있는 방법이 없었다. 이케스는 최초로 '공감 정확도empathic accuracy', 즉 상대방이 무슨 생각을 하는지 추론하는 능력을 측정하는 방법을 찾아냈다. 그가 찾아낸 방법론은 친구 관계, 부부 관계 등 다양한 양자 관계의 연구에 활용되었다.

마음을 읽어내는 일에 대해 이케스가 알아낸 중요한 점 하나는, 우리는 다른 사람의 마음을 잘 읽지 못한다는 것이다. 0에서 100의 척도로 볼 때, 공감 정확도의 평균은 22점, 최고점은 겨우 55점이었다(따라서 첫 데이트를 할 때 긴장하지 않아도 된다고 이케스는 말한다. 내가 무슨 생각을 하고 있는지 상대방이 알아차릴 가능성은 거의 없기 때문이다). 공감 정확도는 어떤 관계인가에 따라 큰 차이가 난다. 친구 관계인 사람들은 서로에 대해 저장된 정보가 많아서 빠르고 정확하게 추론할 때 이를 활용할 수 있으므로, 낯선 사람들보다 상대의 마음을 잘 읽어낸다. 다르게 표현하자면, 낯선 사람들은 저맥락 환경에서 커뮤니케이션을 하기 때문에 자신의 정보를 상대에게 명확하게 전달하는 것이 도움이 된다. 친구 관계는 고맥락 환경이기에 압축되고 코드화된 메시지를 전달할 수 있다.

가까운 친구들은 효율적으로 커뮤니케이션을 하며, 서로를 이해하기 위해 일부러 노력할 필요가 없다. 반면 첫 데이트 중인 커플은 서로를 이해하기 위해 정말 많은 노력을 해야 하며, 종종 잘못 이해한다. 이케스는 더 많은 정보를 주고받을 때, 특히 그 정보가 공통점이나 공통의 관심사에 기반을 두고 있을 때 상대의 마음을 잘 읽는다는 것을 발견했다. 친구 사이에서는 대화가 자유롭게 흐르기 때문에 낯선 사람과 대화할 때보다 더 많은 정보를 주고받는다. 그러나 중요한 사실은, 이러한 특징이 공감 정확도에 큰 차이를 가져오지 않는다는 것이다.

여기에 중요한 지점이 있다. 친구 사이인지 낯선 사이인지에 따라 상대에 대한 새로운 정보를 다루는 방식이 달라진다. 낯선 사람들 사이에서는 새로운 정보에 관심을 기울인다. 상대방에 대한 대략의 이해를 얻을 수 있기 때문이다. 이미 알고 있는 정보에 기대고 있는 가까운 친구 사이에서는 새로운 정보를 중요하게 여기지 않는 경향이 있다. 그럴 필요를 느끼지 않기 때문에 열심히 경청하지 않는다.

일반적으로 커플 중 남자가 여자에 비해 공감 정확도가 낮다. 남자들이 공감 능력이 부족해서가 아니라 공감하기 위한 노력을 기울이지 않는 경향이 있기 때문이다. 실험실에서 공감 정확도에 현금 보상을 제시했을 때는 남녀 간의 차이가 사라졌다. 남자들이 파트너의 생각과 감정을 읽어낼 수 없는 것이 아니다. 많은 경우 애써 노력하지 않기 때문이다.

마음을 읽는 능력과 동기 사이의 이러한 연관성은 관계학이 발견한 불편한 사실을 설명해준다. 커플들은 관계 초반에 상대의 마음을 읽는 능력이 점점 향상되지만, 함께하는 시간이 길어질수록 서로를 이해하는 데 서툴러진다는 것이다.

관계 초반의 몇 해를 지나는 동안, 커플들은 상대의 모든 말과 행동을 읽어낼 모델을 만든다. 관계가 좋다고 가정할 때, 그 모델은 정확도가 높을 것이다. 통계학자의 언어를 빌리자면 그 사람의 현상을 설명하기에 적합한 모델일 것이다. 당신은 파트너가 가장 좋아하는 것이 무엇인지, 마음이 어떻게 바뀌는지를 알게 된다. 아침에 부루퉁해 있다면 밤에 잠을 제대로 자지 못했거나 일 때문에 걱정하느라 그렇다는 것도 안다. 간밤에 뭘 했느냐고 물을 때 정말 궁금해서 묻는 건지 어젯밤 늦게 들어온 것에 화가 나서 묻는 건지도 구별할 수 있게 된다. 파트너가 하는 말 중 다른 사람에겐 분명하지 않거나 별 의미가 없을 말도 당신은 곧바로 의미를 간파할 경우가 많을 것이다.

경이로운 모델이지만, 이 모델은 바로 그 효율성 때문에 종말을 맞는다. 파트너를 다 파악했다고 생각하는 순간, 파트너에 대한 새로운 정보를 더 이상 알아차리지 않게 된다. 심지어 파트너를 가장 잘 아는 사람이 자신이라고 믿기 시작한다. 그러나 당신과 파트너가 얼마나 가깝든, 당신은 매일 다른 경험을 쌓으며 살아간다. 나이가 들면서 성격이 극단적으로 바뀌는 경우는 많지 않지만, 성격은 계속 계발되고 변화한다. 시간이 흐르면서 만들어놓은 모델과 실제 그 사람 사이의 간극이 커지고, 당신이 파트너를 읽어내는 능력도 약해진다. 모델은 잘 맞지 않는 고정관념, 실체를 단순화한 부적합한 이미지가 되어버린다. 이러한 과정이 오랫동안 이어지면 관계는 파국으로 귀결될 수 있다. 파트너가 돌아서서 당신을 떠나겠다고 말하는 것처럼.

대화를 많이 한다고 해서 이러한 위험을 피할 수 있는 것은 아니다. 더 많이 대화를 나누면 더 많이 이해하게 된다고 믿어왔고, 이 가설이 합리적으로 들리기도 한다. 하지만 몇몇 연구에 따르면 공감 정확도와 커플이 얼마나 자주, 또는 얼마나 명확하게 커뮤니케이션을 하는가 사이엔 연관관계가 없다. 관계학자이자 부부 갈등 전문가인 앨런 실라스Alan Sillars가 나에게 말했듯, "마음속 이야기를 털어놓는 것"이 항상 효과적인 것은 아니다. 오히려 상황을 악화시킬 수도 있다. 커플의 양쪽이나 어느 한쪽의 렌즈가 왜곡되어 있다면, 상대가 어떤 생각을 하고 있는가에 대해 잘못된 가정을 하게 된다. 예의 바른 대화를 계속할수록 양편에 오류가 쌓여간다. 서로 상대가 자신을 이해해주지 않는다며 점점 불만이 쌓일 것이다.

어떤 커플들은 서로를 읽어내는 효율적인 모델을 애초에 만들지 않아서 이러한 운명을 피한다. 이케스에 따르면, 공감 정확도를 유지할 가능성이 높은 커플은 상대의 선호를 모르고 있거나 이에 맞춰줄 생각이 없는 커플이다. 달리 말하면 무지와 고집이 관계를 유지하는 데 도움이 되는 것이다. 때로는 유연하지 않은 것이 좋다. 그로 인해 갈등을 만들게 되더라도 말이다.

사실은 갈등을 만드는 것이 핵심일 수도 있다. "듣는 것은 이해하기 위한 하나의 경로입니다." 앨런 실라스가 말한다. "부정성negativity도 그렇죠." 열띤 언쟁을 벌이는 과정에서 파트너가 정말로 생각하는 것, 정말로 원하는 것을 듣게 될 가능성이 높다. "갈등은 정보를 가져다줍니다." 니콜라 오버럴이 말한다. "사람들이 갈등 상황에 대응하는 모습을 보면 얼마나 협력적인 사람인지, 믿어도 될 사람인지, 무엇을 중요하게 여기는지를 알 수 있습니다." 관계에서의 갈등은 불행한 사고가 아니다. 서로에 대해, 특히 우리가 잘 알고 있다고 생각하는 사람에 대해 알아가는 방법이다.

2010년, 미국의 연구자 짐 맥널티Jim McNulty와 미셸 러셀Michelle Russell은 관계에 대한 두 종단 연구*에서 얻은 데이터를 분석했다. 관

---

● 시간 경과에 따른 변화를 추적하기 위해 동일한 개인이나 집단을 연속적인 시간 간격으로 관찰하는 연구 방식.

계 초반에 비교적 사소한 문제로 화를 내며 싸웠던 커플들은 4년 후 행복하게 지낼 가능성이 낮았다. 그러나 재정적 문제나 약물 남용 같은 심각한 문제 때문에 싸웠던 커플들은 연구가 종료될 시점에서 관계에 만족하고 있을 가능성이 높았다.

별도의 논문에서, 맥널티는 결혼한 지 얼마 안 된 커플들이 심각한 문제를 겪는다고 지적했다. 언제나 애정이 넘쳐야 하고 너그러워야 한다는 등, 일반적으로 '긍정적' 행동으로 조언하는 것들이 문제를 직시하지 못하게 해 관계에 나쁜 영향을 미칠 수 있다는 것이다. 좀 더 부드럽고 섬세한 접근방식인 간접-협력은 누가 주말에 아이를 축구 연습장에 데려다줄 것인가와 같은 작은 문제를 해결할 수는 있지만, 배우자가 술을 너무 많이 마시는 것과 같은 정말 중요한 문제를 해결하는 데는 효과적이지 못하다.

'부정적 직설'을 얼마나 하는가가 얽히고설킨 문제를 해결하는 측면에서는 결정적인 역할을 하는 것으로 보인다. 러셀은 이렇게 말했다. "단기적으로는 부정적인 지적이 기분을 상하게 할 겁니다. 비난받거나 잘못했다고 지적받는 걸 좋아하는 사람은 아무도 없죠. 하지만 이러한 행동은 동기를 만들어내는 효과가 있습니다. 문제의 핵심에 제대로 접근할 수 있거든요." 때로는 파트너가 중요한 문제라는 걸 모르고 있을 수도 있다. 이럴 때는 모호하지 않은 표현으로 일깨워주어야만 한다. "어떤 일이 정말 중요하다는 것을 상대에게 알려주기 위해서 소리를 지르거나 분노를 터뜨리는 등 강렬한 감정적 대응을 보여주어야 할 수도 있습니다." 러셀의 말이다.

바꾸어 말하면 때때로 다투는 것은 마음속 모델을 업데이트해주기 때문에 유용하다. 다툴 때는 관계가 깨질까 봐 두려워하지 않고 충분한 관심을 끌어낼 수 있는 방식으로 마음속 생각을 자유롭게 쏟아낼 수 있다. 명시적으로든 암묵적으로든 자신이 어떤 감정을 느끼고 있는지, 어떤 사람인지에 대한 새로운 정보를 전달하는 것이다. 좋은 언쟁은 고정관념을 날려버린다.

2018년에 발표한 연구에서, 니콜라 오버럴은 부정적 직설이 또 다른 혜택도 가져온다는 증거를 찾아냈다. 상대를 아낀다는 것을 보여준다는 것이다. 오버럴은 180쌍의 커플을 선발해 그들의 관계에서 지속되는 문제가 무엇인지, 상대방이 바뀌었으면 하는 점은 무엇인지를 파트너 각자에게 따로 물었다. 그 후 커플들은 방에서 단둘이 만나 앞서 이야기한 문제를 논의하도록 요청받았다. 대화는 눈에 띄지 않게 설치된 카메라로 녹화되었다. 커플들은 종종 열띤 논쟁에 빠졌다.

오버럴과 그녀의 팀은 커플들의 상호작용을 커뮤니케이션 방식에 따라 분류하고, 이후 12개월에 걸쳐 상황을 관찰했다. 오버럴은 부정-직접 논쟁이 관계의 건강성에 좋은 영향을 미치게 되는 구체적인 이유를 밝혀냈다. 파트너가 보기에 관계에 충실하지 못했던 상대가 변화해야 한다고 주장할 때는, 그가 보이는 분노나 적대감조차도 관계를 진지하게 여긴다는 증거가 된다. 분노는 정보다. "부정적인 감정을 표현하는 것은 그 사람이 이 관계에 마음을 쏟고 있다는 정보를 전달해준다." 오버럴이 말했다.

이 원칙은 다른 친밀한 관계에도 적용된다. 부모가 자녀와 관계의 문제에 대해 이야기를 나눈다고 해서 자녀를 더 잘 이해할 수 있는 것은 아니다. 그러나 대화 과정에서 자녀가 보이는 압박과 대립은 부모에게 자녀의 감정을 확실히 알려준다. 부모가 자녀를 깊이 이해하고 싶다고 해도 자녀가 문제가 생길 때마다 터놓고 이야기해주기를 기대할 수는 없다. 보다 깊은 이해는 앨런 실라스가 "빈번하고 거리낌 없는 대화"라고 부르는 과정에서 쌓인다. 사소한 것들—당신을 짜증나게 하는 사소한 것들을 포함해서—에 대해 항상 솔직하게 이야기할 수 있으면, 더 큰 문제를 다루는 것도 수월해진다.

"우리는 극적이고 어려운 갈등을 생산적으로 풀어갈 수 있는 방법을 아직 제대로 그려내지 못하고 있다"라고 실라스는 말한다. "관계는 때때로 심각한 문제를 겪을 수 있지만, 대립을 통해 새로운 균형점을 찾아낼 수 있다면 그 관계 속에 있는 사람들에게 결국은 도움이 된다." 미셸 러셀도 이에 동의한다. "심리학은 전반적으로 부정적인 행동negative behaviours과 감정의 역할을 과소평가하는 경향이 있다. 부정적인 행동과 감정은 유용하고 유연하게 활용될 수 있다. 우리는 때때로 자기 자신에 대해 상심해볼 필요가 있다."

## 관계 vs 내용

다툼은 우리가 생각하는 것보다 더 유용할 수 있지만, 한편으론 파괴적일 수도 있다. 좋은 다툼과 나쁜 다툼의 차이를 가져오는 것은 무엇일까? 이 물음에 답하려면 사람들의 커뮤니케이션 방식에 대해 근본적으로 이해해야 할 것이 있다.

앨런 실라스의 실험에서, 아내와 남편이 부부 사이에 대해 이야기 나누는 장면이 녹화되었다. 이후 부부는 각각 영상을 보며 의견을 덧붙였다. 아래는 남편이 밝힌 의견 중 일부다.

"이런, 페니는 자기가 아파서 입원했을 때 이야기를 하는군요. 그녀는 내가 충분히 도와주지 않았다고 생각하는데…. 나는 충분히 도왔다고 생각했어요."

"집에서 늘 듣는 말입니다. 내 생각엔… 나는 그렇게 자주 외출하지 않는다고요."

"여기서는 제가 페니에게, 가끔은 다른 일을 더 신경 쓰는 것 같아도, 어, 내 마음속엔 페니가 늘 첫 번째라고, 그렇게 말하고 싶어 하는 것 같은데요."

아래는 영상의 같은 장면에서 아내가 남긴 의견이다.

"여기서 나는 남편이 진짜 문제를 회피하려 한다고 생각했어요. 그래서 화가 나기 시작했죠."

"남편이 내가 하는 말을 이해하길 바랐어요. 그래서 남편이 부루퉁해선 제대로 듣지 않아 화가 났죠."

"남편이 내 감정에 대해 이야기하는 걸 제대로 듣지 않아서 상처를 받았어요."

둘의 말이 서로 어긋나 있는 걸 발견했을 것이다. 남편은 말 자체의 의미에, 언급되고 있는 사건이나 겉으로 드러난 언쟁의 포인트에 집중한다. 예를 들어 그가 외출을 너무 자주 하는가 아닌가 하는 포인트 말이다. 반면 아내는 대화를 메타적으로 내려다보며 짚어간다. 그녀는 남편과 대화할 때 어떤 느낌이었는지, 그리고 남편이 진짜 문제를 회피하려 하는 마음에 대해 이야기한다.

어떤 대화를 나누든, 우리는 대화의 내용과 대화가 관계에 보내는 신호 양쪽에 반응한다. 대화의 내용은 이 논의나 논쟁이 표면적으로 무엇에 관한 것인가, 돈인가 정치인가 집안일인가, 아니면 다른 무엇인가에 해당하는 문제다. 관계에 보내는 신호란 서로를 어떻게 바라보고 있는가에 관한 것이다. 내용 차원은 명시적이고 완전히 언어화되며, 실제 일어난 구체적인 사례로 가득 차 있다. 어떤 사람이 얼마나 많은 돈을 버는가, 마약 정책이 옳은가 그른가 하는 것이 그 예다. 관계 차원은 암묵적이고 대체로 언어로는 전달되지 않으며, 언어 자체만큼이나 목소리의 톤이나 커뮤니케이션 스타일(따뜻한가 냉랭한가, 짓궂게 놀리는가 빈정대는가, 활기찬가 뚱해 있는가와 같은)을 통해 전달된다.

대화의 참여자들이 관계 단에서 서로 합의를 이루고 있을 때, 즉 상대가 자신을 바라보는 시선에 만족하고 있을 때는 내용 차원의 대화가 순조롭게 흘러간다. 문제가 해결되고, 해야 할 일은 완수되며, 아이디어가 깨어난다. 관계 차원에서 암묵적 대립이 이루어지고 있을 때면 갈등의 불똥과 타오르는 소리가 내용 차원의 대화를 방해한다. 둘 중 한쪽 또는 양쪽 모두가 존중받고 싶은 마음을 표현하지도, 인정하지도 않으면서 상대에게 존중과 애정, 관심을 얻어내려 애쓰느라 대화 내용에 집중하지 못하기 때문이다. 이러한 대립은 교착상태에 빠지거나 폭발해서 서로에게 상처를 주는 다툼으로 번지게 된다.

이러한 대화 수백 건을 관찰하고 분석한 실라스에 따르면, 둘 중한 명이 관계 차원에서 일어나는 일에 주의를 기울이지 않고 내용 차원에서만 대화를 이어갈 때 부부간 대립이 악화된다. 반대의 실수도일어날 수 있다. 한 명이 관계상의 문제를 지나치게 경계한 나머지상대방의 말을 곡해하거나, 상대는 전혀 의도하지 않은 암시나 모욕을 찾아내는 경우다.

남성은 대체로 전자의 실수를, 여성은 후자의 실수를 저지를 가능성이 높다. 이는 놀랍지 않은 일이다. 남자들은 자신이 하고 있는 말에 너무 빠져든 나머지 파트너가 보내는 관계의 신호를 알아차리지못하는 경우가 많다. 실라스에 따르면, 남편들은 파트너보다 자기 자신에 대한 생각을 많이 하는 반면, 아내들은 자기 자신보다 파트너에대한 생각을 많이 한다. 물론 혼란은 양방향으로 일어날 수 있다. 어느 쪽이든 관계에 예민한 사람이 더 많이 화가 나게 된다. 파트너들이 내용과 관계에 모두 관심을 기울일 때 의견 충돌은 생산적이 될가능성이 높다.

어떻게 하면 그럴 수 있을까? 당신이 관계의 신호에 예민하고 민감하다면, 그 예민한 감각이 모든 대화의 해석을 점령하지 못하게 하

라. 파트너가 화가 났거나 다른 생각에 빠져 있는 것 같다면, 당신 때문에 그런 거라고 지레짐작하지 말자. 파트너가 하는 말에 귀 기울이고 대화의 내용에 참여하라. 반대로, 당신이 대화 내용에만 집중하느라 파트너의 감정을 읽어내지 못한다는 의심이 든다면, 파트너의 목소리, 얼굴 표정, 보디랭귀지 같은 비언어적 신호에 더 많은 주의를 기울이자. 그러지 않는다면 파트너가 하는 말만 듣고 실제로 전달하려는 메시지는 놓치게 될지도 모른다.

## 수동적 공격은 최악이다

낭만적 관계에서 갈등이 의외의 생산적인 역할을 할 수 있다면, 동료 관계에서는 어떨까? 일이 그저 일뿐인 경우는 절대 없다. 우리가 하는 일은 언제나 동료에 대한 좋거나 싫은 감정과 연결되어 있다. 일터에서 우리는 대립과 스트레스, 부정적 감정을 피해야 한다는 압박을 집에서보다도 더 많이 느낀다.

현대의 직장에서는 잘 어울려 지내는 일에 높은 가치를 매긴다. 좋은 일이긴 하지만, 우리가 누군가의 행동에 화를 낼 이유가 충분한 상황에서도 그 감정을 감추는 것이 현명한 일이라는 것을 의미한다. 그러나 드러내지 않는다고 해서 갈등이 사라지지는 않는다. 이는 사내 정치에서 우리가 수동 공격성이라고 부르는 모습으로 나타난다. 조직을 연구한 학자들은 가장 비생산적인 최악의 조직문화는 수동 공격성과 연관되어 있다는 것을 발견했다. 성공한 회사들이 내부 갈등을 드러내놓기 위해 단호하게 노력하는 이유다. 사려 깊게 다룬다면, 갈등은 동료들을 더 가깝게 만들 수 있다.

사우스웨스트항공은 역사상 가장 성공한 항공사일 것이다. 2019년, 텍사스에 본사를 둔 이 저가 항공사는 46년 연속 흑자를 달성했다. 변동성 높은 산업에서 보기 드문 특별한 기록이다. 사우스웨스트의 성공은 1967년에 회사를 공동 창립한 카리스마 넘치는 전 CEO 허브 켈러허Herb Kelleher의 업적으로 종종 설명된다. 2019년에 세상을 떠난 켈러허는 쾌활함이 넘치는 사람이었고, 그의 이미지와 닮은 조직문화를 만들었다. 사우스웨스트 직원들은 유쾌함과 별난 유머 감각으로 잘 알려져 있다. 브랜다이스대학의 경영학 교수 조디 호퍼 기텔Jody Hoffer Gittell은 따뜻한 환대나 우쿨렐레를 연주하며 짐을 옮겨주는 직원들이 이 회사의 성공 비결의 전부가 아니라고 주장했다. 직원들이 서로 커뮤니케이션하는 방식, 특히 내부 갈등을 처리하는 방식도 성공에 한몫하고 있다는 것이다.

기텔 교수는 8년 동안 1990년대 항공사들의 기업 문화를 연구했다. 아메리칸항공, 유나이티드항공, 콘티넨털항공 등 주요 항공사를 대상으로 가장 직급이 높은 중역부터 가장 직급이 낮은 직원까지 인터뷰했다. 기텔은 부문 간 사내 경쟁이 항공사의 수익성에 큰 걸림돌이 되고 있다는 것을 발견했다. 그녀가 발견한 바에 따르면, 항공 산업에서는 전통적으로 비행기에 승객을 태워 이륙시키고 다시 착륙시키는 일에 필요한 다양한 직무인 기장, 승무원, 게이트 직원, 발권 담당자, 램프 담당, 화물 담당, 기내 청소원, 케이터링 서비스 담당,

연료 주입 담당, 정비 담당 등의 부문 간에 지위 경쟁이 있어왔다. 아메리칸항공의 한 램프 담당자는 이 산업 안에서 벌어지는 정치를 이렇게 설명했다.

"게이트와 티켓 담당은 그들이 램프 담당보다 우월하다고 생각해요. 램프 담당은 기내 청소원보다 우월하다고 생각하고… 기내 청소원들은 건물 청소원들을 내려다봅니다. 정비 담당은 램프 담당자가 짐 나르는 사람들이라고 여기고요."

직원들은 다른 부문을 조롱하는 이름('쓰레기 처리꾼', '램프 쥐새끼들')으로 부르며 기장이 꼭대기에, 기내 청소원이 맨 아래에 있는 위계구조 속에서 자신들의 자리를 치열하게 보호하려 했다. 아메리칸항공의 어느 지상직 매니저는 기텔에게 램프 담당 직원들이 "엄청난 열등감에 시달리고 있으며, 기장은 그 사람들을 존중하지 않는다"라고 털어놓았다. 기내 청소원은 "승무원들은 다섯 명이 한 아파트에서 자고, 비행 중엔 웨이트리스일 뿐이면서 우리보다 우월하다고 생각한다"라고 불평했다.

기텔은 항공사의 각 업무 부문 사이에 "일반적으로 공통의 목표나 서로에 대한 존중이 없다"라고 썼는데, 이는 상당히 절제된 표현이다. 연구를 진행하는 동안 그녀는 사우스웨스트는 다르다는 이야기를 계속 들었고, 그 항공사를 연구해보기로 했다. 차이는 극적일 정도였다. 각 부문 직원들은 서로를 존중했고, 좋아하기까지 하는 것 같았다. 기장들은 램프 지원 팀이 해주는 일을 고맙게 여겼고, 청소원들은 승무원들과 잘 어울렸다. 이러한 상호 존중은 사우스웨스트를 매력적인 직장으로 만드는 요인일 뿐만 아니라 높은 수익성의 비결이기도 했다.

켈러허와 공동 창업자인 롤린 킹Rollin King의 비전은 수요가 높은 500마일(약 800킬로미터) 이하 단거리 시장에 저가 항공편을 수시로 제공하는 것이었다. 단거리 비행은 장거리 비행보다 구조적으로 비용이 높아진다는 걸 감안하면 용감한 비전이었다. 비행기가 지상에 머무르는 시간이 길어질수록 수익성은 낮아지는데, 단거리 비행기는 자주 착륙해야 하기 때문이다. 직관에 반하는 전략이 통할 수 있었던 것은 사우스웨스트가 턴어라운드 타임, 즉 항공기가 다음 비행을 위해 준비되는 데 걸리는 시간을 줄이기 위해 끊임없이 노력했기 때문이다. 빠른 턴어라운드는 모든 부문이 긴밀하게 협업하지 않고는 이루어낼 수 없다. 기장, 승무원, 화물 담당자와 다른 부문의 직원들은 어떤 문제가 생기든 곧바로 해결 방안을 찾아내기 위해 끊임없이 소통해야 한다. 그러기 위해서는 서로 잘 어울려 지내야 하며, 회사 전체의 성공을 중요하게 여겨야 한다. 사우스웨스트의 협력 문화는 곧 업계에서 가장 빠른 게이트 턴어라운드를 의미한다. "친구들이 사우스웨스트에서 일하는 것이 왜 좋으냐고 물어볼 때가 있어요. 바보같이 들리겠지만, 모두가 회사의 성공을 소중하게 여기기 때문이에요."

사우스웨스트에서도 각 부문 간 충돌이 없는 건 아니다. 긴밀하고 복잡한 협력 관계에서 논쟁과 짜증을 피해갈 길은 없다. 그러나 불만이 끓어오르는 반감으로 커지기 전에, 사우스웨스트 직원들은 그 불만을 직접 표현한다. "사우스웨스트가 특별한 점은 갈등 해결에 정말 적극적이라는 점이에요. 우리는 영역 싸움이 일어날 때마다 그걸 없애버리기 위해 정말 열심히 노력합니다."

## 미소 속에 숨겨놓은 적의

비교적 최근까지도 경영학자들은 직장 내 갈등이 생산성에 부정적인 영향을 준다고 가정했다. 그러나 결혼 관계에서처럼 일터에서도 갈등이 긍정적인 영향을 줄 수 있으며 오히려 회피하는 것이 해롭다고 인정하는 경우가 늘어나고 있다. '갈등 회피형' 직장에서 직원들은 갈등을 위험하고 파괴적이기 때문에 반드시 피해야 하는 것으로 생각한다. 그 결과 의견 대립은 수동 공격성의 경로로 흘러간다.

한 온라인 교육 서비스 회사의 직원은 리더십 전문가 레슬리 펄로 Leslie Perlow에게 이렇게 말했다. "동료들이 서로 솔직하지 않다는 걸 일찍이 알아차렸어요. 속으론 부글부글 끓고 있으면서도 미소를 짓더라고요. 마음속으로는 더 이상 반대할 수 없을 만큼 반대하면서도 고개를 끄덕이고요. 관계와 비즈니스를 위해서 서로의 차이점을 받아들이는 척하는 거죠."

모든 조직이 직면하는 중요한 도전 과제는 직원들이 갈등을 개인적 경쟁으로 받아들이지 않도록 하는 것이다. 경영학자들은 어떤 결정을 내려야 하는가에 대한 업무상 갈등과 개인적인 문제로 번지는 관계 갈등을 구분한다. 업무상 갈등은 격렬해지더라도 참여하는 사람들이 같은 문제를 해결하는 일을 중요하게 여긴다면 협력적이고 생산적인 것이 될 수 있다. 나중에 보게 되겠지만, 이러한 갈등은 새로운 정보를 쏟아내게 하고 비판적 사고를 자극한다. 관계 갈등은 본질적으로 경쟁적이며, 많은 경우 파괴적이다. 개인적인 갈등을 겪을 때 사람들은 좋지 않은 결정을 내리게 되고 만족감과 의욕이 떨어진다. 학생이든 직장인이든, 블루칼라 노동자든 임원 그룹이든, 연구 결과는 같았다.

업무상 갈등과 관계 갈등 사이의 경계는 불분명하다. 업무상 갈등은 종종 개인적 경쟁으로 번진다. 의견 대립을 개인적 공격으로 받아들일 때 인지 능력은 제대로 기능하지 못한다. 그 이유는 두 가지다. 첫째, 생각이 경직되며 자신의 주장이 틀렸음을 알아도 고수하게 된다. 둘째, '편향된 정보 처리'가 일어난다. 새로운 정보들 중에서 기존 입장을 강화하는 정보만을 받아들이는 것이다. 간단히 말하면 집단 전체가 옳은 결정을 내리도록 돕는 것보다 자신이 옳다는 것을 입증하는 데만 집중하는 것, 그래서 집단 자체가 조금 더 어리석은 선택을 하도록 만드는 것이다.

조직심리학자 프랭크 드 위트Frank de Wit는 업무상 갈등이 관계 갈등으로 흘러가는 이유를 사고방식의 차이를 통해 연구했다. 그는 스포츠 심리학에서 자주 사용하는 스트레스 연구의 두 개념, 위협 상태threat state와 도전 상태challenge state의 차이를 빌려 이를 설명했다. 골프

퍼팅을 하거나 대중 앞에서 연설을 하는 것처럼 어려워 보이는 일을 평가할 때, 사람들은 본능적으로 자신이 그 일을 해낼 자원이 있는지 따져보게 된다. 자원이 있다고 느낄 경우 사람들은 정신적·생리적 준비도가 높아지며 도전 상태가 된다. 반면 벅차다고 느낄 때는 정신과 신체가 방어에 집중하는 위협 상태에 들어선다.

도전 상태와 위협 상태는 서로 다른 생리적 현상을 보인다. 도전 상태에서는 심장이 빠르게 뛰고 심장 박동의 효율이 상승해 뇌와 근육으로 밀어내는 혈액량이 최대가 된다. 위협 상태에서도 심장은 빠르게 뛰지만 더 많은 혈액을 밀어내지는 못한다. 심장 혈관이 저항을 높이며 혈류를 수축시킨다. 불안감을 느끼고 동요하면서도 꼼짝하지 못하게 되는 이유다. 도전 상태에서도 일부 불안감은 나타나지만, 이 경우엔 불안감이 신체 능력과 인지 능력의 마력을 높인다. 실험 결과, 도전 상태의 사람들은 위협 상태의 사람들보다 우수한 운동 제어 능력을 보였으며 수수께끼 퍼즐 풀기와 같이 인지적으로 어려운 작업도 더욱 잘 해냈다.

여러 차례의 실험에서, 드 위트는 집단 논의 중 직접적인 의견 대립이 생겼을 때 사람들이 어떻게 반응하는지를 지켜보았다. 그는 각 참가자들이 토론에서 사용하는 전략을 평가하는 동시에 생리적 반응을 모니터했다. 심혈관 수치가 위협 상태에 들어섰음을 나타낼수록, 참가자들은 초기 의견에서 벗어나지 못하고 논쟁에서 이기는 데 도움이 안 되는 정보를 차단하는 경향을 보였다. 도전 상태의 참가자들은 다양한 관점에 좀 더 열려 있었으며 자신의 가정을 기꺼이 수정했다.

도전 상태지만 위협받지 않는다고 느낄 때, 체면을 잃지 않고도 의견 대립을 풀어갈 수 있다고 확신할 때, 사람들은 자신의 주장에 대해 좀 더 유연한 태도를 취한다. 이를 통해 논쟁이 개인적 경쟁으로 빠져들지 않고 집단이 해결해야 할 문제에 집중하도록 할 수 있다.

관리자들은 서로 다른 방식으로 갈등을 다룬다. 어떤 관리자는 갈등을 회피하려고 한다. 다른 관리자들은 의견 대립의 문화를 적극적으로 장려한다. 1990년대 후반, 어느 성공적인 기술기업을 고찰한 연구원들은 "남성이든 여성이든 고위 임원들은 지배적인 규범에 따르라는 기대를 받는다. 인정사정없이 솔직해야 하고 잘 조절된 분노를 내보여야 한다는 것이다. 이 두 가지는 종종 각본에 따라 연극하듯 고함지르며 논쟁하는 모습으로 합쳐져 나타난다"라고 관찰했다. 이와 같은 연극적 대립은 사회학자 캘빈 모릴Calvin Morrill이 연구한 플레이코(가칭)라는 기술기업이 가진 조직문화의 중심에 있었다. 어느 직원은 플레이코에서 강력한 임원이란 이런 사람이라고 설명했다. "터프한 개자식이죠. 의견이 다른 사람을 날려버리는 걸 겁내지 않고, 게임을 할 줄 알고, 이기거나 지거나 명예와 품위를 지키는 사람." 상사와 부하직원은 "말에 올라타 전투"하도록 기대되며, 모든 사람들은 그 전투에서 '승리했는가'를 평가받는다. 전투에서의 기술이 주요 평가 요소가 된다. "우리는 먹잇감 주위를 맴도는 상어 떼입니다." 또 다른 임원이 말했다. "어떤 놈이 당신을 물어뜯으면 당신도 한입 물어뜯어야죠."

대립적인 문화에서는 의사결정이 속도감 있게 이루어진다. 작은 목소리들이 빠르게 제거되기 때문이다. 이런 문화는 변화에 급박하게 적응해야 하는 조직에서 가장 효과적이다. 그러나 그 과정에서 개인 간 경쟁이 격화되고, 사람들은 해야 하는 일에서 멀어진다. 그리고—내 직감일 뿐이지만—이런 문화에서는 못된 놈들이 살아남는다. 최적점을 찾는다면, 의견 충돌과 논쟁이 공개적으로 이루어지되 집단 안의 모두가 자신이 옳다는 것을 입증하기보다 전체에게 가장 좋은 답을 찾는 데 집중하는 문화, 의견 대립이 제거해야 할 위협이 아니라 해결해야 할 도전 과제로 받아들여지는 문화일 것이다.

만약 당신이 직급이 낮은 직원이고 조직에 해로운 대립이나 수동 공격적인 사내 정치로 분열된 회사에 다니고 있다면, 문화가 당신을 규정짓지 못하도록 애쓰는 것, 그리고 다른 직장을 알아보는 것 외에 할 수 있는 일은 별로 없을 것이다. 그러나 만약 당신이 그런 회사의 리더라면 할 수 있는 일이 훨씬 많다. 당신과 다른 임원들이 어떻게 긍정적으로 의견 대립을 풀어나가는지 본보기를 보여줌으로써, 이곳은 격렬하게 논쟁을 벌이면서도 서로 잘 어울려 지낼 수 있는 일터라는 것을 조직 내 모든 구성원에게 암묵적이거나 명시적으로 알려줄 수 있다. 팀원들에게, 당신이 팀원들의 의견에 공개적으로 반대하는 것은 그들을 존중하지 않아서가 아니라 오히려 존중하기 때문이라는 것을 전달할 수 있다. 어려운 의사결정을 빠르게 내려야 하는 조직에서라면 커뮤니케이션은 불쾌할 만큼 직설적이어야 한다. 섬세한 표현을 찾거나 예의를 차릴 시간이 없기 때문이다. 압박받는 상황에서의 리더십을 연구하는 심리학자 네이선 스미스Nathan Smith는 병원의 고참 의사들에게 젊은 의료진들이 이러한 스타일에 미리 대비할 수 있도록 하라고, 그래서 낯선 상황에서 개인적으로 괴롭힘 당한다고 느끼지 않도록 하라고 조언한다.

불만을 표출하고 해결하는 단순한 프로세스를 마련하는 것 또한 조직에 도움이 된다. 조디 기텔이 연구한 다른 항공사들과 비교하면 사우스웨스트항공사는 갈등을 해결하기 위해 가장 적극적인 방식을 취했다. 이를 통해 턴어라운드 시간을 단축하고, 생산성을 높였으며, 고객 불만을 줄이는 효과를 얻었다. 한 직원은 기텔에게 "각 부문 사이에 심각한 문제가 생기면, 우리는 '예수님 앞으로 오라' 미팅을 열어서 해결했어요. 다른 항공사에서는 전쟁이었겠지만, 여기서는 모두가 존중받고 자부심을 유지하는 것이 목표죠"라고 말했다. 영혼 충만한 별명을 갖게 된 이 미팅의 공식 명칭은 '정보 공유 미팅'이었다. 미팅은 정해진 방식으로 운영되었다. 한 팀이 자신들의 입장에서 문제를 설명하면 다른 팀도 같은 문제를 자신들의 입장에서 설명하고, 해결 방법을 찾아 합의에 이르도록 하는 것이었다.

기텔이 연구한 다른 항공사의 관리자들은 내부의 의견 대립을 무시하려 했지만, 유나이티드항공은 유나이티드 셔틀* 부문을 신설하면서 사우스웨스트의 적극적인 방식을 모방했다. 유나이티드 셔틀이 좋은 성과를 내자, 다른 부문에서도 갈등 해결 세션을 도입하기

---

* 유나이티드항공의 저가 항공 자회사로 1994년에 설립되어 2001년에 문을 닫았다.

시작했다. 한 램프 담당자는 기텔에게 이러한 시도가 가져온 변화를 다음과 같이 이야기했다. "처음에 우리는 상대방을 비난하고, 상대도 우리를 비난했어요. 그래서 한 달에 두 번씩 같이 만나는 회의를 열었죠. 처음에는 서로 욕하는 자리였지만, 이제는 '나는 이걸 받아들일 수 있어', '이건 내가 할게'라고 말하는 자리로 발전했습니다." 한 회의가 전환점이 되었다. "처음에는 경영진을 비난하고 서로를 공격했죠. 플립 차트를 들고 들어왔던 테리(고위 관리자)는 이 회의가 혼란스럽다고 생각했지만, 찰리(중간 관리자)는 우리가 그동안 했던 회의 중에 최고라고 했어요. 모두들 마음속 생각을 솔직하게 꺼내놓았고, '이제부터 이렇게 하자'라고 말할 수 있었으니까요."

## 스트레스가 없는 것이 위험신호

현대 관계학의 창시자 중 한 명인 존 가트맨John Gottman은 관계에 가장 치명적인 행동은 경멸이라고 말한다. 경멸은 문제에 집중하지도, 공통의 목표를 중요하게 여기는 척도 하지 않고 그저 상대방을 공격하는 것이기 때문이다. 니콜라 오버럴도 경멸은 파괴적이라고 동의하지만, 한편으로는 그 안에 누군가 알아주길 바라는 신호가 숨어 있다는 점을 지적한다. "모든 감정은 중요한 사회적 정보라고 생각합니다. 불편하고 부정적인 감정 안에서도 한 사람의 관점을 엿볼 수 있습니다. 불만과 고통을 알아차릴 수 있는 거지요." 부정적인 행동을 항상 동정하며 해석해야 한다는 의미는 아니다. "어떤 경우엔

이 사람은 신뢰할 수 없다는 정보를 얻게 되기도 합니다. 당신에게 충실하지 않다는 정보를 얻기도 하고요. 문제를 해결하는 것이 항상 궁극적인 목표는 아닙니다. 가끔은 관계를 끝내야 하는 경우도 있습니다." 건강한 관계 안에서 부정적 감정이 수행하는 역할이 있다는 의미다.

물론 논쟁이 걷잡을 수 없이 커져서 파트너나 친구, 동료와의 관계를 망가뜨릴 위험도 항상 존재한다. 이러한 위험을 인지하고 있기 때문에 많은 사람들이 갈등을 피하려 하는 것이다. 조금이라도 대립할 가능성만 생겨도 스트레스를 받는 이유이기도 하다. 하지만 우리는 서로의 차이를 표출하지 않을 때 생기는 위험을 과소평가하는 경향이 있다. 솔직한 의견 대립에서 오는 가벼운 스트레스에 자신을 노출시키지 않는다면, 관계는 두 가지 위험을 안게 된다.

첫 번째 위험은 짜증스러운 감정이 사라지지 않고 수준 낮은 비난으로 표출되는 것이다. 연구자들은 관계의 복잡성에 관한 다양한 문제에 서로 다른 의견을 내지만, 수동 공격성이 관계에 전혀 도움이 되지 않는다는 것만은 명확하게 발견했다. 가정에서든 직장에서든 '간접-대립'은 거의 언제나 시간 낭비일 뿐이라는 것이다. 변화의 동기가 되지도 않고 문제를 해결하지도 않으며 그저 신뢰만 좀먹는 것이다. 간접-대립에 자주 기댄다면, 그 이유는 화가 났다는 걸 다른 사람들이 알아주었으면 하면서도 대립이 두려워 솔직하게 말하지 못하기 때문일 것이다.

두 번째 위험은 너무 늦어버릴 때까지 서로에 대해 배우지 못한다는 것이다. 의견 대립을 통해 배울 수 있는 게 뭘까? 상대방이 무엇을, 또는 누구를 진심으로 중요하게 여기는지, 상대방이 스스로를 어떻게 바라보고 있는지를 알게 되는 것이다. 상대를 잘 안다고 느낀다 해도, 그가 스스로를 바라보는 시선은 당신이 그를 바라보는 시선과 다를 수 있다. 또한 상대가 당신을 어떻게 바라보고 있는지도 알게 될 것이다.

적합한 조건에서라면, 갈등은 우리를 하나로 묶어준다. 갈등을 통해 사람들은 다른 관점을 고려하게 되고, 이루고자 하는 목표에 대해 좀 더 깊이 생각해보게 되며, 새로운 아이디어를 발전시키게 된다. 달리 말하면 갈등을 통해 우리는 더 똑똑하고 창의적인 사람이 될 수 있다. 이어질 두 장에서 이 이야기를 이어가 보자.

혼자서는

깨달을 수 없는 것들

협력적인 의견 대립은 집단의 지성을
수확해내는 가장 좋은 방법이다.
비합리적이 되기 쉬운 인간의 습성을
좋은 방향으로 활용하기 때문이다.

깊이 사고하는 사람을 상상해보라고 한다면, 우리는 로댕의 〈생각하는 사람〉을 떠올릴 것이다. 외로이 자기 성찰에 빠져 마음을 탐색하는 사람. 혼자일 때 가장 좋은 사유를 할 수 있다는 것은 근대의 생각이다. 고대의 전통에서 사유와 추론은 본질적으로 상호적인 것, 집단의 지성을 수확해내는 방법이었다.

독창적인 사상가를 만나보자. 서양 철학의 아버지 소크라테스는 그의 생각을 글로 쓰지 않았다. 우리가 그에 대해 아는 것들은 대부분 동시대인들이 남긴 기록을 통해서다. 소크라테스는 글쓰기라는 새로운 기술을 신뢰하지 않았다. 질문에 대답할 수 없는 방식이기 때문이다. 그는 말하기를 선호했고, 그에게 반대하는 사람들(적어도 반대한다고 생각하는 사람들)과 논쟁하는 것을 좋아했다. 소크라테스는 사람들에게 조심스럽게 질문을 던짐으로써 자신의 생각이 불완전함을 깨닫게 했다.

그는 오해를 불식시키고 오류를 찾아내는 가장 좋은 방법이 토론이라고 믿었다. 토론은 아테네 광장에서 이루어졌고, 아테네에서 가장 존경받는 지식인들이 종종 참여했다. 소크라테스가 선호한 방식은 다음과 같았다. 누군가 먼저 정의나 행복의 본질에 대한 주장을 펼치면 그렇게 믿는 이유를 묻는 것이다. 어떻게 그렇게 확신할 수 있는가? 그들의 주장에서 벗어나는 예외를 어떻게 설명할 수 있는가? 꼬리를 무는 질문이 계속 이어지다 보면 지식인들이 처음 보였던 확신은 별 근거가 없는 것이었음이 드러난다. 소크라테스는 누군가를 모욕하려고 그런 것이 아니었다. 우리 모두가 스스로 생각하는 것보다 아는 것이 훨씬 적다는 것을 보여주고 싶었을 뿐이다.

시카고대학의 철학 교수이자 고대 그리스 전문가인 아그네스 칼라드Agnes Callard 교수는 소크라테스가 독창적인 사상가였을 뿐만 아니라 혁신가였다고 말한다. 그는 한 사람이 양쪽 주장의 근거를 비교하는 것보다 두 명 이상의 사람들이 각자의 역할을 수행할 때 진실에 더 빠르게 이를 수 있음을 처음 주장했다. 칼라드는 이 방법을 '인식론적 작업의 대립적 분업adversarial division of epistemic labour'이라 불렀다. 한편은 가설을 내놓는 역할을 하고, 다른 사람들은 그 가설을 무너뜨리는 역할을 한다. 법정에서 검사와 변호인이 정의를 찾아가기 위해 상대의 주장을 무너뜨리는 것처럼, 사람들은 진리를 발견하기 위해 협력적으로 논쟁할 수 있다.

그러나 이론과 실제는 별개의 이야기다. 이를 실제 작동시키기 위해 소크라테스는 다른 혁신도 이뤄내야 했다. 새로운 사회적 기준을 만들어야 했던 것이다. 소크라테스의 대화 상대들에게도 토론은 낯설지 않았다. 건강한 민주주의의 도시라는 자부심을 가지고 있던 아테네, 모든 남성(그렇다, 재산을 가진 남성이어야 했다)이 자신의 의견을 자유롭게 밝힐 수 있는 아테네가 아니던가. 그러나 아테네의 문화는 설득의 문화였고, 대부분의 아테네 시민들은 논쟁을 이기거나 지는 제로섬 게임으로 여겼다. 토론은 정치적으로 중요한 목표를 달성하기 위한 수단이었다. 아테네 문화는 경쟁적이기도 했다. 남성들은 가장 탁월한 웅변가가 되기 위해, 가장 기량이 출중한 토론자가 되기 위해 경쟁했다. 이들이 추구한 것은 진리가 아닌 특권이었다.

그래서 소크라테스는 기존과는 다른 새로운 대화 방식을 만들어야 했다. 칼라드에 따르면, 소크라테스는 대화 도중 상대에게 그들이 지금 하고 있는 것이 무엇인지 설명하기 위해 대화 주제에서 벗어나야 하는 경우가 종종 있었다. 소크라테스는 자신이 상대보다 우월하지 않다고 말하곤 했다. "질문은 지위 경쟁이 아닙니다. 우리가 하는 주장이 얼마나 튼튼한지 알아보는 것입니다. 상대의 견해를 정확히 이해하기 위해 시간을 들이되, 정답을 찾는 일은 걱정하지 마십시오. 우리는 서로를 더 잘 이해하기 위해 노력하고 있을 뿐입니다. 누군가와 토론한다는 것은 그 사람을 존중한다는 의미입니다."

제자 플라톤이 소크라테스의 대화를 기록한 《소小히피아스》에도 이런 대목이 나온다. "히피아스여, 나는 당신이 나보다 현명하다는 사실을 부정하는 것이 아닙니다. 어떤 사람의 이야기에 관심을 기울이는 습관을 가지고 있을 뿐입니다. 특히 그 사람이 현명한 사람으로 보일 때는 더욱 그렇지요. 그 사람이 어떤 의미로 그 말을 하는지 배우기 위해 깊이 질문해가는 것입니다. 그 과정에서 제가 배울 수 있으니까요."

소크라테스는 자신이 누군가를 이기려 하는 것이 아님을 동료 아테네인들에게 알리기 위해 노력했다. 그에겐 목표나 사심이 없었다. 거짓을 타파하는 여정에 아테네인들을 초대하는 것이었고, 거짓의 타파 자체가 목적이었다. 이전에는 그와 같은 방식으로 토론한 사람이 아무도 없었기에, 소크라테스는 토론을 거듭하면서 자신이 하는 일이 무엇인지 설명해야 했다. 그는 철학과 과학의 자유로운 지적 탐구라는 성전의 초석을 쌓고 있었다. 탐구는 그 자체로 가치 있는 목표이며, 서로 다른 견해를 가진 사람들이 함께 추구한다는 것이 지적 탐구의 전제이기 때문이다.

아테네 사람들에게 소크라테스가 토론을 하는 방식은 새롭기도 하지만, 다소 이상하고 불안한 것이기도 했다. 아테네 학자들은 불편함을 느꼈고, 소크라테스가 그들의 주장을 파헤쳐갈 때면 화가 나기도 했다. 망신을 당하면 어쩌나? 체면을 구기면 어쩌지? 소크라테스는 안심시키고 달래는 일을 많이도 했다. 분노 관리anger management라 불러도 과장이 아닐 것이다. 칼라드는 플라톤의 《국가》에 등장하는 한 대목을 보여준다.

우리가 이야기하는 동안, 트라시마코스는 여러 차례 논쟁에 끼어들려 했지만, 우리의 주장을 끝까지 듣고 싶어 하는 주위 사람들에게 제지당했다. 그러나 우리가 잠시 말을 멈추었을 때, 그는 더 이상 참지 못했다. 그는 막 뛰어오르려는 야생동물처럼 똬리를 틀고 있다가 우리를 갈기갈기

찢어놓을 듯이 덤벼들었다.

소크라테스는 아테네의 문제적 존재, 신성하게 여겨온 제도에 까탈스럽게 끼어드는 잔소리꾼 같은 존재였다. 그는 신체적 위협을 빈번하게 받았고, 결국 아테네시는 그에게 사형 선고를 내렸다. 칼라드는 이 결과가 놀라운 일이 아니라고 말한다. 오히려 소크라테스가 그렇게 오래 살아남은 것이 놀랍다고 했다. 아테네인들은 명백하게 자신을 이기려고 하거나 무언가를 설득하려는 목적 없이 누군가 자신의 의견에 반대하는 일이 낯설었다. "아테네인들은 소크라테스가 왕성하게 활동하도록 내버려두었죠." 칼라드가 말한다. "왜 더 크게 분노하지 않았던 걸까요?" 칼라드는, 소크라테스가 사람들의 불안함을 달래기 위해 노력했기 때문이라고 생각한다. 협력적인 의견 대립에서 누군가의 의견은 틀려야 한다. 소크라테스는 내 의견이 틀렸음이 입증되어도 괜찮다는 것, 이는 오히려 고마워할 일이라는 것을 아테네인들에게 알려주기 위해 최선을 다했다. 예를 들어 《고르기아스》에서 소크라테스는 칼리클레스에게 이렇게 말한다. "당신이 나를 논박한다고 해서 내가 화를 내서는 안 될 것입니다. 당신은 나의 가장 고마운 시혜자benefactor로 기록될 것입니다."

서양 철학의 다른 창시자들은 소크라테스의 방법론을 받아들이고 더욱 발전시켰다. 우리는 소크라테스의 제자 플라톤을 통해 소크라테스에 대해 알게 되었다. 플라톤은 대화를 통해 자신의 생각을 제시했다. 플라톤의 제자 아리스토텔레스는 효과적으로 논쟁하는 법에 대한 책을 썼고, 설득을 위한 기술인 수사법rhetoric을 발전시켰다. 이들 사상가들에게 서로 다른 관점이 충돌하는 것은 싸워서 설득해야 할 일이 아니라 진리를 찾아내기 위한, 아니면 적어도 거짓을 타파하기 위한 과정이었다. 그리스인들이 갈등 속에서 진실을 정제해내는 스토리텔링 방식인 드라마를 만들어냈다는 것은 의미심장한 일이다.

중세 유럽의 기독교 학자들은 그리스인들이 만든 규칙을 받아들여 '논쟁disputation' 법을 발전시켰다. 처음에는 수도원에서, 이후 초기 대학에서 받아들인 이 토론 방식은 신학과 과학에서 진리를 가르치고 발견하기 위한 것이었다. 논쟁은 스승과 제자 사이에서 사적으로도 이루어졌지만 대학 커뮤니티에서 공적으로도 이루어졌다. 모든 논쟁은 유사한 방식으로 진행되었다. 질문을 던지고, 그 질문에 찬성하는 주장을 찾아 검토한 다음, 반대 의견의 주장을 검토한다. 두 주장을 서로 견주어 한편을 선택하거나, 제3의 주장을 찾아낸다. 논쟁은 경쟁적인 것이었다. 상대를 설득하거나 청중을 설득하는 것이 목표였다. 그러나 한편으로는, 하나의 문제를 다른 관점으로 검토하는 과정에서 새로운 진리를 발견할 수도 있다고 믿었다. 이는 기본적으로 소크라테스의 대화법에 형식을 갖추고 규모를 키운 것이었다. 이 시대를 연구한 역사학자들은 '논쟁의 제도화'를 논한다.

제도가 되면 고이기 마련이다. 16세기 르네상스 사상가들은 대학이 현실과 동떨어진 채 건조한 지적 논쟁에만 빠져 있다고 비판했다. 그러나 논쟁법이 무용해졌음을 분명히 한 사람은 17세기 프랑스 철학자 르네 데카르트였다. 그는 새로운 진리를 발견하기 위한 것이 아니라 그저 이기는 것에만 집중하는 인위적인 유희라며 학문적 논쟁을 경멸했다. 벽난로 가에서 혼자 사색한 데카르트는 자신의 존재에 대한 확신에서(나는 생각한다. 그러므로 나는 존재한다) 새로운 철학 방법론을 개발했다. 진리를 원한다면, 내면을 들여다보라.

개인의 양심을 강조한 종교개혁 이후, 내면의 탐구는 더욱 힘을 얻었다. 인쇄술의 발명은 논쟁법에 다시 한번 타격을 주었다. 책이 확산되면서, 좀스럽게 구는 스승들과 논쟁을 벌이는 대신 스스로 배울 수 있게 된 것이다. 18세기 계몽철학자들은 개인의 합리성이 인류가 얻은 최고의 선물이라 주장했다. 이마누엘 칸트는 이성이 작동하는 것은 인간 정신의 기본적인 구조에 기인한다고 말했다. 이전까지 '판단'은 행동의 영역, 권력자들이 공적으로 하는 일로 간주되었다. 칸트는 처음으로 이를 정신의 작용이자 개인이 사적으로 이해하는 행동이라 생각한 사람이었다.

지적 탐구는 정신의 내면에서 이루어지는 일로 간주되기 시작했다. 고대의 학자들이 만든 전통에서 스스로 벗어난 뛰어난 개인들만이 새로운 발견을 할 수 있었다. 아이작 뉴턴으로 대표되는 개인의 천재성이 가장 중요한 개념이 되었다. 아이러니한 것은, 개인의 정신이 중요하게 여겨지기 시작한 시대에 사유가 점점 사회적인 것, 그 어느 때보다도 논쟁적인 것이 되었다는 점이다. 이 시기에 과학 협회들이 만들어졌고, 철학자들은 서로 편지를 주고받았으며, 지식인들은 커피하우스에 모여 이야기를 나누고 아이디어를 토론했다.

사유는 보다 사회적인 것이 되었지만, 사유에 대한 생각은 점점 추상적인 것이 되어갔다. 19세기와 20세기 초반, 사유에 대한 연구는 형식 논리를 연구하는 것이 되고 점점 수학적이 되어갔다. 어느 주장이 옳은가는 대수 기호를 이용해 계산할 수 있는 대상이 되었다. 이 일에 일반인들이 쓰는 언어는 사용되지 않았다. 소크라테스가 아테네 광장에서 모든 사람들과 토론한 지 2000년이 지난 후, 사유의 탐구는 진정 사회적이지 않은 것이 되고 말았다.

좋은 의사결정과 판단을 이루는 요소가 무엇인가를 생각할 때, 우리는 여전히 개인을 그 중심에 둔다. 우리는 그들을 낳은 집단이나 사회적 환경보다 사상가, 혁신가, 과학자 개인을 칭송한다. 심리학자들은 개인의 정신을 시스템 1과 시스템 2, 즉 의식과 무의식의 정신 작용으로 나누어 연구한다. 뇌 영상법이 개발되면서 개인에게 집중하는 경향은 더욱 강화되었다. 신경과학자들은 개별의 뇌 사진을 들여다볼 수 있지만, 다른 사람들과 상호작용할 때 뇌에서 일어나는 일은 아직 정확히 연구하지 못한다(MRI 스캐너에는 한 명만 들어갈 수 있다). 그래서 일부 예외는 있지만, 신경과학자들은 대체로 이 부분을 무시한다.

그러나 우리는 '뇌 안에서만' 사고하지 않는다. 우리는 함께 사고한다. 개인에 집중한 결과 우리는 의견 대립이 새로운 통찰과 아이디어, 좋은 결정으로 향하는 길이 되어준다는 사실을 과소평가하게 되었다.

## 똑똑한 사람들이 모인 집단이 망하는 이유

집단적 의사결정을 연구하는 과학자들은 똑똑한 사람들이 모인 집단 안에 의견 대립이 없을 때 나쁜 의사결정을 내리게 되는 두 가지 이유를 찾아냈다. 둘 중 더 많이 알려진 이유는 집단에 순응하려는 욕구, 집단 안에서 지배적인 사람(들)을 따르려는 경향이다. 인기 있는 의견이 바로 정해지면, 나머지 사람들은 그 의견의 단점이나 다른 대안을 충분히 따져보지 않고 우르르 따라간다는 것이다. 1972년 사회심리학자 어빙 재니스Irving Janis는 이 현상을 '집단 사고'라고 처음으로 이름 붙였다. 여기서 문제는 집단이 충동적인 개인처럼 행동한다는 것이다. 두 번째 이유 역시 이와 관련되어 있는데 좀 더 미묘하게 작동한다. 공유 정보 편향shared information bias이라 불리는 것인데, 방 안의 다른 사람들이 해당 주제에 대해 자신보다 잘 알 거라고 모두가 가정할 때 일어나는 일이다. 그 누구도 다른 사람의 의견에 진지하게 질문하지 않기 때문에, 토론은 인위적인 것이 되고 만다("두 사람의 의견이 언제나 똑같다면, 둘 중 한 명은 필요 없다"라고, 추잉검 사업가 윌리엄 리글리 주니어William Wrigley Jr.가 말한 바 있다).

하나의 질문을 놓고 논쟁을 벌일 때 새로운 생각과 정보, 통찰이 쏟아져 나온다. 논쟁을 벌이지 않았더라면 누군가의 머릿속에만 갇혀 있었을 것들이다. 오늘날 팀 내 다양성을 중요하게 여기는 것은 옳은 일이다. 사회적 형평성을 위해서만이 아니다. 회의 테이블에 둘러앉은 사람들이 다양한 관점을 가질수록 창의적이고 통찰력 있는 논의를 할 수 있기 때문이다. 그러나 그 통찰과 창의성은 팀 내의 사람들이 서로의 의견을 공개적으로 반박하고 시험할 준비가 되어 있을 때만 현실화될 수 있다. 의견 대립은 다양성의 장점이 발현되도록 문을 열어준다.

소크라테스는 이미 알고 있었을 것이다. 이론적으로는 다 좋은 이야기지만, 현실에서 사람들은 반대 의견을 내는 것을 불편해한다는 것을. 모두가 합의하는 일에 반대하는 사람은 대개 미움을 받는다. 의견 대립이 다툼으로 번질 수도 있다. 집단 사고라는 개념이 널리 알려진 이후, 몇몇 조직들은 설익은 합의에 이르지 않게 할 방법, 그러면서도 사람들이 개인적으로 공격받았다고 느끼지 않게 할 수 있는 방법을 찾기 시작했다. 어빙 재니스가 제안한 방법은 '악마의 변호인Devil's Advocate'을 정하는 것이다. 이는 로마 가톨릭교회에서 온 방식이다. 한 사람이 시복*이나 시성**의 대상이 될 때, 악마의 변호인으로 지정된 사람은 대상 인물에게 그럴 만한 자격이 없다는 것을 주장한다. 한 사람에게 집단의 결정에 반대하는 역할을 명시적으로 부여함으로써, 팀의 조화를 해치지 않으면서도 의견 대립이 주는 장점(새로운 정보와 더 나은 해결 방안)을 누리려는 것이다. 이론적으로는 그렇다.

하지만 한 가지 문제가 있다. 이 방법이 이론대로 작동하지 않는다는 것이다. 버클리대학의 사회심리학 교수 샬런 네메스Charlan Nemeth는 반대하는 사람이 자신의 반대 의견을 정말 믿는 진짜 의견 대립

---

● 거룩한 삶을 살았거나 순교한 이에게 교황이 복자 칭호를 허가하는 것.
●● 순교한 사람들의 깊은 신앙과 성덕을 기리기 위해 가톨릭교회가 공식적으로 인정하는 것.

집단과 반대하는 척하는 집단, 그리고 반대하는 사람이 없는 집단을 비교했다. 네메스는, 진짜 의견 대립 집단에서 다른 두 집단보다 훨씬 더 생산적인 논의가 이루어지고 새로운 생각들이 더 많이 흘러나온다는 것을 발견했다. 사실 악마의 변호인 방식은 비생산적이다. 집단 안의 다른 사람들이 반대 의견을 제대로 고려해보지 않고 원래 의견을 옹호하는 더 많은 논거를 만들어내도록 자극하기 때문이다(네메스는 이러한 행태를 인지적 강화cognitive bolstering라고 부른다). 나는, 정해진 악마의 변호인이 있으면 사람들이 편협한 시야에서 벗어나기 위한 예방주사를 맞았다는 생각에 오히려 원래 의견에 안주하게 된다고 생각한다. 악마의 변호인 역할을 맡은 사람이 자신의 말을 정말로 믿는 건 아니라는 걸 알기 때문에, 그 사람이 하는 말을 곱씹어 생각해보려는 노력을 하지 않는 것이다.

후속 연구에서 네메스는 좀 더 미묘한 분류를 실험했다. 첫 번째 조건은 누군가 전반적인 견해에 자발적으로 반대하는 것이다. 두 번째 조건에서는, 같은 사람이 똑같은 반대 주장을 펴고 다른 사람들도 그녀가 그 주장을 정말 믿는다는 걸 알고 있지만, 그녀에게 공식적으로 악마의 변호인 역할을 부여했다는 차이를 두었다. 양쪽 모두에서 의견 대립은 집단에 긴장감을 가져왔고, 반대하는 사람에 대한 싫어하는 마음도 일부 나타났다. 그러나 자발적 조건 속에서 더 생산적인 논의가 이루어졌다. 역할극 조건과 비교할 때 더 많은, 그리고 더 나은(그러니까 더욱 창의적인) 해결 방안이 만들어졌다. 반대하는 사람도 반대하는 근거도 같았는데도 말이다.

네메스는 그 이유를 다음과 같이 추측한다. 두 집단의 논의가 서로 다른 효과를 가져온 이유는, 반대하는 사람이 악마의 변호인 역할을 수행하고 있을 때는 그에게 걸려 있는 리스크가 적다는 것을 집단 내 사람들이 감지하기 때문이다. 자발적 논의 상황에서 반대하는 입장을 취하는 것이 더욱 용기 있는 일로 느껴진다. 반대자가 연구원의 지시에 따르고 있을 때, 집단은 매끄럽고 확신에 찬 주장을 감지하지만, 자신의 입장을 다시 돌아보아야 할 책임감을 덜 느낀다. 진짜 논의가 이루어질 때는, 참여자들이 반대하는 사람의 취약성을 느끼고 자신의 마음을 열어 내보이는 것으로 그에 응답한다. 그 결과 양편 모두 상대에게 설득될 가능성을 열어두면서 풍부한 논의를 하게 되는 것이다. 다시 말하면 사람들은 자신의 말을 진심으로 믿으며 위험을 무릅쓰고 반대 의견을 내놓는 사람 앞에서는 자신의 의견이 틀렸을 수도 있다는 가능성을 열어두게 된다.

생산적인 의견 대립은 사람들이 서로에 대해 어떻게 느끼는가에 달려 있다. 우리는 어떤 논지를 펼 것인가를 생각하는 데 많은 시간을 쓰고, 논쟁이 어떻게 이루어지는가를 결정짓는 관계를 어떻게 만들어갈 것인가에 대해서는 충분히 생각하지 않는다. 잘 반대하려면 감정을 배제하고 순수하게 이성적으로 생각해야 한다는 말을 종종 듣는데, 이는 근거 없는 이야기다. 생산적인 의견 대립이 이루어지기 위해서는 신뢰로 묶인 유대관계가, 결국은 우리가 서로 다투는 것이 아니라 함께 일하고 있다는 감각이 필요하다. 이는 인지적 문제만이 아니라 감정적 문제이기도 하다. 이번 장의 내용을 이해하는 데 지난 장의 내용이 반드시 필요했던 이유다. 인간은 순수하게 이성적인 존재가 아니며, 망가지는 쪽으로 향해 가는 것처럼 행동한다. 이러한 비합리성을 프로세스의 일부로 받아들일 때에만 의견 대립이 가져올 수 있는 긍정적인 가능성을 모두 펼쳐낼 수 있을 것이다.

## 위키피디아 편집 전쟁

공개 매수를 고려하는 기업은 골드만삭스와 같은 투자은행을 고용해 자문을 받는다. 투자은행은 이 매수건을 성사시키기 위해 이사회를 설득해야 하는 강력한 동기를 갖는다. 결국 거래가 성사되어야 수수료를 받기 때문이다. 명백한 이해관계 충돌이다. 세계에서 가장 성공한 투자자인 워런 버핏은 회사가 균형을 잡기 위한 조치를 취해야 한다고 제안한다.

내가 생각하기에 이성적이고 균형 잡힌 논의를 할 수 있는 방법은 단 하나다. 이사회는 또 다른 자문사를 찾아 인수에 반대하는 주장의 근거를 제시하도록 해야 한다. 이 경우엔 거래가 성사되지 않는 경우에만 수수료를 지불하는 조건으로 말이다.

이 방식의 영리한 점은 수수료에 있다. 버핏은 두 번째 의견을 구하라고만 제안하지 않았다. 두 번째 자문사에게 논쟁에서 이길 재무적 동인을 제공하라고 조언한다. 왜냐고? 그렇게 하면 편파적 사고의 힘을 가동시킬 수 있고, 동시에 스스로의 치우친 사고로부터 보호받을 수 있기 때문이다. 두 번째 자문사는 인수를 진행하지 말아야 할 합당한 이유를 많이 찾아내려는 강력한 동기를 얻는다. 이사회는 인수의 찬반에 대한 양쪽의 논거들을 바탕으로 옳은 결정을 내릴 수 있게 될 것이다.

당신은 당신의 주장을, 나는 나의 주장을 내놓을 때, 그리고 우리 둘 다 최선을 다해 주장의 논거를 제시하려는 동기를 가질 때, 의견 대립의 담금질을 거쳐 우리가 얻게 될 답은 훨씬 더 강력할 것이다. 2019년, 시카고대학의 사회학자 제임스 에번스James Evans가 이끄는 과학자들은 위키피디아 페이지라는 방대한 의견 대립의 데이터베이스를 활용해 위 내용을 연구했다. 에번스는 정치적 양극화의 영향에 관심이 있었고, 극단적으로 다른 정치적 견해를 가진 사람들이 생산적인 논쟁을 벌이는 것이 가능한지 알아내고자 했다. 강력하게 대치되는 정치적 관점이 서로 부딪치면 언제나 적대감이나 회피로 귀결되는 것일까? 싸우거나 도망치거나가 전부일까? 좀 더 유익한 것으로 승화될 수는 없을까?

에번스는 위키피디아가 이 질문을 탐구할 완벽한 곳이라는 걸 깨달았다(에번스와 그가 이끌었던 과학자 팀을 총칭해 에번스라 부르겠다). 위키피디아는 경이로운 팀워크가 이뤄낸 결과다. 자발적으로 참여하는 편집자들이 즉석에서 만들어낸 커뮤니티가 각각의 페이지를 감수한다. 각 주제별로 '토크 페이지'가 존재하는데, 여기서 사람들은 보이는 페이지 뒤에서 일어나는 일들에 대해 이야기할 수 있다. 추가할 내용이나 삭제할 내용에 대한 제안이 들어오면 에디터들은 토크 페이지에서 이에 대한 논의를 진행한다. 사람들이 보게 될 페이지에 어떤 내용을 담을 것인지 서로를 설득하기 위해 공들인 주장과 논거를 주고받는다. 어떤 팀은 다른 팀보다 탁월한 페이지를 만들어낸다. 이렇게 말할 수 있는 것은, 위키피디아에서 각 페이지가 얼마나 잘 읽히는지, 정확한지, 이해하기 쉬운지, 충분한 근거를 제시하는지 등을 평가해 등급을 매기기 때문이다.

에번스는 머신러닝을 활용해 수십만 명의 편집자들이 정치적 페이지를 편집한 내용을 분석하고, 그들의 정치적 성향이 '블루'(민주당 성향)인지 '레드'(공화당 성향)인지 파악했다. 그 결과 정치적이거나 사회적인 이슈를 다루는 수천 개의 편집 팀들이 어떤 정치적 성향을 가진 사람들로 이루어져 있는지를 파악할 수 있었다. 어떤 페이지는 레드와 블루 편집자들로 이루어진 양극화된 팀이 만들었고, 어떤 페이지는 서로 비슷한 성향을 가진 편집자들이 모인 팀에서 만들었다. 에번스는 팀 내 성향이 양극화될수록 페이지의 질이 높다는 사실을 발견했다.

사상적으로 양극화된 팀 내엔 경쟁이 존재했다. 사상이 비슷하거나 '적당히 다른' 팀보다 많은 논쟁을 벌였다. 그러나 그러한 논쟁은 결과물인 페이지의 질을 높였다. 제대로 싸워보기 전엔 상대의 의견을 수긍할 생각이 없는 사람들이기에 이들은 토크 페이지에서 더 긴 대화를 나눴다. 긴 논쟁 과정에서 추정한 것들이 밝혀지고 논거가 다듬어짐에 따라 더 좋은 콘텐츠가 만들어졌다. 어느 페이지 작업에 참여한 편집자들은 연구원에게 "논쟁을 거쳐 나온 주장이 훨씬 강력하고 균형 잡힌 것이 되었다는 사실을 인정해야겠다"라고 말했다. 이 '인정해야겠다' 부분이 중요하다. 양편이 떨떠름하게 도달한 합의였기에, 합의한 내용은 더 강력한 것이 되었다. 에번스는 "쉽게 의견을 바꾸어 내용을 업데이트했다면 사실에 맞지 않거나 데이터와 부합하지 않는 근거를 찾아내 논쟁을 이어갈 동력이 없었을 것"이라고 말한다.

내가 옳아야 한다는 자기중심주의와 내가 속한 집단이 이기는 걸 봐야겠다는 부족주의는 좋은 논쟁의 적으로 간주된다. 그럴 만도 한 것이, 많은 경우엔 실제로 그렇기 때문이다. 그러나 위키피디아 편집팀의 생산적인 경쟁을 보면, 참여하는 사람들이 공동의 목표와 합의된 행동 원칙(이에 대해서는 뒤에서 더 자세히 이야기하겠다)을 가지고 있다면, 부족주의도 지적인 성과물을 만들어낼 수 있다. 자기중심적인 주장을 펴려는 우리의 성향을 가장 잘 활용하는 방법은 그 성향에 힘을 싣는 것이다. 소크라테스, 버핏, 그리고 위키피디아 편집자들을 이어주는 공통점이 여기에 있다. 그들 모두 지성은 상호작용을 통해 만들어진다는 인간 인지의 심오한 진실을 이해한다는 점이다.

## '확증 편향'이라는 인류의 결함

소크라테스 시대부터 지금까지, 이성적으로 생각하는 힘은 인류가 가진 가장 훌륭한 자질이자 우리를 다른 종과 구분해주는 특성으로 알려져 왔다. 그렇다면 곤란한 질문이 떠오른다. 진리를 추구하는 이성적 사유가 인류의 슈퍼파워라면, 왜 모두들 그 힘을 잘 쓰지 못하는 걸까?

누군가 당신에게 사람들이 좀 더 정확한 사실을 믿도록, 더 나은 의사결정을 내리도록 도와주라고 한다면, 당신은 아마도 사람들이 잘 못하고 있는 부분을 인지하도록 하는 데서 시작할 것이다. 하나라도 제대로 하고 있다는 확신을 가지려면 잘 못하고 있는 것들부터 충분히 고려해야 하니까. 하지만 우리는 전반적으로 이 부분에 취약하다. 우리 의견이 잘못되었다는 증거가 나타나도 원래 의견에 집착하는 경향이 있다. 만약 세계가 지옥으로 굴러가고 있다고 믿는다면, 나는 좋은 뉴스는 무시하고 나쁜 뉴스만 찾아낼 것이다. 어느 정치인이 훌륭한 사람이라고 믿는다면, 그녀의 업적만을 인식하고 그녀가 망친 일들은 무시할 것이다. 달 착륙이 사기라고 결론 낸다면, 이 믿음에 동의하는 유튜브 영상만 찾아보고 반대 증거는 보려 하지 않을 것이다.

심리학자들은 사람들이 자신이 믿는 바를 뒷받침해주는 증거만을 신경 쓰고 고려하며 반대 의견이 옳다고 제안하는 증거는 무시한다는 것을 분명한 사실로 정립했다. 인간은 자신이 틀릴 수 있다는 가능성을 본능적으로 혐오한다. 틀렸을 때도 이성의 힘을 총동원해 자신이 옳다고 스스로 설득하려 한다. 가설로 무장한 우리는 그 가설에 세상을 끼워 맞춘다. 확증 편향confirmation bias이라 불리는 이러한 성향은 우리 종이 가진 심각한 문제인 것 같다. 이 성향 때문에 우리는 스스로를 속이고, 다른 사람들의 거짓말을 믿으며, 다른 관점을 보려 하지 않는다. "인간 사유의 문제 중 관심을 기울여야 할 단 하나의 문제를 꼽으라고 한다면, 확증 편향이 그 후보군에 들 것이다." 터프츠 대학의 심리학자 레이먼드 니커슨Raymond Nickerson이 말했다. 똑똑함이 문제를 해결해주지도 않는다. 연구에 따르면, 지적이고 잘 교육받은 사람들은 자신을 합리화하는 주장을 만들어내는 기술이 뛰어나 자신을 설득하는 데 더 능할 뿐이다.

수수께끼다. 어째서 인류는 진화하는 과정에서 놀라울 만큼 정교하면서도 가게에서 산 물건이라면 반품해야 할 만큼 결함이 있는 도구를 얻게 된 걸까? 진화심리학자 우고 메르시에Hugo Mercier와 댄 스퍼버Dan Sperber는 이 질문에 흥미로운 답을 제시한다. 우리의 사유 능력이 진실을 밝히는 일에 약한 이유는, 진리 추구가 그 본연의 기능이 아니기 때문이라는 것이다. 오히려 이성은 사람들이 논쟁하는 일을 돕기 위해 진화해왔다.

호모 사피엔스는 협력에 강한 종이다. 다른 종에 비해 작고 약하며 조상 네안데르탈인과 비교해도 더 허약한 호모 사피엔스가 어떤 환경에서든 군림할 수 있었던 주된 이유는 무언가를 해내기 위해 뭉치는 일에 능했기 때문이다. 이를 위해 인류는 다른 인간들을 다루는 데 필요한 기술을 정교하게 다듬고 발전시켜왔다. 메르시에와 스퍼버의 관점에 따르면, 생각하는 능력 또한 사회적 기술의 일부였다. 이성은 다른 사람들과 함께 사냥감을 쫓고, 불을 피우고, 다리를 짓는 등의 일을 함께 해내는 것을 돕기 위해 진화했다. 이유를 묻고 설명하는 능력 덕분에 다른 사람들에게 영향을 미치고 같은 편으로 만들 수 있었으며, 스스로의 행동을 설명하고 책임지게 되었다("자, 내가 왜 매머드 고기를 내 몫보다 한 조각 더 가져갔는지 설명할게"). 이유를 생각해내는 능력이 있다는 것은 그 이유를 다른 사람들에게 설명해 내 주장의 근거를 대거나 다른 사람의 주장을 무너뜨릴 수 있다는 의미, 즉 논쟁할 수 있게 된다는 의미다.

우월한 사유 능력이 살아남아 유전자로 전해진 이유는 쉽게 이해할 수 있다. 이유를 생각하고 설명하는 능력 덕분에 폭력적이거나 심지어 치명적이 될 수 있는 대립이 논쟁으로 풀린다. 나는 불을 피우고 싶은데 너는 살 곳을 만들고 싶다면, 싸우는 대신 각자 하려는 일의 장단점을 따져볼 수 있다. 설명을 주고받는 일에 특히 능숙한 사람은 위협적인 상황을 잘 피할 수 있었을 것이고, 이 능력을 집단에 보여줌으로써 자기편을 얻고 짝이 될 대상들에게도 강한 인상을 남겼을 것이다.

이유를 묻고 답하는 것은 협업 관계를 만드는 주요한 방식이다. 나를 사업이든 다른 무언가든 같이 할 만한 사람으로 여기게 하려면, 내가 무엇을 원한다거나 무엇이 싫다는 말만 해선 안 된다. 왜 원하고 왜 싫은지를 설명해야 하며, 상대도 마찬가지로 해주길 바랄 것이다. 이런 상호작용을 기대하지 않는 유일한 대상은 갖고 싶은 이유를 묻는 말에 "왜냐하면 내가 갖고 싶으니까!"라고 소리 지르는 어린아이들뿐이다. 어린이들에게 '왜냐하면'으로 시작하는 설득력 있는 대화 방식을 가르치는 것은 사회화 교육의 필수적인 부분이다. 부모들은 아이들이 이 일을 잘할 수 있도록 모범을 보여줄 수 있다. 아이와 의견 대립이 있을 때, 사실은 "왜냐하면 내가 그렇게 말했으니까!"라고 대답하고 싶더라도 아이에게 그 일을 해야 하는 이유를 설명하시길 바란다.

메르시에와 스퍼버는 '지성주의' 사상가들과 대비되는 상호작용주의자interactionist다. 지성주의자들에게 이성이 존재하는 목적은 세상의 지식을 얻는 것이다. 하지만 우리가 이제까지 보아왔듯, 이성은 사실 여부와 상관없이 우리가 믿고 싶은 것을 강화하는 데 활용되곤 한다. 상호작용주의자의 시선으로 보면, 이성은 진리에 가 닿는 것을 돕기 위해 진화한 것이 아니라 커뮤니케이션과 협력을 돕기 위해 진화해왔다. 달리 말하면 사유는 본질적으로 사회적이며, 논쟁의 과정에서 다른 사람들과 함께 이성을 사용할 때만 우리는 똑똑해질 수 있다. 소크라테스는 알고 있었다.

장엄하게 고립된 채 모든 문제의 해결 방안을 생각해낼 수 있는 개인(보통은 남성)이라는 신화는 강력하지만 사실을 호도하는 것이다. 우선 인류는 방대한 지식을 모아왔지만 각 개인은 놀랄 만큼 아는 것이 적다. 우리가 상상하는 것보다 아는 것이 적다는 것은 확실하다. 2002년, 심리학자 프랭크 케일Frank Keil과 레오니드 로젠블릿Leonid Rozenblit은 사람들에게 자신이 지퍼의 작동 원리를 얼마나 잘 아는지 점수를 매겨보라고 요청했다. 응답자들은 자신 있게 답했다. 지퍼를 늘 사용하고 있으니까. 하지만 실제 설명해보라고 했을 때는 처참하게 실패했다. 기후 변화나 경제에 대해 같은 질문을 던져도 결과는 비슷하다. 인지과학자들은 이를 '설명 깊이의 착각illusion of explanatory depth'● 또는 '지식의 착각knowledge illusion'이라 부른다.

인류가 지구를 정복할 수 있었던 건 '혼자 생각할 수 있는' 능력 때문이 아니었다. 타의 추종을 불허하는 집단 사고 능력 덕분이었다. 옷을 입는 것부터 컴퓨터를 사용하는 것까지, 우리가 다른 사람의 지식에 기대지 않고 할 수 있는 일은 없다. 우리 각 개인은 선조들에게 물려받아 동시대인들이 공유하는 방대한 지식 네트워크에 접속해 있다. 속해 있는 네트워크가 개방적이고 유연할수록 더 똑똑해질 수 있다. 열린 논쟁은 이 공동의 풀에 우리가 가진 전문성을 더하는 동시에 다른 사람들의 전문성을 얻어내는 방법 중 하나다.

그러나 소크라테스가 이미 알고 있었듯이, 논쟁을 통해 진리를 발견하려면 조건을 갖추어야 한다. 그 조건 중 하나가 메르시에와 스퍼버가 '인지적 분업division of cognitive labour'이라 부른 것이다. 이상적인 토론 과정에서, 각 개인은 자신이 선호하는 해결 방안의 논거를 찾는 데 집중하고, 다른 사람은 그 논거를 비판적으로 평가한다. 모든 사람이 자신의 가정을 제시하고 나머지 모든 사람이 그 가정을 시험한다. 이 과정은 모든 사람이 양쪽 주장에서 가능한 모든 논거를 생각해내고 평가하는 방식보다 훨씬 효율적이며 더 나은 해결 방안을 도출할 가능성이 높다.

인류가 진화 과정에서 확증 편향을 물려받게 된 수수께끼는 이렇

---

● 사람들이 자신이 실제로 이해하는 수준보다 더 잘 안다고 착각하는 것.

게 풀린다. 잘 작동하는 집단 토의라는 맥락에서, 확증 편향은 없애야 할 버그가 아니라 핵심 기능이다. 단 우리가 본래의 의도대로 잘 사용할 때만 그렇다. 누군가 당신의 말을 반박하는 경우를 생각해보자. 당신은 당신이 옳다고 주장할 수 있는 모든 근거를 찾아내고 제시할 동기가 생긴다. 적어도 그 문제가 당신에게 중요한 것이거나 당신이 옳다고 보여줄 필요가 있는 경우라면 그렇다(메르시에와 스퍼버가 확증 편향이라는 용어보다 우리 편 편향myside bias이라는 용어를 선호하는 이유다. 이러한 동기는 정체성이나 지위가 위협받는다고 느껴질 때만 작동된다). 이는 인지적 반응일 뿐만 아니라 감정적 반응이기도 하다. 감정을 배제하고 순수하게 이성적으로만 논거를 평가해야 한다고 조언하는 사람도 있을 것이다. 하지만 감정을 좋은 논거를 찾는 작업의 동력으로 삼는 건 생산적인 일이다. 새로운 정보와 사고방식을 집단에 더해주는 것이다.

이기적이고 편협한 이유 때문에, 스스로를 합리화하고 얼마나 똑똑한지 보여주려는 욕심으로 이 모든 일을 하는 것일 수도 있다. 설령 그렇다 하더라도, 모두가 자신의 생각을 표현하는 것은 집단이 다양한 관점을 갖는 데 도움이 된다. 모두가 자신의 의견과 경쟁하는 의견을 이기려는 동기를 갖고 있기 때문에 논거가 약한 의견은 묵살되고 강력한 논거를 갖는 의견은 더 많은 증거와 더 나은 이유들로 더욱 강해지며 살아남는다. 혼자라면 얻을 수 없었을 깊이 있고 엄격한 사고의 프로세스를 거치게 되는 것이다. 제임스 에번스가 연구한 위키피디아의 편집은 정확히 이 과정을 거친다. 워런 버핏이 투자 결정 프로세스를 설계한 방식과도 같다. 소크라테스 대화법의 근간을 이루는 원칙이기도 하다.

상호작용주의의 렌즈로 바라보면, 확증 편향은 없애야 할 대상이 아니라 잘 활용해야 할 대상이다. 적합한 조건이 갖춰졌을 때, 확증 편향은 집단 지성의 수준을 높인다. 여기서 조건이란 뭘까? 첫째, 집단 안에서 의견 대립이 공개적으로 드러날 수 있어야 하며, 각 개인은 최고의 의견을 내놓아야겠다는 진정한 의무감을 느끼는 동시에 그럴 수 있어야 한다. 두 번째 조건은 가장 근본적인 조건이다. 진실을 찾아내는 일 또는 올바른 의사결정을 내리는 일에 집단 구성원들이 공통의 이해를 가져야 한다. 각 구성원이 자신의 입장을 변호하기만 하거나, 남을 이기려고만 한다면 약한 주장을 없애지도, 집단의 논의가 진전되지도 못할 것이다. 모든 사람이 강력한 입장을 갖되 서로가 내놓는 더 좋은 주장에 영향을 받을 준비가 되어 있을 때만 집단의 논의가 진전을 이룰 수 있다.

확증 편향은 갈등 자체가 그렇듯 뒤집어진 U자 곡선 모양을 띤다. 확증 편향이 너무 많은 것도 나쁘지만, 전혀 없는 것도 나쁘다. 대부분의 사람들이 자신의 관점을 내놓지 않고 가장 확신에 차서 말하는 사람의 의견에 쉽게 동조해버리는 회의에 참석해본 적이 있다. 영혼 없는 논의가 이루어졌고, 우세한 의견은 제대로 시험받지도, 더 나아지지도 못했다. 연애 관계에서처럼, 저 사람들은 지금 추진하고자 하는 프로젝트에 얼마나 진심으로 임하고 있는지 의심하게 된다. 이 회사의 리더들은 반대 의견을 원치 않는다는 걸 명확히 보여주었거나,

반대하는 사람에게 불이익을 주었을 수도 있다.

　사람들이 가끔은 적절한 선을 넘을 만큼 자신의 의견을 강력하게 주장하는 회의에도 참석해보았다. 활기찬 논의가 이어졌고, 때로는 조금 불편하지만 전반적인 논의의 수준은 높았다. 이러한 논의가 서로를 존중하는 가운데 이루어진다면 구성원들은 오히려 더욱 가까워질 수 있다. 반면 자신의 의견을 절대 굽히지 않는 사람들은 모두의 시간을 낭비할 뿐이다. 뒤집어진 U자 곡선의 한쪽 끝에는 이런 사람들이, 그리고 아무 성과 없는 논쟁이 존재한다. 우리는 모든, 열정적인, 편향적인 자신을 논의에 참여시켜야 하지만, 동시에 우리의 주장과 우리 자신을 언제 분리해야 하는지도 판단해야 한다.

　의견 대립의 화학적 성질은 본질적으로 불안정하다. 의견 대립은 언제나 양극단으로 치우칠 우려가 있다. 자기주장은 공격이, 확신은 고집이, 순응하고 싶은 욕구는 군집 본능이 되어버릴 수 있다. 지난 몇 세기 동안 우리는 이 불안정성을 가라앉히고 생산적인 의견 대립의 조건을 제공할 수 있는 제도와 프로세스를 개발해왔다. 그중 가장 앞선 것이 근대 과학이라는 제도다. 그러나 과학자들 사이에서도 통제 불가능한 편향이 나타나기도 한다.

## 거인의 어깨에 올라탄 과학자들

　400년 전 프랜시스 베이컨은 오늘날 우리가 확증 편향이라 부르는 것에 대해 이미 경고했다. "인간은 어떤 의견을 갖고 나면 다른 모든 것들을 끌어다 그 의견을 지지하거나 동의하는 데 쓴다." 이 문제를 해결하기 위해 베이컨은 과학적 방법론이라고 알려지게 된 것을 만들었다. 학자들이 자신의 이론을 실제 세상에서 관찰하는 현상에 견주어 테스트하도록, 그래서 제대로 반대할 것은 반대하고 제외시킬 것은 제외하면서 자연을 분석하게 한 것이다. 베이컨 이후 과학은 하나의 학문 분야로, 지식 노동의 분업이 이루어지는 커뮤니티로 발전했다. 과학자들은 그들이 중요하다고 생각하는 주제에 관한 연구 결과를 발표하고 이론의 논거를 탄탄히 쌓으려 노력했다. 각자의 작업은 동료들이 검토하고 영역 내 전문가들이 검증했다. 과학자들은 서로의 주장을 압도하려고 노력하는 동시에 서로에게서 배웠다. 과학은 이성의 사회적 특성을 가장 잘 활용했다.

우리는 위대한 과학자 개인들을 칭송하지만, 진보를 이루어낸 것은 집단으로서의 과학자들이었다. 아무리 지적으로 뛰어나더라도 한 개인이 자신의 의견에 반대하는 사람들로부터 고립되어 있다면 확증 편향이 기승을 부리기 마련이다. 뉴턴은 금속을 금으로 바꾸려는 헛된 탐구에 빠져 말년을 보냈다. 그 탐구가 아무런 결과도 내지 못했던 데는 그가 혼자서 작업했고 아무도 협력하거나 검토해주지 않았다는 사실도 작용했을 것이다. 반대로, 그가 물리학의 신기원을 이룬 발견을 발표했을 때는 다른 사람들이 이전에 이룬 성과를 활용했으며(그는 자신이 '거인의 어깨에 올라탔다'라고 표현했다), 근거가 빈약하면 유럽 각지의 수학자들과 천문학자들로부터 공격받을 것임을 알고 있었다.

이러한 시스템은 대체로 훌륭하게 작동해 근대를 성립한 의학과 기술에 커다란 진보를 가져왔다. 이 시스템이 비틀거리게 된 것은 과학에 참여하는 사람들이 제대로 반대하는 법을 잊어버렸을 때였다. 존 유드킨John Yudkin의 사례가 이를 보여준다.

　1980년대 초 세계 최고의 영양학자들로부터 조언을 받은 서구 정부들은 국민들에게 식습관을 바꿀 것을 권고했다. 건강을 유지하기 위해 포화지방과 콜레스테롤이 많은 음식을 줄이라는 것이었다. 우리는 전반적으로 그 말에 따랐다. 스테이크와 소시지 대신 파스타와 밥을 먹고 버터 대신 마가린과 식물성 오일을, 달걀과 토스트 대신 뮤즐리와 저지방 요거트를 먹었다.

　그런데 우리는 건강해지는 대신 점점 뚱뚱해지고 병들어갔다. 이후 수십 년 동안 공중보건의 재앙이 펼쳐졌다. 이전까지 비교적 안정적으로 유지되던 비만도가 극적으로 치솟았고, 당뇨와 같은 비만 관련 질병의 발병률도 급증했다. 최근 들어서는 건강을 위한 권고 사항에 변화가 생겼다. 여전히 지방 섭취는 적당히 조절해야 한다는 말을 듣지만, 지방만큼 유해하거나 오히려 더 유해한 설탕이라는 적을 조심하라는 조언을 함께 듣는다.

　영양학의 진보로 새로운 사실을 발견한 결과 건강 조언에 급격한 변화가 생겼다고 믿는 것이 자연스러울 것이다. 하지만 아니었다. 과학적 증거는 내내 존재하고 있었다. 영양학자들이 서로에게 반대하고 논쟁하는 법을 잊고 확증 편향이 날뛰도록 내버려두었기 때문에 생긴 일이었다.

존 유드킨의 책《설탕의 독 Pure, White and Deadly》은 1972년에 출간되었다. 이 책은 건강을 진짜 위협하는 것이 지방이 아니라 설탕이라고 세상에 경고했다. 그는 "우리가 설탕이 미치는 영향에 대해 알고 있는 것의 아주 일부라도 어느 식품 첨가물과 연관해서 발표한다면, 그 첨가물은 당장 금지될 것이다"라고 썼다.

당시 런던 퀸엘리자베스칼리지의 영양학 교수였던 유드킨은 정제당이 서구 음식의 주요 재료가 된 것이 불과 300년밖에 안 된 일이라는 점에 주목했다. 진화의 개념으로 본다면 이제 막 첫 술을 떠먹은 셈이다. 반대로 포화지방은 우리의 진화 과정에서 긴밀하게 함께해왔고 모유에도 풍성하게 들어 있다. 유드킨은 선사시대부터 함께해온 식재료보다는 현대의 혁신으로 만들어진 식재료가 인간을 병들게 했을 가능성이 높다고 생각했다. 지방이 해롭다는 주장의 근거도 빈약하다고 믿었다. 그는 비만과 심장 질환, 당뇨의 원인이 설탕일 가능성이 더 높다고 주장했다. 1960년대만 해도 설탕과 지방 중 무엇이 더 해로운가에 대한 논쟁이 활발했다. 그러나 유드킨이 책을 썼을 때 영양학 분야의 고지는 이미 지방 가설이 점령한 후였고, 대부분의 영양학자들은 저지방식이 건강한 식이라는 새로운 합의에 서명했다. 유드킨은 점점 줄어드는 저항군을 이끄는 셈이었다.

유드킨은 마지막 수단으로 대중에게 경고를 보내기 위해 책을 썼다. 설탕이 지방보다 위험하다는 주장엔 비싼 대가가 따랐다. 세계 최고의 영양학자들은 그들의 아이디어가 공공연하게 도전받는다는 사실이 마음에 들지 않았다. 유드킨은 과학 콘퍼런스에 초대받지 못했고 과학 저널들도 그를 멀리했다. 그가 일하던 대학마저도 은퇴 후 학교의 연구 시설을 사용하게 해주겠다는 약속을 저버렸다. 지방 가설에 반대하는 사람을 대학 내에 두는 것이 정치적으로 불편한 일이 되었기 때문이다. 유드킨의 연구는 더 이상 알려지지 못하게 되었다. 그는 1995년, 실망하고 잊힌 채 세상을 떠났다.

그러는 사이 엘리트 영양학자들의 조언을 받아들인 미국과 영국 정부는 국민에게 지방과 콜레스테롤의 섭취를 줄이라고 권고했다. 지방을 줄인 사람들은 일반적으로 탄수화물 섭취를 늘렸다. 식품 제조 업체들도 새로운 지시에 따라 저지방 식품을 판매했는데, 대신 입맛에 맞게 설탕을 더 넣었다. 그렇게 포화지방을 식생활 제1의 적으로 만든 결과 가장 다양하게 쓰이면서 입맛에 잘 맞고 건강에 해로운 탄수화물의 위협을 놓쳐버리게 되었다는 것이 점점 명백해지고 있다.

유드킨이 직업적 사망선고를 받는 것을 본 다른 과학자들은 겁을 먹고 서구 식생활의 주요 문제가 지방이라는 합의된 주장에 반대할 의욕을 잃었다. 21세기에 와서야 설탕이 우리 몸에 미치는 영향을 연구하는 것이 과학자 서클에서 허용되기 시작했다. 이를 이끈 사람은 로버트 러스티그라는 소아과 의사였다. 그는 설탕이 신진대사에 미치는 영향을 연구한 후 2013년에 《단맛의 저주》라는 책을 썼다. 설탕과 비만 사이의 관계를 밝힌 이 책은 세계적인 베스트셀러가 되었다. 유드킨의 연구가 워낙 깊숙이 파묻혀 있어서, 러스티그는 동료 과학자의 이야기를 콘퍼런스에서 우연히 듣고 나서야 이를 찾아볼 수 있었다. 그는 유드킨의 연구가 자신의 연구를 정확히 예측했다는 것에 경악했다. 러스티그에게 왜 당신이 지난 수십 년 사이 설탕의 위험에 집중한 첫 번째 과학자가 된 거냐고 묻자 그는 이렇게 대답했다. "존 유드킨 때문입니다. 사람들이 그를 너무 심하게 끌어내렸기 때문에 누구도 시도할 엄두를 내지 못했죠."

식품 업계는 종종 비만 확산의 원흉으로 비난받는다. 식품 회사들이 설명해야 할 것이 많은 것은 사실이다. 하지만 우리가 그동안 따라왔던 영양학적 권고가 근본적으로 잘못된 것이었다면, 이는 과학적 연구조차도 제 기능을 하지 못하는 집단행동에 빠지기 쉽기 때문이다. 다수 의견에 맹목적으로 따르는 것, 잘못을 인정하는 것을 극도로 불편해하는 것, 지배적인 의견을 추종하는 것이 이에 해당한다.

'과학은 장례식이 한 번 열릴 때마다 한 걸음씩 진보하는가?' 2015년, 전미경제연구소National Bureau of Economic Research의 학자들이 쓴 논문의 제목이다. 이는 물리학자 막스 플랑크의 말에 대한 실증적 근거를 찾기 위해 연구한 결과물이다. "새로운 과학적 진리는 반대하는 사람들을 설득하고 밝은 빛을 보여줌으로써 승리하는 것이 아니라, 반대하던 사람들이 세상을 떠나고 새로운 견해에 익숙한 세대가 자라남으로써 승리하게 된다"는 말이었다. 연구자들은 서로 다른 분야의 엘리트 과학자 1만 2000명을 찾아냈다. 부고 기사를 검색해 은퇴 전에 세상을 떠난 학자 452명을 찾아낸 후, 유명한 과학자들이 갑자기 세상을 떠난 후 어떤 일이 일어났는지를 살폈다. 그들이 발견한 사실은 플랑크의 말이 사실임을 보여주는 것이었다. 세상을 떠난 엘리트 과학자들과 긴밀히 일하며 공동 저자로 논문을 썼던 젊은 연구자들이 쓰는 논문은 줄어들었다. 그러나 동시에 그 영역에 새롭게 진입하는 학자들의 논문 수는 현격히 늘었다. 그들의 논문에서는 세상을 떠난 명성 높은 학자의 논문이 인용될 가능성이 낮았다. 새롭게 진입한 학자들의 논문은 실질적이고 영향력이 높았으며, 다른 논문에서 여러 차례 인용되었다. 주도권을 가진 선배들에게 동의해야 한다는 압박에서 벗어난 신참 학자들은 영역 전체를 뒤흔들고 변화시켰다.

다른 의견은 우리를, 개인과 집단 모두를 똑똑하게 만든다. 다른 사람으로부터 배울 수 있는 기회를 주고, 우리가 믿는 바를 왜 믿는지 더 열심히 생각하도록 압박하기 때문이다. 그러나 소크라테스가 알고 있었듯, 논쟁이 분노 대신 통찰을 길어 올리게 하려면 논쟁으로 인해 생겨나는 관계의 문제를 먼저 해결해야 한다. 공통의 이해를 가질 때에만 존중과 신뢰가 작동할 수 있다. 그렇게 될 때, 모든 일이 가능해진다.

Chapter
4

격렬한 논쟁이

영감의 원천이라면

갈등은 집단의 창의성에
불을 붙이는 불꽃이다.

노스캐롤라이나주 데어카운티에는 바다 근처 모래지반에 자리 잡은 소도시 킬데빌힐스가 있다. 1902년 9월에는 아직 도시도 공항도 지어지지 않았지만, 당신이 그 근방에 있었다면 이상한 광경을 목격했을 것이다. 모래 언덕 사이에 놓인 묵직한 기계 옆에 두 남자가 마주 서서 허공에 팔을 흔들며 고함을 지르고 있는 모습을 말이다.

윌버Wilbur와 오빌 라이트Orville Wright 형제는 지난 몇 달 동안 자신들이 만든 최고의 글라이더를 가지고 킬데빌힐스를 오갔다. 풍동 실험wind tunnel experiment에서 얻은 데이터를 활용한 덕분에, 그들은 날개를 어떻게 설계해야 가장 잘 날아오르면서 저항을 최소화할 수 있는지 정확히 알 수 있었다. 그러나 시험 비행에서 계속 문제점이 나타났다. 형제 중 한 명이 거의 죽을 뻔했던 문제였다. 9월 23일, 오빌이 비행기를 돌리려고 시도할 때, 갑자기 한쪽 날개가 위로 올라가고 다른 쪽 날개는 아래로 내려갔다. 글라이더는 더 이상 말을 듣지 않고 빙글빙글 돌면서 모래에 처박혔다. 그 결과는 오빌의 일기에 남아 있다. "비행 기계와 천, 막대기 무더기 가운데 (…) 멍들거나 긁힌 자국 하나 없는 내가 있었다."

시험 비행 50번 중 한 번꼴로 나타나는 이 문제는 치명적인 문제를 일으킬 가능성이 있었다. 형제는 이를 '우물 파기'라고 불렀는데, 나중에는 나선식 급강하로 알려지게 되었다. 최초의 비행 기계를 만들겠다는 야망을 실현하려면 시급히 해결해야 할 문제였다. 10월 2일 저녁, 라이트 형제는 친구 조지 스프래트와 이 문제를 의논하다 곧 논쟁을 시작했다. 동생 오빌은 소리를 지르며 팔을 휘저어댔다. 윌버는 짧은 스타카토로 고함지르며 응수했다. 스프래트는 이 상황이 무척 불편했지만, 늘 있는 일이란 걸 알고 있었을 것이다. 라이트 형제는 전투적으로 논쟁하는 사람들이었다.

라이트 형제가 비행기를 발명했다는 사실에 워낙 익숙하다 보니, 그들이 이뤄낸 기적 같은 성취의 본질은 잘 언급되지 않는다. 윌버와 오빌은 과학자가 아니었다. 심지어 대학에도 가지 않았다. 어떤 기업이나 기관에 소속되어 있지도 않았다. 그들은 오하이오주 데이턴에서 자전거 가게를 운영하고 있었고, 역사상 가장 위대한 엔지니어링의 퍼즐을 풀어내기 전까지 이렇다 할 성취를 이룬 것이 없었다.

네 살 터울인 라이트 형제는 매우 친한 사이였다. 윌버는 다음과 같이 썼다. "꼬마 시절부터 동생 오빌과 나는 같이 살며 같이 일했고, 사실은 생각도 같이 했다." 그들은 논쟁을 통해 함께 생각했다. 데이턴 주민들은 자전거 가게 위층에서 흘러나오는 형제의 말다툼 소리에 익숙했다. 형제가 생산적으로 논쟁할 수 있도록 가르친 사람은 그들의 아버지 밀턴 라이트였다. 밀턴은 저녁을 먹고 나면 주제를 주고 두 아들이 예의에 벗어나지 않는 한 최대한 격렬하게 논쟁을 벌이도록 했다. 그러고는 토론의 전통적 규칙에 따라 서로 입장을 바꾸어 다시 토론을 하도록 했다. 이는 좋은 훈련이 되었다.

라이트 형제의 전기 작가 중 한 명인 톰 크라우치Tom Crouch에 따르면, 형제는 시간이 지나면서 좀 더 효율적으로 논쟁하는 법을 배우게 되었고, 진리의 핵심이 드러날 때까지 속기하듯 간단히 줄인 말로 아이디어를 주고받았다. 윌버는 토론이 '대상을 바라보는 새로운 방식을 끌어내고 모난 부분을 다듬어 나가게 한다'는 것을 알아차렸다. 집에 돌아온 조지 스프래트는 윌버에게 형제의 논쟁 방식 때문에 불편했다는 편지를 썼다. 그는 특히 도중에 서로 입장을 바꾸어 논쟁하는 것에 동요했다. 정직하지 못한 태도로 보였기 때문이다. 윌버가 쓴 답장은 길지만 읽어볼 만하다.

부정직한 논쟁이나 의견 대립 중에 화내는 것을 옹호하려는 의도는 없다네. 오류 없는 사실은 없고, 오류라고 해서 그 안에 일말의 사실도 없는 건 아니지. 오류를 너무 빨리 포기해버린다면, 그 오류와 함께 사실도 포기하는 것에 대한 책임을 져야 하는 것이고, 다른 사람의 주장을 받아들인다면 그 주장과 함께 일부 오류도 받아들이게 되는 거지. 정직한 논쟁이란 서로의 눈을 가리는 티끌과 들보를 치워서 양편 모두 선명하게 보게 되는 것이네. 한번 얻었던 사실을 다시 잃고 싶지 않네. 그래서 오류를 포기하기 전에 사실을 샅샅이 조사해보고 싶은 것이라네.

형제는 의무감으로 논쟁한 것이 아니라 논쟁을 즐겼다. "오빌은 훌륭한 싸움꾼이죠." 윌버가 애정을 담아 말했다. 스프래트에게 쓴 또 다른 편지에서, 윌버는 그가 너무 합리적이라고 꾸짖었다. "논쟁에서 반쯤 지기도 전에 포기해버리는 버릇이 도졌더군." "나는 내 논거에 상당히 자신이 있긴 했지만, 결론을 내리기 전에 충분히 싸워보는 즐거움을 기대하고 있었는데."

라이트사이클컴퍼니의 유일한 직원이자 수석 정비공이었던 찰스 테일러는 형제가 일하던 가게 위층이 "논쟁이 끊이지 않아 겁먹게 되는" 분위기였다고 말했다. "그 시절 형제는 여러 가지 이론을 실험해보고 있었습니다. 그래서 가끔 엄청난 논쟁을 벌이곤 했어요. 서로에게 지독한 말로 소리치곤 했죠. 정말로 화가 났던 건 아니라고 생각해요. 하지만 엄청 뜨겁게 끓어올랐죠."

어떻게 화를 내지 않고 끓어오를 수 있었던 걸까? 형제의 조카 이보네트 라이트 밀러는 형제가 "논쟁하는 데도 경청하는 데도 능숙했다"라는 말로 결정적 요인을 지적해주었다. 그들은 격렬하게 다툴수록 서로의 말에 더 집중해 경청했다. 또 하나의 요인은 신뢰, 서로에 대한 애정과 같은 목표를 바라보는 끈질긴 집중에서 나오는 깊은 믿음이었다.

급강하 문제를 어떻게 해결할 것인가에 대해 논쟁하던 날 밤, 오빌은 잠들지 못했다. 형과 논쟁을 벌였기 때문이 아니라 논쟁에서 찾아낸 가능성들을 생각하느라 머리가 바쁘게 움직이고 있었기 때문이다. 그는 윌버의 주장을 다시 검토해보고, 자신의 주장과 합쳐 정리해보았다. 다음 날 아침 식탁에서 오빌이 해결안을 내놓았다. 조절 가능한 방향타였다. 윌버가 내놓은 몇 가지 제안을 더해, 형제는 처음으로 완벽하게 조종 가능한 글라이더를 만들었다. 이제 완전히 새로운 논쟁의 단계로 넘어갈 수 있게 된 것이다.

## 키스보다 주먹을

키스 리처즈는 그의 자서전 《인생Life》에서 롤링스톤스가 일하던 분위기에 대한 이야기를 들려준다. 1984년, 롤링스톤스는 회의에 참석하기 위해(그렇다, 키스 리처즈도 회의에 참석한다) 암스테르담에 머물고 있었다. 저녁에 한잔하러 나갔던 리처즈와 믹 재거는 아침에야 호텔로 돌아왔고 믹 재거는 엉망진창으로 취해 있었다. "두어 잔 더 마셨으면 믹은 완전히 가버렸을 것이다." 리처즈가 비웃으며 썼다. 재거는 찰리 왓츠가 보고 싶다며 자고 있는 왓츠의 방에 전화를 걸었다. "내 드러머 어디 있어?" 아무 대답도 들려오지 않았다. 재거와 리처즈는 몇 잔 더 마셨다. 20분 후 노크 소리가 들려왔다. 왓츠였다. 새빌로*에서 맞춘 정장을 완벽하게 차려입고 깔끔하게 면도한 후 향수까지 뿌리고 나타난 왓츠가 재거의 멱살을 잡고 소리 질렀다. "다시는 내 드러머라고 부르지 마." 왓츠는 보컬의 턱에 날카로운 라이트 훅을 날렸고, 재거는 샴페인과 훈제 연어가 차려진 테이블 위로 나가

---

● 고급 맞춤 정장으로 유명한 런던의 양복점 거리.

떨어져 창밖의 운하로 거의 떨어질 뻔했다.

많은 친구들이 절교할 법한 사건이었다. 하지만 롤링스톤스는 이후로도 반백 년 동안 계속 함께했는데, 한번씩 싸우는 일을 전혀 불편해하지 않았기 때문이다. 델푸에고스의 전 기타리스트이자 록가수들의 전기 작가인 워런 제인스Warren Zanes는 이렇게 말한다. "콘서트가 끝날 때마다 하이파이브를 하고 서로 안아주는 밴드가 오래가는 건 아니에요."

라이트 형제는 정신이 날아오르도록 하는 동력으로 갈등을 활용한 혁신가였다. 갈등은 모든 창의적 협업의 중요한 요소다. 혁신과 창의성 자체가 세상과의 갈등에서 나오는 것이라고 말할 수 있다. 스타트업 창업자들은 이렇게 말한다. 장을 보거나 도시에서 이동하는 훨씬 편리한 방법이 있는데 사회가 잘못되어 있다고. 예술가들은 종종 사회나 시대의 지배적 관습에 반기를 든다. 롤링스톤스는 전후 영국 사회의 보수성에 저항했다. 그러니, 창의적인 사람들이 서로에게 키스만큼이나 펀치도 많이 날리는 것은 놀랍지 않은 일이다. 어느 정도의 내부 갈등은 창의성에 도움을 주는 듯하다. 그러나 긴장 상태를 생산적으로 관리하는 법을 찾아내지 못한다면, 성공이 주는 스트레스 때문에 그룹이 와해될 수도 있다. 창의적 조직이 안고 있는 핵심 문제를 연구하려 한다면, 록밴드의 역사가 풍성한 데이터를 제공해줄 것이다. 재능 넘치는 개인들이 만나서 개별 재능의 합보다 큰 성과를 내려면 어떻게 해야 하는가. 그 일을 해냈다면, 이후 어떻게 밴드를 유지할 수 있는가.

성공한 밴드들은 서로 다른 방식으로 갈등을 해결해왔다. 창의적 논쟁이라고 해서 재거와 왓츠의 대립처럼 격렬할 필요는 없다. 역사상 가장 오래가고 성공한 밴드 중 하나였던 R.E.M. 멤버들은 논쟁하는 방식이 달랐다. 1979년, 조지아주 애선스의 대학생 마이클 스타이프는 웍스트리라는 레코드 가게에서 음반을 고르다 점원과 대화를 나누게 되었다. 점원은 피터 벅이라는 대학 중퇴생이었다. 둘은 언더그라운드 록을 사랑한다는 공통점으로 친해졌고, 얼마 지나지 않아 밴드를 결성하기로 하고 학생 두 명을 더 영입했다. 빌 베리와 마이크 밀스였다. 첫 공연으로부터 31년이 흐른 후 R.E.M.은 록 역사상 가장 행복하게 지속되었던 협업을 마무리하며 평화롭게 해체했다. 웍스트리 레코드 가게의 또 다른 단골이었던 법대생 버티스 다운스는 이후 R.E.M.의 매니저가 되었다. 다운스는 R.E.M.이 (애선스 출신이란 점을 생각하면 적절하게도) 아테네의 민주정처럼 운영되었다고 말한다. "멤버들은 모두 동등한 의사결정권을 가졌어요. 서열이 없었죠." 하지만 반대할 권리도 중요했다. "모두가 거부권을 갖고 있었어요. 사업적인 결정이든 예술적인 결정이든, 모든 의사결정에 전 멤버가 동의해야 한다는 거였죠. 의견 일치를 볼 때까지 사안을 자세히 들여다봤어요. 그리고 '아니야'라는 말을 정말 많이 했죠." (게리 탄의 스타트업 포스터러스와 비교해보라. 갈등을 피하느라 사안을 제대로 들여다볼 수 없었던 회사 말이다.)

R.E.M.에게 민주주의가 효과적인 방식이었다면, 왜 이런 경우가 드물까 하는 의문이 자연스럽게 생긴다. 답은, 밴드들이 서로 협업하

기보다 경쟁한다는 것이다. 크리셜리스 뮤직의 CEO였고 지금은 예술가 기획사를 운영하는 제러미 라셸스Jeremy Lascelles는 이렇게 설명한다. "인간관계에 가장 해로운 요소, 에고 문제입니다. 뮤지션이 무대에 올라 자신의 영혼을 내보일 수 있으려면 에고가 커야만 하죠. 그 비대한 에고들이 서로 주도권을 가지려고 싸워대니까요." 성공적인 밴드는 업무적 갈등(솔로 부분을 누가 연주하지? 이 공연을 해야 할까?)은 많이 겪지만 관계상 갈등(내가 프런트맨인데 왜 기타리스트가 관심을 저렇게 많이 받는 거지?)은 상대적으로 적다.

실리콘밸리의 벤처 투자자 벤 호로위츠Ben Horowitz의 말은 게리 탄에게 와 닿는 바가 있을 것이다. "대부분의 사업 관계는 어느 정도 시간이 지나고 나면 긴장도가 너무 높아 견딜 수 없어지거나 너무 느슨해져서 생산성이 떨어진다." 소그룹 커뮤니케이션 연구의 선구자인 어니스트 보만Ernest Bormann은 조직마다 긴장을 견딜 수 있는 한계선이 존재하며, 그것이 갈등의 적정 수준을 결정한다고 말한다. 갈등을 조율하지 못하면 집단이 망가질 수 있지만, 갈등이 없으면 권태와 무관심이 생겨난다. 보만은 창의적 집단들이 긴장의 한계선에 멈춰 있는 것이 아니라 빈번한 갈등의 에피소드와 평화로운 합의 구간 사이를 오가며 한계선 주위로 진동한다고 믿었다. 보만에 따르면 갈등은 목표를 명확하게 하고 서로의 차이를 드러내고 호기심을 불러일으키며 억눌린 불만을 표출시키기 위해 필요하다(가끔은 회계팀의 마크에게 그의 이메일이 정말 짜증난다고 말해주어야만 한다).

밴드가 해체될 때면 전통적으로 '음악적 차이'를 이유로 들었다.

성공한 영국 밴드인 뷰티풀 사우스가 갈라섰을 때, 그들은 해체 이유를 '음악적 유사성'이라고 밝혔다. 야드버즈와 웸을 포함한 여러 성공한 밴드의 매니저였던 사이먼 네이피어-벨Simon Napier-Bell은, 서로 싸우지 않는 밴드는 생명력을 잃게 된다고 말한다. "예술가들은 타협하고 싶어 하지 않아요." 타협해버리게 되면, 음악은 안전하고 지루한 것이 된다. 과거의 성공 공식만 답습하기 때문이다. "새롭고 흥미로운 예술은 갈등에서 나옵니다." 그는 야드버즈 멤버들이 녹음실에서 다투던 모습을 떠올렸다. 제프 벡이 기타 솔로를 해야 하는가에 대한 논쟁이었다. 벡은 자신을 표현할 기회를 충분히 갖지 못한다고 느꼈다. 결국 다른 멤버들이 'The Nazz Are Blue'라는 곡에서 마지못해 몇 마디 양보해주었다. 네이피어-벨은 밴드와 같이 앉아서 벡이 솔로 부분을 녹음하는 것을 지켜보았다. 그가 연주할 마디에 이르자, 벡은 한 음을 연주한 후 그 소리가 되먹임 소리로 스며들게 내버려두고는 반항적인 눈빛으로 동료 멤버들을 쏘아보았다. "그가 느꼈던 모든 감정이 그 한 음에 담겨 있었죠." 네이피어-벨이 말했다. "그 앨범에서 가장 멋진 부분이었어요."

물론 관계가 회복할 수 없이 망가지는 지점까지 갈등이 고조되기 전에 멈추는 것은 어려운 과제다. 조직에게도 커플에게도 격렬한 의견 대립에서 오는 스트레스를 완화하고 갈등을 한계점 아래로 내려놓는 법이 필요하다. 가장 좋은 기술은 유머다. 특히 놀리기라고 부르는 장난스러운 유머가 효과적이다. 예를 들기 위해 역사상 가장 위대했던 그룹을 보자.

1962년 5월, 브라이언 엡스테인Brian Epstein은 그의 고객들에게 EMI 레코드의 오디션을 볼 수 있는 기회를 제공했다. 북부 런던의 애비로 드에 있는 스튜디오에서였다. 비틀스는 리버풀에 열렬한 팬층을 보 유하고 있었지만, 이는 전국적 인기를 얻기 위해 반드시 거쳐 가야 하는 수도 런던에서는 큰 의미가 없는 일이었다. 비틀스는 이번 오디 션이 큰 성공을 위한 마지막 기회라는 걸 알고 있었다. 그들은 이미 데카 오디션에서 떨어졌다. 이번에도 실패한다면 고향 밖에선 전혀 알려지지 않은 그룹에 머물 터였다.

EMI 경영진은 이 레코딩 세션을 우아하게 차려입은 세련된 신인 담당 프로듀서 조지 마틴에게 배정했다. 마틴의 감독 아래 밴드는 'Love Me Do'와 'P.S. I Love You', 'Ask Me Why'를 조마조마하게 녹 음했다. 밤 10시쯤 녹음을 마쳤을 때, 마틴은 이 꾀죄죄하지만 호감 가는 젊은이들을 조정실로 불렀다. 그는 성공하려면 해야 할 일들을 상세하게, 특히 부적절한 장비 부분에 초점을 맞추어 설명했다(세션 중간에 폴 매카트니의 앰프를 교체해야 했었다).

그러고는 잠시 말을 멈추었다. "내가 제법 길게 야단치고 있는데, 아무 대답도 하지 않는군. 마음에 안 드는 부분이 있나?" 잠시 침묵 이 흐른 후, 가장 어린 멤버인 조지 해리슨이 입을 열었다. "뭐, 우선, 당신 넥타이가 마음에 안 들어요."

비틀스에게 관계는 무척 중요한 것이었다. 폴 매카트니와 존 레넌 은 둘 다 부모의 죽음이나 이혼을 겪으며 자랐고, 그들과 해리슨 모 두 학교에 적응하지 못했다. 그들은 밴드의 일원으로서 얻게 된 동지

의식과 소속감에 목말라 있었다.

결성 초기 비틀스는 무대 위에서나 아래에서나 모든 것을 팀으로 함께했다. 마틴을 만났을 때, 그들은 이미 몇 해 동안 리버풀과 함부르크의 더러운 셋방과 비좁은 탈의실, 덜덜거리는 밴에서 친밀한 동료로 지낸 후였다. 라이트 형제처럼 이들도 가까운 만큼 솔직하게 대립할 수 있었다. 그러나 비틀스가 갈등을 다루는 방식은 라이트 형제나 롤링스톤스, R.E.M.과 달랐다. 그들이 격렬하게 다투었거나 주먹질을 했다는 기록은 놀랄 만큼 드물다. 우리가 아는 한 긴 토론을 벌이는 편도 아니었다. 비틀스는 무대 위에서나 아래서나 서로를 웃게 만들었고, 어려운 문제를 헤쳐 나가는 과정에서 유머의 힘을 빌렸다.

레넌이 실질적인 리더였던 초기에 모든 멤버들은 그룹이 어떻게 운영되어야 할지에 대한 의견을 내고 결정할 권리를 가졌다. 중요한 결정은 모두의 합의로 이루어졌다. 그룹 안에서 가장 큰 갈등 요인은 레넌과 매카트니 중 누가 주도권을 가질 것인가였다. 레넌이 카리스마 있는 밴드 창립자이자 리드 싱어라면, 매카트니는 보다 많이 성취한 뮤지션이었고 시간이 흐를수록 더욱 자신감 넘치는 연주자가 되어 캐번클럽에서 가장 많은 인기를 누렸다. 레넌은 매카트니가 동등한 지위를 얻는 것을 인정했을지는 모르나 이를 결코 편안하게 받아들이지는 못했다. 레넌은 동료를 놀리는 것으로 관계의 긴장을 다스렸다.

1962년, 유명세를 얻기 전 마지막으로 함부르크 스타클럽에서 공연했던 러프 레코딩 기록에서 둘 사이의 역학관계를 살짝 엿볼 수 있다. 매카트니는 감상적인 뮤지컬 발라드 'Till There Was You'를 부르고 있다. 소녀들이 기절할 만큼 황홀한 곡이었다. 매카트니가 노래할 때마다 레넌은 한 박자 늦게 끼어들어 투박한 메아리를 만들었다.

'새들이 있었지'

'새들이 있었다는군!'

'아니, 나는 전혀 듣지 못했네'

'아니, 그는 전혀 못 들었다고 하네!'

매카트니는 중간중간 킬킬 웃으면서도 노래를 계속한다. 공연을 진지하게 여겼던 매카트니는 다른 사람이라면 절대 그런 짓을 하지 못하게 했을 것이다. 하지만 이건 레넌이니까, 이건 재미있지.

유머는 팀워크의 중요한 기술인데 경영 이론가들은 이 기술을 간과하는 경향이 있다. 유머는 갈등 상황에서 중요한 안전밸브 역할을 한다. 어려운 이슈를 헤쳐 나갈 때 씁쓸하게 갈라서는 대신 함께 웃으며 한편이 되도록 해주는 것이다. 미시간대 부교수이자 갈등 역학 전문가인 린드레드 그리어Lindred Greer는 MBA 수업에서 가장 인상적인 학생은 군인 출신의 학생들이라는 이야기를 들려주었다. "군 출신 학생들이 보여주는 리더십 스킬 중 하나는 적절한 순간에 농담을 할 줄 안다는 거예요. 집단의 분위기를 좋은 방향으로 바꿀 줄 알죠. 항상 감탄하면서 이걸 어떻게 정량화할 수 있을까 고민한답니다."

섬세한 배려와 애정이 결여된 놀림은 실패할 수 있다. 하지만 제대로 사용한다면, 놀리기는 가장 소중한 갈등 관리의 기술이 된다. 놀리는 사람은 상대방의 행동에 대해 언급하게 되는데, 이는 직설적으로 말해버리면 고통이나 분노를 유발할 수 있는 부분이다. 놀림을 당하는 사이에 우리는 자신에 대해 무언가를 배우게 된다. 모든 사람에겐 별난 구석이 있다. 모든 행동이 '정상'이기만 한 사람은 아무도 없다. 그러려고 해서도 안 된다. 그러나 다른 사람 눈에 우리의 어떤 부분이 좋은 의미로든 나쁜 의미로든 별나 보이는지 대략은 알고 있는 것이 도움이 된다. 우리를 놀리는 사람은 우리를 바꾸려고 하지 않으면서도 우리가 어떤 사람인지를 알려준다. 우리가 웃는 사이에 말이다.

놀리기는 새로운 관계가 얼마나 단단한지 시험해보는 도구가 되기도 한다. 조지 마틴의 넥타이 이야기는 비틀스가 얼마나 건방졌는지를 보여주는 일화로 회자되기도 하지만, 나는 새로운 사회적 관계의 지형을 탐사하는 과정에서 유머를 활용한 예라고 생각한다. 오디션에서 평가받는 동안 그들도 의식적이든 무의식적이든 마틴을 평가하고 있었다. 분명 사회적으로 우월한 위치에 있는 이 사람은 순순히 말을 듣지 않는 네 명의 노동계층 젊은이들의 의견에 어떻게 반응할까? 해리슨의 농담은 이를 진단하기 위한 것이기도, 위험을 안고 시도한 것이기도 했다. 마틴이 부정적으로 반응했다면 그들이 잡은 기회도, 그리고 아마 비틀스라는 밴드도 거기서 끝났을 것이다. 돌아온 신호가 긍정적이었다는 것은 그들에게도 우리에게도 행운이었다. 마틴은 웃음을 터뜨렸던 것이다.

# 무례함이라는 비밀 무기

1951년, 케임브리지대학의 프랜시스 크릭Francis Crick과 제임스 왓슨James Watson은 DNA 구조를 밝혀내기 위한 공동 연구를 진행하고 있었다. 그들은 시간이 얼마 없다는 것을 알았다. 같은 문제를 놓고 저명한 과학자 두 명이 런던에서 연구를 진행하고 있었다. 왓슨은 얼마 전에 참석한 콘퍼런스에서 그들의 라이벌 팀에 속한 모리스 윌킨스Maurice Wilkins가 DNA의 명확한 이미지를 처음 발표하는 것을 보고 왔다.

윌킨스는 케임브리지 다음으로 영국 DNA 연구의 중심인 킹스칼리지에 있었다. 그는 그곳의 엑스레이 연구실에서 로절린드 프랭클린Rosalind Franklin이라는 젊은 연구원을 만났다. 처음 만난 자리에서 윌킨스는 그녀가 연구원이 아닌 조수일 것으로 넘겨짚어 로절린드를 화나게 했다(그녀는 이미 DNA에 두 가지 유형이 있다는 중요한 발견을 한 연구자였다). 그날 이후 강력한 연구자들의 팀이 만들어졌지만 윌킨스와 프랭클린은 예의를 지키는 서먹한 관계에 머물러 있었다.

반면 왓슨과 크릭에게는 무례함이라는 비밀 무기가 있었다. 이후 크릭은, 만약 그의 이론에 빈틈이 있다면 "왓슨은 전혀 돌려 말하지 않고 말도 안 되는 소리라고 했을 것이고, 반대 경우라면 나도 그랬을 것"이라고 회고했다. "왓슨의 아이디어가 마음에 안 들면 나는 그렇게 말했을 거고, 그는 내 말을 듣고 생각을 다시 해봤을 겁니다." 크릭은 "같이 일하는 동료에게 누군가는 무례하다고 여길 만큼 완벽하게 솔직한 것"이 중요하다고 믿었다. 그는 예의가 진정한 협업의 적이라고 생각했다.

1953년, 크릭과 왓슨은 DNA의 이중나선 구조를 제안하는 논문을 공동 발표해 노벨상을 받았다. 이 발견은 20세기의 가장 위대한 발견 중 하나로 인정받고 있다. "우리는 암묵적이지만 유용한 협업의 방식을 발전시켰습니다." 이후 왓슨이 기술했다. "런던 연구팀에게는 없었던 것이죠. 우리 둘 중 한 명이 아이디어를 제시하면, 나머지 한 명은 진지하게 받아들이면서도 그 아이디어를 무너뜨리기 위해 솔직하되 호전적이지 않은 태도로 노력했어요. 이 방식이 결정적으로 중요했다는 것을 알게 되었습니다."

일터에서 우리는 갈등이 창의적 사고 과정에 기여하는 역할을 종종 부정하려 든다. 그래서 모두가 되뇌는 만트라가 등장한 것이다. 브레인스토밍 과정에서 '나쁜 아이디어는 없다'는 것. 버클리대학의 심리학자 샬런 네메스(악마의 변호인 연구의 공동 저자 중 한 명)는 비판을 막으면 집단이 더 창의적이 되는가를 알아보려 했다. 그녀는 미국과 프랑스에 5인으로 구성된 91개의 팀을 만들어 지역의 교통 체증 문제를 해결할 아이디어를 도출하도록 했다. 일부 그룹은 전통적인 브레인스토밍 방식에 따라 다른 사람의 의견을 비판하지 말라는 지시를 받았다. 다른 그룹은 토론과 비판에 참여했다. 네메스는 브레인스토밍을 한 팀보다 토론을 한 팀이 더 많은 아이디어를 도출했다는 것을 발견했다. 네메스는 공개적으로 비판한다는 규범 덕분에 사람들이 평가받는 것에 대한 불안감을 내려놓을 수 있었던 것이 그 이유일 거라 추측한다. 그룹 안에서 비판이 더 나은 해답을 찾기 위한 도구로 상정되면 사람들은 비판을 덜 개인적으로 받아들인다.

'나쁜 아이디어는 없다' 정신은 좋은 의도에서 나온 것이다. 사람들이 자신의 아이디어가 비난받거나 반박될까 두려워하게 되면 의견을 내놓지 않게 되고 대화가 풍성하지 못하게 되는 것은 당연한 결과다. 그러나 나는 네메스의 연구를 다음과 같이 이해한다. 위 문제를 해결하는 가장 좋은 방법은 의견 대립을 막는 것이 아니라 의견 대립을 자신 있게 받아들이도록 하는 것이라고. 그렇게 하기 위한 유일한 방법은 조직의 리더가 모범을 보이며 독려하는 것이다. 틀려도 괜찮다는 것을, 취약함을 내보여도 괜찮다는 것을, 그리고 이 조직에서 공개적인 의견 대립은 창의적인 사고의 원천으로 인정받는다는 것을 직접 보여주는 것이다.

공개적이고 격렬한 의견 대립은 가장 견고한 관계에도 끼고 마는 거미줄을 걷어내 준다. 창문을 활짝 열고 카펫을 걷어낸 후, 카펫 아래 숨겨두었던 것들을 밝은 빛 아래로 끌어내 준다. 우리의 두뇌 안에 닿지 못하게 숨어 있거나 잠들어 있던 중요한 정보와 통찰이 쏟아져 나오게 한다. 다양성이 가져오는 창의적 가능성을 실현시킨다.

그러나 우리가 보았듯, 이 모든 일이 일어나는 데는 일정한 조건이 필요하다. 서로 신뢰해야 하고, 공동의 프로젝트, 공동의 목표라는 인식이 있어야 한다. 신뢰가 아주 깊어야만 하는 것도 아니다. 건강한 의견 대립에 친밀감이 꼭 필요한 것은 아니다. 최소한 이 정도면 된다. '당신이 이 대화를 통해 얻고자 하는 것이 단지 이기는 것이나 당신이 원하는 대로 하는 것만은 아니란 걸 믿어요' 정도. 공동의 프로젝트도 거창한 것일 필요는 없다. 무언가에 대해 알게 된 후 소셜 미디어에서 짤막하게 얘기 나누고 싶은 마음을 갖는 정도로 가벼운 것일 수도 있다. 그러나 신뢰가 견고할수록, 그리고 프로젝트가 참가자들에게 중요한 것일수록 에너지 넘치고 의식을 고양하는 논쟁이 이루어질 수 있다. 간단히 말하면, 관계가 튼튼할수록 수준 높은 논쟁이 가능하다.

이상적인 논쟁으로 향하는 보장된 길은 없다. 우리 중 누구도 이를 보장할 수 있는 능력은 없기 때문이다. 그러나 우리 대부분은 더 나은 논쟁을 위해 무언가 할 수 있는 일이 있다. 다음 부분에서 다룰 내용이 바로 그것이다. 나는 어떻게 하면 논쟁에서 이길 수 있는가를 알려주지 않을 것이다. 논쟁에서 이기는 것은 그리 야심찬 목표가 아니기 때문이다. 이기든 지든, 논쟁에서 뭔가 새로운 것을 창출해내는가가 더 중요하다. 통찰이든 배움이든 아이디어든. 예의범절을 알려주지도 않을 것이다(그 이유는 책의 마지막 부분에서 더 설명하겠다). 대신 더 나은 논쟁, 더 창의적인 논쟁을 위한 기본적인 조건이 무엇인지를 밝힐 것이다.

생산적인 의견 대립을 위한 아홉 가지 원칙, 그리고 다른 모든 원칙을 좌우하는 하나의 황금률이 다음 장에서 이어진다. 인간의 상호 작용이란 한없이 다양한 것이므로(하나의 메타 원칙을 제외하고는) 아홉 가지 원칙을 절대적인 것으로 받아들이지 않길 바란다. 그러나 이들 원칙이 가정이나 일터 또는 공적 영역(그리고 이 세 가지 모두에 해당될 수 있는 소셜미디어)에서의 의견 대립을 풀어갈 때 활용할 수 있는 견고한 가이드라인이 되어줄 것이라고 믿는다. 압박이 높은 상황에서 복잡다단하게 엉킨, 그래서 종종 격해지는 의견 대립을 푸는 일을 업으로 삼고 있는 사람들, 즉 조사관, 인질 협상가, 경찰, 중재자, 치료사들에게서 실용적인 지혜를 빌려왔으며, 어려운 대화에 관한 과학적 연구에 근거해 만든 원칙이다. 의견 대립을 훌륭하게 풀어나갈 수 있는 보편적 규칙이 존재한다면 이 아홉 가지 원칙이 그에 가까운 것이 될 것이다. 테크닉이나 개별 전략보다는 근본적인 원칙을 만들고자 했다. 그러나 동시에 전문가들에게서 얻은 실용적인 팁도 풍성하게 담았다. 책의 말미에는 여러분이 다음번 어려운 대화를 풀어가는 데 도움이 될 테크닉을 모은 '생각의 도구'들을 더해두었다.

Part
2

---

생산적 의견 대립을 위한
원칙

받은 만큼

되돌려주고 싶어 하는

본능

의견 대립의 내용으로 뛰어들기 전에
신뢰 관계부터 구축하라.

2017년의 무더운 여름날, 수백 명의 백인 우월주의자들이 버지니아주 샬러츠빌 거리를 이틀에 걸쳐 행진했다. 신나치주의자와 KKK 단원들이 잡다하게 섞인 시위대는 '우파 대집결'의 기치 아래 백인 민족주의 운동의 단결을 선언하러 나온 것이었다. 그들은 인종차별적 구호를 외치고 나치 깃발을 흔들었다. 반자동 소총을 들고 나온 사람들도 있었고, 골프채를 휘두르는 사람들도 있었다. 겁주려는 것이었지만, 이에 맞서는 사람들이 있었다. 반파시스트 집단도 반대 시위를 벌였다. 피켓을 든 정치 활동가, 예복을 입고 나온 교구 성직자를 포함한 샬러츠빌 시민들, 평범한 백인과 흑인 시민들이 백인 우월주의에 대한 경멸을 표현하기 위해 거리로 나왔다.

하루 반 동안 긴장감이 고조되었고, 대치 상황은 폭력적인 사태로 흘러갔다. 버지니아 주지사가 비상사태를 선포했고, 경찰이 마침내 시위대를 해산시켰다. 모였던 사람들이 흩어지면서 몇몇 반대 시위자들이 좁은 도로에 들어섰을 때 닷지 챌린저의 운전대를 잡고 있던 젊은 신나치주의자가 끔찍한 기회를 포착하고 속도를 내어 내달렸다. 사람들이 황급히 피하는 사이 반대 시위자 한 명이 목숨을 잃었다. 서른두 살의 백인 여성 헤더 헤이어Heather Heyer였다.

헤더는 샬러츠빌의 로펌에서 법률 보조원으로 일했다. 그녀의 상사이자 친구였던 앨프리드 윌슨Alfred Wilson은 그날을 생생히 기억한다. 아프리카계 미국인인 앨프리드도 시위에 참가하고 싶었지만, 군중 속에서 세 자녀를 챙기기 어려울 것 같아서 그와 아내는 나가지 않기로 했다. 집에서 TV로 시위 장면을 지켜보고 있을 때 전화벨이 울렸다. 헤더의 동료이자 친구인 마리사였다. 제정신이 아닌 마리사가 뭔가 사건이 일어났는데 헤더를 찾을 수가 없다고 비명을 질러댔다. 앨프리드가 상황을 알아보겠다고 한 지 1분도 지나지 않아 다시 전화벨이 울렸다. 헤더의 어머니 수전 브로였다. 수전은 지역 병원에 있었다. "헤더가 죽었어요." 그녀는 헤더가 어떻게 죽음을 당했는지 이야기했다. 앨프리드는 바로 차를 타고 병원으로 달려갔다.

이후 몇 주일 동안 샬러츠빌은 나라 전체를 휩쓴 슬픔과 분노, 논란의 진원지가 되었다. 헤더의 죽음은 국내 정치의 발화점이 되었고, 미국 역사와 함께 내내 존재해온 인종 단층선은 더욱 벌어졌다. 수전은 장례식을 준비하고 헤더의 물건을 정리하는 동안 전 세계 언론을 상대하고, 정치인과 유명인사들의 전화를 받았다. 그동안 앨프리드는 수전의 부탁을 받아 헤더 이름으로 재단을 설립했다. 전 세계에서 보내오는 성금을 잘 사용하기 위해서였다. 헤더가 세상을 떠난 지 9일 만에 재단은 설립 절차를 마치고 기부금을 받기 시작했다.

그 치명적인 날로부터 6주 정도 지난 후, 샬러츠빌에서 희생자들을 위한 자선 콘서트가 열렸다. 데이브 매슈스 밴드가 조직한 콘서트의 라인업에는 아리아나 그란데와 저스틴 팀버레이크도 포함되어 있었다. 대학 신입생이던 앨프리드의 큰딸도 룸메이트 세 명과 함께 학교에서부터 차를 운전해와 콘서트에 참석했다. 콘서트가 끝난 후 앨프리드는 딸을 안아주었고, 딸은 친구들과 함께 학교로 돌아가기 위해 출발했다. 40분쯤 지났을 때 그는 딸의 전화를 받았다. 차가 고장 났다는 것이었다. 앨프리드가 상황을 보러 갔다. 직접 해결할 수 없는 문제라는 걸 알고, 그는 견인차를 불렀다.

견인차가 왔을 때, 앨프리드는 차 안에서 전화 통화를 하고 있었다. 앨프리드가 차에서 내려 합류하자 백인 운전사는 약간 놀란 것 같았다. 앨프리드의 딸은 팔레스타인 출신 어머니에게서 밝은 갈색 피부를 물려받았고, 세 명의 친구들은 모두 백인이었다. "이 아이들과 무슨 관계요?" 운전사가 물었다. 앨프리드는 질문에 대답해주고 견인차를 부른 이유를 설명했다. 딸과 친구들이 그의 차를 타고 가고, 고장 난 차는 견인해서 한 시간 정도 떨어진 앨프리드의 집 근처 정비소로 가기로 했다. 앨프리드는 견인차를 같이 타고 가기로 했다.

앨프리드와 견인차 기사는 차에 올라 64번 고속도로를 달리기 시작했다. "조용했어요." 앨프리드가 회상했다. 두 남자는 한참 동안 아무 말 없이 앉아 있었다. 앨프리드가 견인차 뒤편을 보았을 때 무언가 눈에 띄었다. 창에 남부연합기가 걸려 있었다. 어떤 사람들에게는 남부의 문화유산에 대한 자부심을 상징하는 깃발이었지만, 앨프리드를 포함한 다른 사람들에게는 증오와 압제를 상징하는 깃발이었다.

앨프리드는 아무 말도 하지 않기로 했다. 견인차 앞자리는 좁은 공간이었다. "이런 생각이 들더군요. 길고 어색한 한 시간이 되겠어."

## 호혜 규범

우리 모두는 누군가에게 불편한 이야기를 해야 하는 상황에 처해본 적이 있다. 적어도 처음에는 내 말에 동의하지 않으리라는 걸 알면서 이야기해야 하는 상황 말이다. 그 말을 건네는 상황을, 그리고 돌아올 분노와 독설을 상상하면 입이 떨어지지 않는다. 걱정 마시라고, 두려움을 제쳐두고 일단 논쟁에 뛰어들라고 말하고 싶지만 그렇게는 못하겠다. 어떻게 시작하는가가 중요하다.

다양한 분야의 학자들이 거듭 발견한 사실은, 대화를 어떻게 시작하는가의 미묘한 차이가 이후 벌어지는 일에 큰 영향을 미친다는 것이다. 컬럼비아대학에서 다루기 힘든 갈등을 연구하는 ICLIntractable Conflicts Lab은 의견이 엇갈리는 도덕적 주제를 놓고 대화를 나눌 때 첫 3분 동안 참여자들이 어떤 감정을 느끼는가가 토론 전체의 분위기를 좌우한다는 것을 발견했다. 대화 분석가들은 실제 이루어지는 대화를 세밀하게 분석하는 사람들이다. 이들은 전화 통화에서 "여보세요"라는 말에 대답하기까지 단 0.7초의 침묵을 통해 이후 대화가 잘 흘러갈지를 예측할 수 있다는 사실을 밝혀냈다. 관계학자 존 가트맨은 부부가 처음 주고받는 한마디가 이후 대화가 어떻게 펼쳐질지 결정짓는다는 것을 알아냈다. 같은 주제를 놓고도 하루는 생산적인 대화를 나누고 다음 날엔 대화가 막히기도 하는데, 그 차이는 딱 하나였다. 대화가 어떻게 시작되었는가.

그 이유는, 인간은 상대에게 같은 방식으로 응답하려는 성향이 깊이 뿌리박혀 있기 때문이다. 우리는 알아차리지 못하는 사이에 대화 상대로부터 신호를 받고 무엇을 말하고 어떻게 행동할지를 결정한다. 누군가가 우리를 좋아한다는 신호를 보내면 우리도 그를 좋아한다는 것을 보여주고 싶어 한다. 누군가 우리에게 자신이 알고 있는 것이나 자신이 느끼고 있는 감정을 알려준다. 우리도 똑같이 돌려주고 싶은 충동을 느낀다. 누군가 우리에게 적대적인 태도를 보이면 우리도 적대적으로 행동하려는 강력한 충동을 느끼게 된다. 이러한 행동과 감정의 미러링은 제법 자주 일어난다. 앨런 실라스는 이를 호혜 규범norm of reciprocity이라 부른다.

피드백의 선순환이나 악순환이 한번 시작되면 빠져나오기 어렵다. 긴장감 높던 대화가 분노에 찬 언쟁으로 번지기도 한다. 둘 중 아무도 원하지 않더라도 말이다. 가트맨의 실험실에서 부정적으로 대화를 시작한 커플 중 단 4퍼센트만이 대화를 긍정적인 방향으로 돌려놓을 수 있었다. 고결한 의도로 대화를 시작했다고 해도 그 사실은 별로 중요하지 않다. 앨런 실라스에 따르면, 대부분의 부부간 논쟁에서 양쪽은 모두 공정하게 대화에 임하는 모습을 보여주고 싶어 한다. 즉 상대를 공격하지 않고 원하는 목적을 달성하려 한다. 하지만 긴장이 높아지면서 "사람들은 보다 분별없이, 그리고 전략적이지 못한 태도로 행동하기 시작한다." 친절한 예의를 버리고 마음을 상하게 하는 개인적인 코멘트를 던진다. 상대를 이기기 위해 전혀 상관없는 이슈를 끌어들인다. 갈등이 고조된다.

시작이 중요하다. 그렇다면, 어떻게 시작해야 할까?

1943년, 미 해군의 셔우드 모런Sherwood Moran 소령은 전쟁포로의 취조에 대한 메모를 태평양 전장의 전 군에 보냈다. 전직 선교사인 모런은 전쟁 전 도쿄에서 가족과 함께 산 적이 있었다. 일본군이 1941년 진주만을 침공했을 때 쉰여섯 살이던 모런은 보스턴에 살고 있었다. 그는 자신이 일본어에 능통하고 일본 문화를 잘 아는 것이 도움이 되리라고 생각해 군에 입대했다. 모런은 비협조적인 것으로 유명한 일본군들에게 특별히 효과적인 취조관으로 명성을 얻었다. 오늘날의 이슬람 테러리스트들처럼 당시의 일본군은 그들의 이념에 광신적으로, 스스로 목숨을 버릴 만큼 충성했고, 미국에 대한 깊은 적대감을 품고 있었다.

그가 쓴 메모에서, 모런은 다른 취조관들이 사용하던 방법인 괴롭힘을 삼갔던 이유를 설명했다. 자신이 위압적인 태도로 정복자처럼 군다면 포로는 "방어적 심리 상태에 돌입할 것"이라는 걸 알았기 때문이다. 모런은 포로가 두려움이나 무력감을 느끼게 해선 안 된다고 믿었다. 존엄성을 빼앗긴 포로는 아무 말도 하지 않겠다는 결심을 더욱 굳힐 뿐이다. 오히려 "인지적이고 영적인 관계 형성"이 목표가 되어야 한다.

모런은 가장 완강한 포로에게도 하고 싶은 이야기가 있다는 것을 전제로 했다. 취조관은 포로가 그 이야기를 하고 싶은, 그리고 이야기할 수 있는 환경을 만들어야 한다. 가장 확실한 방법은 그를 한 인간으로서 소중히 여기고 있다는 것을 보여주는 것이다.

당신이나 취조하려 하는 전쟁 문제가 아니라 그라는 사람, 그리고 그가 처한 어려움을 무대의 중앙에 올려야 한다. 그가 부상을 입었거나 너무 지쳐 있지 않다면 음식을 충분히 먹었는지 물어보라. 만약 부상을 입었다면, 당신에게는 흔치 않은 기회가 주어질 것이다. 우선 그의 부상에 대해 이야기하기 시작하라. 의사에게 치료를 받았는지 물어보라. 부상을 입은 상처나 화상을 보여달라고 하라.

오늘날의 가장 노련한 취조관도 이에 동의할 것이다. 전 육군 대령 스티븐 클라인먼Steven Kleinman은 미군 전체에서 가장 활발하게 활동하고 있으며 경험이 풍부한 취조관이다. 그는 테러와의 전쟁 과정에서 자행되는 학대 행위에 반대하는 목소리를 강력하게 내고 있다. 그는 나에게 바그다드에서 취조했던 경험을 들려주었다. 그의 동료들이 반군에게 무기를 판매해온 무기 밀반입자를 체포했다. 거친 취조를 거치는 내내 그는 계속 대답을 거부했다. 단 한 차례의 예외가 있었는데, 딸들에게 전화하게 해달라는 부탁을 하기 위해서였다. 클라인먼은 이를 놓치지 않았다. 드디어 취조할 차례가 되었을 때, 그는 집에 두고 온 두 딸이 얼마나 걱정될지 이야기하는 것으로 대화를 시작했다. 이라크인은 자신이 한 일 때문에 바그다드가 아이들에게 더 위험한 곳이 된 것에 대해 우려하며 이에 응답했다. "우리는 취조관과 억류된 사람이 아니라 걱정 많은 두 아빠로서 대화를 나누기 시작했습니다." 클라인먼이 말했다. 그는 그렇게 표현하지는 않았지만, 호혜 규범을 활용했던 것이다. 자신의 개인적인 이야기를 조금 열어 보임으로써 상대가 똑같이 할 수 있도록 신호를 보낸 것이다. 이라크인은 클라인먼에게 필요한 모든 정보를 주었다.

이 시나리오는 우리 대다수가 살고 있는 일상에서는 무척 멀리 떨어져 있지만, 의견 대립이 팽팽해질 수 있는 상황에서 우리도 활용할 수 있는 모델을 보여준다. 논쟁 대상이 되는 내용으로 바로 뛰어들기 전에 적절한 맥락을 먼저 만들라는 것이다. 상대방이 소중하게 생각하는 것이 무엇인지 알아내고, 그것이 무엇이든 인정한다는 것을 보여주라. 당신이 응답받고 싶은 태도로 먼저 행동하라. 당신이 생각하는 이상적인 대화 상대가 되어라. 우리는 의견 대립에 대한 불안 때문에 상처 입지 않는 불사신의 가면을 쓰고 논쟁에 임한다. 하지만 이는 비생산적인 일이다. 상대에게 당신을 조금 열어 보여주면, 그들도 당신에게 마음을 열 가능성이 높다.

좋은 관계에서 좋은 논쟁이 이루어질 수 있다. 순서가 중요하다. 어려운 대화에 임하는 전문가들과 평범한 우리 사이에 한 가지 차이점이 있다면, 전문가들이 의견 대립의 내용에 뛰어들기 전에 관계를 형성하는 것에 신경 쓰고 정성을 들인다는 것이다. 전문가들은 그렇게 시작한다.

# 말 뒤에 숨겨진 감정

이혼 중재자들은 헤어지는 과정에 있는 커플을 만나 법률 비용을 들이지 않고 합의에 이르도록 돕는다. 많은 경우 이들은 서로 말을 섞는 것조차 견딜 수 없어 한다. 이혼 중재의 선구자였던 고故 패트릭 페어Patrick Phear는 한 인터뷰에서 아무리 사소한 것이라도 부부가 서로 동의하는 것으로 대화를 시작한다고 말했다. "만약 동의할 수 있는 것이 그뿐이라면, 나는 우리가 모두 인간이고 지금 이 방 안에 함께 존재한다는 이야기부터 시작할 겁니다." 무엇에 동의하는가보다 동의하는 행위 자체가 중요하다.

또 다른 이혼 중재자 밥 라이트Bob Wright도 같은 이야기를 들려준다. "나는 이렇게 이야기합니다. '두 분 모두 중재 과정을 거치는 데 동의하셨어요. 이 사실이 중요합니다.'" 속임수 같지만 효과가 있다. 다루어야 할 문제가 아닌 무언가에 동의한다는 행위 덕분에 의견 대립이 이 관계의 전부가 아니라는 걸 떠올리게 되기 때문이다.

미시간주 그랜드래피즈에서 이혼 조정 사무소를 운영하고 있는 라이트는 둘 중 적어도 한쪽은 분노로 이를 갈고 있는 커플을 만나는 것이 일과다. 이런 상황에서는 감정적인 부분은 차치하고 곧바로 협상에 들어가는 것이 최선이라고 생각할 수도 있을 것이다. 그러나 라이트는 복잡한 문제를 먼저 꺼내놓는 것이 문제를 풀어가는 최선의 방법이라는 걸 배웠다. 그는 먼저 각각의 파트너가 원하는 것이 무엇인지, 지금의 감정 상태가 어떤지 말할 기회를 준다. 그리고 상대편에게 방금 어떤 내용을 들었고—더욱 중요하게는—그 안에 어떤 감정이 담겨 있었는지 말해보도록 한다. 사람들은 대체로 첫 번째 과제는 편안하게 여기지만 두 번째 과제는 어려워한다. "대부분의 사람들, 아니 대부분의 미국인 남성이라고 말해도 될까요. 미국 남성들은 감정적인 부분에 집중해서 듣지 않아요. 저는 이렇게 말해줍니다. '괜찮아요, 그냥 짐작해보시는 겁니다'라고요." 필요하다면 라이트는 감정을 짐작하는 일을 도와줄 것이다. 크게 소리 내어 말하는 것만으로도 대화가 바뀔 수 있다는 것을 경험으로 알고 있기 때문이다.

나는 질문을 던졌다. "화가 나 있는 사람이 '당신이 그 일로 화가 나 있는 것 같네요'라는 말을 들으면 어떤 일이 벌어지나요?"

"보통은 이렇게 대답하죠. '젠장 당연하지! 말할 필요도 없었다고!' 그러곤 진정이 됩니다. 감정 문제가 수면 위로 올라오고 나면, 화를 누그러뜨리기도 쉬워집니다. 보고 있으면 놀라워요."

명확하게 표현되지 못한 감정은 아직 터지지 않은 폭탄과도 같다. 감정에 이름을 붙여 불러주면 폭탄의 뇌관이 해체된다. 하지만 잘 들어야 한다. 외과의사이자 작가인 아툴 가완디Atul Gawande는 UCLA 의학대학원 졸업식 축사에서 학생 시절의 일화를 들려주었다. 병원 응급실에서 당직을 서고 있을 때, 면도날 반쪽을 삼키고 손목을 그은 수감자를 담당하게 되었다. 가완디가 상처를 살피는 동안 그 남자는 병원 직원들과 그를 병원에 데려온 경찰관, 그리고 그를 치료하고 있는 실력 없는 새파란 의사에게 욕설을 퍼부어댔다. 가완디는 닥치라고 말하고 싶은 충동이 들었다. 그냥 내버려둘까 하는 생각도 했다.

하지만 그러지 않았다.

교수님이 뇌의 기능에 대해 가르쳐주셨던 것이 갑자기 떠올랐습니다. 사람들이 말을 할 때는 생각을 표현하는 것만이 아니라 감정을 표출한다는 것이었습니다. 정말 전달하고 싶은 것은 오히려 감정이라는 것이었죠. 그래서 나는 그 수감자의 말 대신 감정을 들어보려 애썼습니다. "정말 화가 나 있군요. 그리고 제대로 존중받지 못한다고 느끼시는 것 같네요." 내가 말하자, 그가 대답했습니다. "그래, 난 화가 났고 무시당하고 있어." 그의 목소리가 바뀌었습니다. 그는 나에게 교도소 안이 어떤지 절대 모를 거라고 했어요. 그는 2년 내내 독방에 갇혀 있었습니다. 그의 눈에 눈물이 차오르기 시작했습니다. 그리고 차분해졌어요. 나 역시 그랬습니다. 다음한 시간 동안, 나는 그의 상처를 봉합하면서 그저 들었습니다. 말 뒤에 숨겨진 감정을 들으려고 애쓰면서요.

## 상대방의 상태에서 함께 시작하기

물론 생산적인 논쟁 이전에 신뢰와 유대관계를 만드는 것은 말하기는 쉬워도 실행은 어려운 일이다. 시작할 거리가 없을 때는 더 어렵다. 잘 모르는 사람과 대립 관계에 빠질 경우도, 관계를 만들 시간조차 없을 경우도 있을 것이다. 그렇다고 해서 첫 단계를 건너뛰어도 되는 건 아니다. 관계를 만드는 일을 빠르게 해내야 한다는 뜻이다.

하루에도 수없이 자신을 믿지 않거나 심지어 경멸하는 상대와 순간적인 라포르rapport를 형성해야 하는 전문 커뮤니케이터 집단이 있다면 경찰이다. 우리는 주로 경찰과 시민 간에 일이 잘못된 사례를 듣게 되지만, 사실 최고의 경찰들은 숙련된 커뮤니케이터다. 미국 경찰들에게 커뮤니케이션은 자신과 시민 양쪽의 생존이 걸린 문제다. 미국에서는 경찰뿐만 아니라 많은 범죄자들도 총기를 소지하고 있기에, 경찰들은 치명적인 폭력의 가능성을 예민하게 인지하고 있다. 올바른 말을 올바른 방법으로 올바른 타이밍에 하는 것이 커다란 차이를 가져온다.

지난 몇 년 동안 끔찍한 권력 남용 사건이 연달아 터지면서 공권력의 무력 사용에 관심이 집중되었다. 이에 대한 대응으로, 미국의 가장 미래지향적인 경찰 조직들은 지역 시민들과의 접근전 상황에서 어떻게 행동해야 하는지 다시 생각해보게 되었다. 경찰과 민간인의 접촉은 주로 긴장 상태에서 일어나며, 한순간에 대치 상황으로 급변할 수 있다. 따라서 갈등 억지 스킬이 점점 더 중요해지고 있다. 나는 이 스킬을 어떻게 가르치는지 보기 위해 테네시로 향했다.

아프리카계 미국인 마이클 랠링스Michael Rallings 국장이 이끄는 멤피스 경찰국이 이러한 노력을 선도하고 있었다. 2016년, '흑인의 생명도 소중하다Black Lives Matter' 시위대가 멤피스의 교량을 몇 시간 동안 점거했을 때 랠링스는 무력을 사용하지 않고 시위대가 길을 열도록 설득했고, 떠나는 시위 참가자들과 팔짱을 끼고 있었다. 나는 멤피스 경찰학교에서 사흘 동안 지내며 20여 명의 경찰관들과 방을 함께 사용했다. 대부분 경험이 풍부한 경찰관들이었다. 백인, 아프리카계 미국인, 아시아계 미국인, 남성, 여성이 섞여 있었고, 모두가 배우고자 하는 열망으로 가득했다.

멤피스 경찰국은 폴리스 솔루션스Polis Solutions라는 교육 회사를 고용했다. 전직 경찰이자 철학 박사 학위를 받은 조너선 웬더Jonathan Wender가 공동 창업한 회사다. 폴리스 솔루션스의 멤피스 팀 리더는 시애틀 거리를 30년 이상 지킨 후 은퇴한 돈 굴라Don Gulla였다. 그는 역시 은퇴 경찰인 동료 마이크 오닐Mike O'Neill, 롭 바즐리Rob Bardsley와 함께 경찰관들에게 갈등 억지법을 가르쳤다. 갈등 억지라는 표현을 좋아하지 않았지만 말이다. 교육 첫날 호텔에서 같이 저녁을 먹다가 내가 말을 꺼내자, 세 명 모두 어깨를 으쓱해 보였다. "모두가 갈등 억지를 이야기하지만, 그게 정말 무엇인지는 아무도 말하지 않아요." 친절하고 다정한 눈을 가진 필리핀계 미국인 굴라가 말했다. "저기 로비에 커다란 식칼을 들고 날뛰는 사람이 있다고 합시다. 어떻게 억지하죠? 아마 가장 좋은 방법은 그 사람을 쏘아버리는 거겠죠. 그게 억지인가요?" 그의 얼굴이 미소로 주름졌다. 굴라는 억지라는 말이 좋은 커뮤니케이션을 그럴듯한 단어로 포장한 것이라고 생각했다.

"누군가 당신에게 고함을 질러댄다면, 당신은 어떻게 하겠습니까?" 다음 날 아침 굴라가 학생들에게 물었다. "'닥치고 진정해!'라고 소리 지르나요? 안 그럴 겁니다. 그 사람이 더 흥분할 테니까요." 굴라는 애초에 상황을 고조시키지 않는 것이 억지하는 것만큼 중요하다고 설명했다. 압박을 받는 상황에서 경찰은 받은 대로 되돌려줌으로써 악순환에 빠지는 실수를 저지를 수 있다. "같이 고함지르는 대신, '이봐, 알겠어. 우리는 볼일이 있지, 자네와 나 말이야'라고 말하는 겁니다."

좋지 않게 흘러갈 가능성이 있는 만남(경찰들에겐 대부분의 만남이 그렇다)이라면 시작이 중요하다. 무엇을 어떻게 할 것인가에 대한 대화를 시작하기 전에 서로 유대감을 가질 수 있어야 한다. 상대에게 어떻게 느껴야 한다고 설교를 늘어놓는다면 유대는 만들어지지 않는다. 굴라의 동료 마이크 오닐은 설교를 늘어놓으면 잘못된 호혜성이 시작된다는 것을 강조했다. "여러분이 진정하라고 말하자마자 상대방은 '싫어. 당신이나 진정하시지!'라고 소리 지를 겁니다. 논쟁이나 싸움의 문이 열리는 셈이죠."

폴리스 솔루션스 팀은 멤피스 경찰들에게 "상대방의 상태에서 함께 시작하라"고 조언했다. 교육 프로그램을 진행하러 갔던 루이지애나에서 우연한 만남을 통해 얻은 문장이었다. 세 명의 동료들이 중국 식당에서 식사를 하고 있을 때 (굴라와 동료들은 먹는 데 진지한 사람들이었다) 양복을 입은 남자가 걸어 들어오더니 음식이 어떠냐고 물었다. 대화가 시작되었고, 그들은 루이지애나에 온 이유를 설명했다. 그 남자는 자신이 보험 사정인이며 보상 청구건을 조사하는 일을 한다고 말했다. 다양한 감정 상태에 있는 사람들을 다룬다는 뜻이었다. 그는 면담에서 좋은 결과를 얻기 위한 자신만의 접근방식을 알려주었다. "저는 상대방의 상태에서 함께 시작합니다. 화가 나 있으면 거기서 시작하죠. 상대방이 행복하면 거기서부터 시작합니다." 보험 사정인의 말은 상대가 화가 나 있으면 같이 화를 낸다는 뜻이 아니었다. 어떤 말을 하는가, 또는 그 말을 어떻게 하는가를 통해 언제나 상대의 감정에 응답하려고 노력한다는 의미였다. 그는 상대방의 감정 온도에 자신의 커뮤니케이션 스타일을 세심하게 맞추었다. 그 대화 이후 '상대방의 상태에서 함께 시작하라'는 말은 폴리스 솔루션스의 만트라가 되었다.

상대방의 상태에서 함께 시작한다는 것은 상대의 상태에 관심을 기울인다는 의미다. 마이크 오닐은 교육 세션에서, 불안정해질 수 있는 현장에 도착한 경찰관들은 상황에 뛰어들기 전에 아주 잠깐이라도 멈추어야 한다고 설명했다. 잠시 멈추고 현장 상황을 살펴야 한다는 것이다. 물리적 상황뿐만 아니라 감정 상태가 어떤지도 말이다. "저는 현장에 도착하면 몇 초 동안 우선 듣습니다. 그리고 상황을 꿰맞춰봅니다. 가끔은 문제가 무엇인지 이미 안다고 생각하면서 현장에 도착하지만, 질문을 몇 가지 던져본 후에야 정말 어떤 상황인지 알 수 있습니다."

여성 경찰관이 입을 열었다. "저는 사람들과 관계를 맺으려고 노력합니다. 집에 아기가 있으면 안아주어도 되느냐고 물어봅니다. 사람들의 관심이 아기에 집중되면 모두가 진정할 수 있습니다. 한번은 어느 집 거실에 들어서는데 SIG 심볼(SIG사우어는 잘 알려진 총기 브랜드다)이 보였어요. 저는 이렇게 생각했죠. 좋아, 이 집에 총이 있겠군. 하지만 대화를 나눌 기회도 얻은 겁니다. '어떤 총을 가지고 계시죠?'라고 물을 수 있었으니까요." 또 다른 여성 경찰관은 아픈 부모를 두고 체포된 사람에게 자신도 최근 어머니를 암으로 잃었다고 이야기했던 일을 나눴다. 교육을 받던 사람들이 그녀의 이야기를 조용히 듣고 나자, 오닐이 고개를 끄덕였다. "제가 살면서 겪은 모든 일이 결국은 제가 하는 일에 도움이 되었습니다. 부모님이 다투셨던 일까지도요. 모든 것이 공감의 원천이 되니까요."

다른 경찰관은 가정폭력범을 체포하러 갔던 일을 떠올렸다. "제가 도착했을 때, 엄마는 아이들을 데리고 집을 떠나려고 했지만, 그자는 아기를 안고 내어주지 않았어요. 그러곤 저에게 묻더군요. 하느님을 믿느냐고요. 처음에는 그게 무슨 상관이냐고, 나는 경찰이라고 대답했죠. 그런데 대답 못해줄 게 뭐냐는 생각이 들더군요. 우리는 다양한 종교에 대해, 중동에서 벌어지는 일들에 대해, 히스토리 채널에서 본 것들에 대해 이야기를 나누기 시작했어요. 내가 알아차리지 못하는 사이에 그자는 아기를 내려놓았고, 우리는 경찰차로 걸어가면서도 계속 이야기를 나눴습니다."

우리가 벌이는 논쟁 가운데 법적 문제에 관련된 것은 일부일 뿐이다. 하지만 대화 내용으로 뛰어들기 전에 상대방과 감정적인 유대를 만든다는 원칙은 모든 종류의 어려운 대화에 적용할 수 있다. 정치적인 대화도 예외가 아니다. 온라인 활동가이자 미디어 창업자인 엘리 패리저Eli Pariser는 가장 훌륭한 온라인 정치 논쟁 중 일부는 스포츠 팀 웹사이트의 게시판에서 일어난다는 사실을 발견했다. 같은 팀을 응원한다는 공통점이 있기 때문에 논쟁에 참여하는 사람들은 보다 쉽게 경계를 풀고 다른 관점에 대해서도 이야기를 나누게 된다. 그들의 공통점이 다른 의견을 갖고 있다는 사실뿐이라면 생산적인 논쟁을 이어가긴 어렵다. 우리는 너무 자주 공통점을 찾는 일이 최종 목적인 것처럼 이야기한다. 유익한 논쟁을 위한 도약판이 될 수 있다는 가능성을 이야기하지 않고 말이다.

## 불편한 대화를 나눕시다

15분 동안 견인차 조수석에 말없이 앉아 있던 앨프리드 윌슨은 머릿속에서 질책하는 목소리를 들었다. "누군가 내 어깨를 두드리는 걸 느꼈어요. 헤더였죠. 헤더가, '앨프리드, 당신 생각을 말해야 해요'라고 말하더군요." 앨프리드는 세상을 떠난 친구의 조언을 듣기로 했다. 하지만 곧바로 깃발 이야기부터 꺼내고 싶지는 않았다. 그건 너무 적대적으로 느껴질 것 같았다. 그는 스스로 질문해보았다. 헤더라면 어떻게 했을까? "헤더라면 먼저 저 사람이 대화에 참여할 수 있게 했을 거야."

앨프리드는 샬러츠빌의 로펌에서 일했다. 그의 전문 분야는 파산 처리를 돕는 것이었다. 5년 전, 그는 정보 입력을 담당할 직원을 찾고 있었다. 처음 방문한 고객의 정보를 시스템에 입력하는 일을 할 사람이었다. 법률 보조원 중 한 명이 헤더 헤어를 추천하면서, 열린 마음으로 만나보라고 당부했다. 면접 중이던 다른 후보자들과 달리 헤더에겐 법률 관련 학위나 경력이 없었다. 앨프리드는 어쨌거나 그녀를 만나보기로 했고, 긴장하고 있지만 매력적인 젊은 여성을 만나게 되었다.

"어색하네요." 헤더가 말했다. "다들 양복을 입고 계신데, 저는 바에서 일해본 게 전부거든요." 앨프리드는 주말에 보통 팁으로 얼마나 버느냐고 물었다. 200달러를 번다는 말에 앨프리드는 헤더가 커뮤니케이션에 뛰어날 것 같다고 생각하고 모험을 해보기로 했다.

첫 출근을 한 헤더는 정신이 약간 혼미해 보였다. 그날 아침 헤더는 앨프리드에게 오전 8시 반부터 오후 5시까지인 근무 시간을 조정할 수 있을지 물었다. 앨프리드는 속으로 놀랐지만 우선 그녀의 말을 들어보기로 했다. "저는 항상 바텐더로 일해왔어요." 그녀가 설명했다. "그래서 정오 이전에 일어난 적이 없어요. 이 근무 시간에 일할 수 있을지 모르겠네요." 그녀는 낮 12시부터 저녁 8시까지 일하겠다고 제안했다. 앨프리드는 그녀의 당돌함이 재미있다고 생각했다. "제가 대답했죠. 지금 농담해요? 우리 고객들은 저녁 8시엔 안 온다고요." 하지만 헤더는 물러서지 않았다. 그들은 10시부터 근무를 시작하는 것으로 합의했다. 앨프리드는 이 일을 회고하며 웃음을 터뜨렸다. "헤더는 그런 사람이었어요. 사람들이 어려운 대화를 하도록 만들고, 양보하게 만들었지요."

헤더는 열심히 일하고 빨리 배웠다. 그녀는 고객들과 유대를 맺는 데 탁월한 역량이 있다는 것을 입증해 보였다. "우리 사무실에 찾아오는 고객은 최악의 시기를 보내고 있는 사람들이죠." 앨프리드가 말했다. "최근 심장발작을 일으켰을 수도 있고, 암과 맞서 싸우는 중이기도 합니다. 집이 담보로 잡혀 있고, 차는 압류되어 있지요. 그래서 고객들은 우리 사무실에 들어설 때 부끄러워합니다. 헤더는 그들이 이 사무실에서 처음 만나는 사람이고요. 그녀는 사람들이 편안하게 느끼도록, 안심할 수 있도록 도와주었죠." 몇 달이 지난 후 앨프리드는 헤더가 오고 나서 그가 맡는 사건들의 기록이 달라지고 있다는 걸 알아차렸다. "고객들이 헤더와 이야기를 나누고 나면 우리에게 훨씬 많은 정보를 제공했습니다. 우리가 더 많이 도와줄 수 있게 된 거죠. 헤더가 우리를 위해 문을 열어주고 있었던 겁니다."

헤더는 앨프리드의 가족과도 알고 지내게 되었다. "그녀는 제 막내딸과 가까운 사이였어요. 헤더는 딸에게 목소리를 내는 일이 중요하다는 걸 말해주곤 했죠." 가끔 헤더가 사무실에서 울고 있을 때가 있었다. 보통은 약자가 괴롭힘을 당하는 모습을 소셜미디어에서 본 후였다. 어느 날 앨프리드가 그녀에게 왜 울고 있느냐고 묻자, 그녀는 앨프리드 때문이라고 대답했다. "앨프리드, 어떤 사람들은 왜 도와주시는 건지 모르겠어요." 앨프리드가 어리둥절해서 무슨 말이냐고 물었다. "손을 내미셨는데 사람들이 악수를 안 했잖아요." 헤더가 대답했다. "그 사람들은 변호사님의 도움을 받고 싶지 않은 것 같아요."

그녀의 말이 맞았다. "하도 자주 있는 일이라 신경을 쓰지 않았던 것 같아요. 아니면 말을 하지 않았거나." 그가 말했다. "그런 대접을 받아들이고 있었던 거죠." 헤더는 그 사람들이 한 시간 후 사무실을 떠날 때면 그를 포옹하고 감사 인사를 쏟아내는 것도 보았고, 그런 모습에 더 화가 났다.

앨프리드는 갈등 상황을 피하는 데 집중하느라 이 작은 부정의가 계속 일어나도록 내버려두고 있었던 것이다. 그는 다르게 행동하기 시작했다. "이제는 손을 내밀 때 고객이 받아주지 않으면, 이렇게 말합니다. '아직 선생님과 악수를 못했네요'라고요. 고객이 저와 이야기 나누도록, 불편한 감정을 다루도록 합니다. 그러고 나면 고객은 더 많이 마음을 열죠. 헤더는 이런 대화를 나누는 데 재능이 있었습니다."

그는 시위 첫날 누군가 촬영한 헤더의 영상을 떠올렸다. 영상 속에서 헤더는 백인 민족주의자 여성에게 말을 걸고 있었다. "헤더는 세 명의 흑인 친구들과 같이 있었어요. 그리고 그 백인 여성에게 아주 차분하게, 왜 자기 친구들을 싫어하는지 설명해줄 수 있냐고 물었어요. 설명하지 못한다면, 지금 하는 일이 옳다고 생각하느냐고 물었지요."

견인차 조수석에서 헤더의 목소리를 들은 후, 앨프리드는 어떻게 대화를 시작할지 잠시 생각했다. 그리고 질문을 건넸다. "견인차를 운전한 지 얼마나 되셨습니까? 차를 견인해 올릴 때 정말 능숙하시던데요." 운전사가 대답했고, 두 남자는 대화를 시작했다. "우리는 둘 다 세 아이가 있고, 아이들에게 가장 좋은 미래를 주기 위해 여러 가지 일을 하고 있다는 사실을 알게 되었습니다." 견인차가 정비소 근처에 이르렀다. 새벽 1시 무렵이었다. 앨프리드는 어려운 질문을 던졌다. "제가 물었습니다. '한 가지 여쭤보고 싶은 게 있습니다. 왜 저 깃발을 뒷자리에 걸고 계시죠?'"

견인차는 여전히 달리고 있었지만, 모든 것이 멈춘 듯했다. 운전사는 곧바로 대답하지 않았다. 한 손으로 운전하고 있던 그가 양손으로 핸들을 잡고 전방을 주시했다. 그리고 대답했다. "내 유산을 지지하기 위해섭니다." "증조부님이 남북전쟁에 참전하셨나요?" 앨프리드가 진심으로 관심을 보이며 물었다. 운전사는 확신하지 못하는 것 같았다. "종조부님인가, 뭐 그럴 겁니다." 그가 대답했다. "그렇군요." 앨프리드가 말했다. "당신은 공적인 일을 하는 사람입니다. 시민들의 차를 견인해주는 분이니까요. 많은 사람들이 저 깃발을 불편해할 거예요. 나도 처음엔 그랬거든요. 하지만 우리는, 당신과 나는 여러 공통점을 가지고 있지요." 운전사는 그렇다고 동의했다.

정비소에 도착하자 앨프리드는 고맙다고 말하고 차에서 내렸다. 그의 아내가 데리러 오는 길이었지만 아직 도착하지 않았다. 견인차는 그대로 서 있었다. "이제 가셔도 된다고 말했어요. 그가 대답하더군요. '어두워요. 여기 혼자 계시면 안 됩니다.' 그 사람이 나에게 마음을 쓰고 있다는 걸 알았습니다."

일주일 정도가 지난 후, 앨프리드는 운전사로부터 전화를 받았다. 수리가 잘되었는지 확인하려고 전화했다고 했다. 앨프리드는 차 수리는 잘되었으며, 신경 써주어 고맙다고 말했다. "아, 그리고 알려드리고 싶었어요." 운전사가 말했다. "깃발을 내렸다고요."


헤더가 세상을 떠난 며칠 후, 그녀의 어머니 수전 브로는 미국 전역과 세계 각지의 수백만 명이 지켜보는 가운데 살해당한 딸을 위한 조사를 낭독했다. 브로는 헤더를 죽인 살인자와 그의 동지들에게 메시지를 전했다. "그들은 제 아이의 목숨을 빼앗아 그 아이가 말하지 못하게 하려고 했습니다. 어떻게 되었나 보세요. 당신들은 제 딸의 목소리를 더 크게 키웠을 뿐입니다." 이 간결하고 도전적인 말은 한 순간에 퍼져나가 브로의 연설을 전 세계에 알리는 헤드라인이 되었다. 이 문장이 너무 강력해서, 트위터로 실어 나르기에 덜 적합했던, 그러나 중요했던 연설의 다른 부분은 가려지고 말았다. 브로는 딸을 신성한 존재로 그리는 대신 열정적이고 고집 센 젊은 여성과 함께 사는 것이 어땠는지 있는 그대로 들려주었다.

오, 세상에, 우리는 그 애와 저녁을 먹으면 그 애 말을 듣느라 고생할 거란 걸 알았죠. 대화를 나누게 될 거고, 어쩌면 논쟁을 벌이게 될 거고, 어쨌거나 그런 일이 일어날 거란 걸요. 그래서 남편은 이렇게 말하곤 했어요. "그래, 난 좀 나가서 차에서 비디오 게임을 하고 있을게"라고요. 그러곤 그 애와 나는 이야기를 나눴고, 나는 그 애 이야기를 들었어요. 우리는 협상을 벌였고, 나는 들었습니다.

수전 브로는 사람들에게 세상을 바꾸라고, 자신의 신념에 충실하라고만 말하지 않았다. 아마도 이 점이 그녀의 연설을 특별하게 만들었으리라. 그녀는 다른 의견을 갖는다는 것이 얼마나 어려운 일인지, 그렇지만 얼마나 필요한 일인지에 대해서도 이야기했다.

불편한 대화를 나눕시다. 나란히 앉아서 "저, 왜 화가 난 거죠?"라고 묻는 건 쉽지 않을 거예요. '그러니까 나는 이렇게 생각합니다. 나는 당신에게 동의하지 않아요. 하지만 당신의 의견을 존중하며 듣겠습니다'라고 말하는 건 쉽지 않을 겁니다. 우리는 둘러앉아서 악수를 하고 '쿰바야'● 하고 노래 부르지 않을 거예요. (…) 우리가 서로 다르다는 사실은 분명합니다. 우리는 서로에게 화가 날 겁니다. 하지만 그 분노를 증오나 폭력, 두려움으로 표출하지 말고 (…) 옳은 행동으로 쏟아냅시다.

지금 이 순간, 서로 귀를 기울이고 대화 나누려는 사람들이 있습니다. 어젯밤 뉴잉글랜드에서는 헤더를 추모하며 불편한 대화를 나누자는 평화 시위가 있었습니다. 어떤 대화들이 오갔는지 알고 싶다면 헤더의 페이스북에 포스팅된 글을 봐주세요. 대화가 가끔은 거칠어지기도 했다고 말씀드려야겠네요. 하지만 그렇더라도, 대화였습니다. 우리는 대화를 나누어야만 합니다.


브로는 전직 교사였다. 재혼한 남편과 함께 샬러츠빌에서 차로 30분 정도 떨어진 버지니아주의 트레일러 파크에 살았다. 헤더가 세상을 떠난 후, 그녀는 불편한 정치적 대화를 독려하는 것을 미션으로 삼았다. 페이스북과 트위터에서, 그녀는 정치와 인종에 대한 거칠고 때로는 독설이 오가는 논쟁을 모으려 하고 있다. 그녀는 적대자들도, 심지어 딸의 죽음에 대한 음모론을 쏟아내는 사람들도 놀랄 만큼 예의 바르게 대한다.

브로는 모든 사람들이 선의를 가지고 대화에 참여할 거라고는 생각하지 않는다고 말했다. 그녀는 백인 민족주의자 집회를 조직하는

---

● 'come by here'에서 유래했다고 알려진 흑인 영가다. 그러나 지나치게 순진한 이상주의, 순응하는 태도 등을 비꼬아 표현할 때 쓰인다.

사람들과 대화를 나누는 일은 의미가 없다고 생각한다. 그러나 그녀는 잠시 지나가는 관심으로 그들의 대의에 참여했던 사람들에게 말을 건네려 한다.

트위터는 사람들이 양쪽 코너에 서서 서로 고함을 질러대는 곳이에요. 어린아이들이 겁에 질려서 뭐라고 말해야 할지 모를 때 그렇게 행동하곤 하죠. 우리는 더 많은 이야기를 할 수 있지만, 가장 손쉬운 방법으로 일을 처리하는 습관을 갖게 되어버렸어요. 소리를 지르고는 상대를 차단해버리는 거죠. 우리는 서로에게 배우려고 하지 않아요.

브로는 유대를 만들어내기 위해 맥락을 찾는 법도 이야기한다.

제가 트레일러 파크에 산다고 말하면, 사람들은 제가 어느 정도의 교육을 받았고 정치적 성향이 어떨지 지레짐작합니다. 제가 교사였다고 말하면 바로 생각이 바뀌죠. 로큰롤을 좋아한다고 말할 수도 있겠네요. 우리 자신을 조금 더 내보이면 대화를 시작할 수 있습니다.

진정하라는 말이

분노를 부추긴다

의견 대립을 잘 풀어가려면
상대방의 생각과 감정을 조종하려는
마음을 버려야 한다.

2013년, 군인 한 명을 납치해 살해하려 한 혐의로 한 영국인이 체포되었다. 이 용의자는 전과가 있었으며, 폭력적인 지하드를 지지하는 글을 소셜미디어에 올린 전력도 있었다. 그의 집을 수색한 경찰은 망치와 부엌칼, 근처 군대 막사의 위치가 표시된 지도를 발견했다.

체포 직후, 대테러 담당 경찰관이 용의자를 심문했다. 그는 계획이 무엇이었는지, 공범이 있었는지, 누구였는지를 알아내려 했다. 그러나 체포된 용의자—닉이라고 부르자—는 정보를 내놓기를 거부했다. 대신, 30분이 넘게 거창한 단어를 써가며 영국 정부의 악랄함에 대한 이야기를 장황하게 늘어놓았다. 조사관이 질문을 시도할 때마다 닉은 그의 무지와 순진함, 도덕적 약점에 대해 경멸에 찬 비난을 퍼부어댔다. "당신네 정부가 얼마나 썩어빠졌는지 모르지. 알면서도 상관 안 하는 거라면, 저주나 받아라."

이 장면을 녹화한 영상을 보면 절규 아래 숨겨진 닉의 욕구, 알고 있는 사실을 말하고 싶어 하는 욕구를 볼 수 있다. 그의 앞에는 코란이 펼쳐져 있다. 그는 자신의 행동이 영국인들을 위한 것이라고, 신을 믿는 사람으로서 미래에 닥칠 끔찍한 재앙을 막으려는 것이라고 말한다. 그러나 조사관이 자신만큼 영국을 사랑한다는 것을 확신하기 전에는 말하지 않겠다고 한다. "이 면담에서 중요한 건 당신이 준비해 온 잘난 체크리스트를 차례차례 다 지워서 칭찬받는 게 아니오. 당신이 원리 원칙대로만 하려는 꽉 막힌 인간이라면 우리 얘기는 끝난 거지. 그러니까 진실되게 행동하시오."

이 면담 과정을 지켜보면서 긴장감을 느끼지 않기란 불가능하다. 닉은 주기적으로 조사관이 한 말, 또는 하지 않은 말에 상처를 받았다면서 돌아앉아 침묵을 지키거나 방을 나가버린다. 방으로 돌아올 때마다 닉의 변호사는 아무 말도 하지 말라고 조언한다. 닉은 변호사를 무시하지만, 어떤 면에선 그의 조언을 따르고 있기도 하다. 장황하게 늘어놓고는 있지만 조사관에게 아무것도 알려주지 않고 있으니까.

닉    내가 왜 당신한테 말해야 되는지 설명해보시오. 왜 나한테 이런
       질문을 하는 거요?
조사관 이 질문을 하는 이유는, 어떤 일이 일어났는지, 그리고 당신이 어
       떤 역할을 했는지 조사하기 위해서입니다.
닉    아니지. 그건 당신 직업 얘기고. 나는 지금 왜 그게 당신한테 중요
       하냐고 묻고 있는 거요.

닉이 장황하게 떠들어대는 면전에서도 영웅적일 만큼 침착하게

버티긴 했지만, 조사관은 교착상태에서 벗어나지 못했다. 그의 상관이 그를 불러들인다. 새로운 조사관이 들어와 자리에 앉자, 닉은 다시 자기가 심문하는 입장을 취한다. "왜 이런 질문을 하는 거요? 당신이 질문하는 이유를 잘 생각해보시오."

당신이라면 뭐라고 대답하겠는가?

조사관은 이전 조사관이 했던 대답을 반복할 수도 있다. 결국 목적은 진실을 알아내는 것이니 말이다. 그러나 그렇게 대답한다면 같은 반응이 반복될 것이다. 나는 영상을 보면서, 이전에 경험했던, 어느 쪽도 전혀 양보할 생각이 없는 고집스러운 논쟁과 너무나 비슷하다는 사실을 발견하고 놀랐다. 누군가 입장을 바꾸거나 대화의 톤을 바꾸어야만 대화가 다시 이어질 수 있다. 당신은 논쟁의 주제에 대해 당신이 어떻게 생각하느냐는 중요하지 않다는 걸 깨닫게 될 것이다. 누가 우위를 점하는가의 문제다.

새 조사관이 입을 열었다. "당신을 체포한 날 말입니다."


나는 당신이 영국 군인이나 경찰을 죽일 의도가 있었다고 믿었습니다. 그날 있었던 일의 자세한 상황도, 당신이 왜 그렇게 해야 한다고 믿었는지도, 당신이 무엇을 얻어내려고 했는지도 나는 모릅니다. 닉, 당신만이 알고 있어요. 말하고 싶으면 말해줄 거고, 말하고 싶지 않으면 말하지 않겠죠. 말하라고 강요할 수는 없어요. 그리고 싶지도 않습니다. 내가 이해할 수 있게 당신이 나를 도와줬으면 합니다. 무슨 일이 있었는지 말해줄 수 있겠습니까?

조사관은 노트를 펼쳐 텅 빈 페이지를 닉에게 보여주었다. "봤지요? 질문 목록 같은 건 없습니다."

"근사하군요." 닉이 말한다. "당신은 나를 배려하고 존중했으니, 좋아요, 지금 말해주겠소." 닉은 그가 계획했던 범죄의 전말을 들려주기 시작했다.

## 말하지 않아도 된다는 자유

두 번째 조사관이 접근한 방식의 어떤 부분이 닉의 마음을 열었을까? 로런스 앨리슨Laurence Alison은 닉이 대답하지 않아도 된다는 사실을 설명한 조사관의 간결하고 명확한 방식 때문이었다고 생각한다. 비밀을 밝히라고 추궁하는 것은 누군가의 비밀을 알아내는 최악의 방법이다.

로런스는 리버풀대학 법심리학Forensic psychology 교수로, 효과적인 심문 방법에 대한 세계적인 권위자이기도 하다. 나는 이 영상을 로런스, 그리고 전문 카운슬러인 에밀리 앨리슨Emily Alison과 함께 보았다. 앨리슨 부부는 영국 경찰국과 긴밀히 협력하여 경험주의에 기반한 효과적인 심문 모델을 세계 최초로 개발했다.

에밀리 앨리슨은 영상을 멈추며 얼굴을 찡그렸다. "영상을 처음 보았을 때, 저는 중간에 끄고 자리를 떠나버렸어요. 너무 화가 치밀어서 심장이 뛰는 것이 느껴지더군요. 물론 저 방에 직접 있었다면 천 배쯤 더 끔찍했겠죠." 로런스도 고개를 끄덕였다. "조사관으로서 정말 하고 싶었을 말은, '심문받는 사람은 내가 아니라 당신이라고, 젠장!'이었을 겁니다. 닉은 당신을 조종하고 싶어 하고, 그래서 당신도 그를 조종하려 합니다. 하지만 그렇게 되면 상황은 점점 악화되죠. 심문이 주도권 다툼으로 넘어가는 순간 심문은 실패하게 됩니다." 닉의 영상을 보는 동안 영국 대테러 경찰국 소속 경관 한 명도 우리와 함께 있었다. "경찰은 상황을 장악하는 데 익숙하죠." 그가 덧붙였다. "그래서 우리는 에고를 문간에 두고 들어가야 한다는 걸 강조합니다."

에밀리는 리버풀대학에서 법심리학을 공부하기 위해 위스콘신주의 집을 떠나 영국에 왔을 때 로런스를 만났다. 당시 박사 과정 학생이었던 로런스는 이미 자신의 연구 분야에서 촉망받고 있었다. 로런스가 학자로서의 경력을 쌓아가는 동안, 위스콘신 교도소에서 상담사로 일했던 에밀리는 컨설팅 회사를 차렸다. 가정폭력을 겪은 가족을 상담하는 사회복지사들을 돕는 회사였다. 로런스는 까다로운 수사를 진행하는 경찰로부터 조언을 요청받곤 했다. 그런 경우 로런스는 에밀리와 파트너로 일했다. 상담사로 일한 경험 덕분에 다루기 힘든 사람들과 면담을 진행하는 법을 잘 알고 있었기 때문이다. 얼마 지나지 않아 앨리슨 부부는 가장 어려운 용의자의 마음을 여는 사람들이라는 명성을 얻게 되었다.

2010년, 로런스는 미국 정부의 기금을 받아 비강압적 심문에 관한 연구를 수행하게 되었다. 그는 대담한 목표를 세웠다. 영국의 대테러 유닛을 설득해 테러리스트 용의자들을 심문한 영상들을 수집하겠다는 목표였다. 2년 동안 100통 정도의 전화를 건 끝에 대테러 유닛이 이 제안에 동의했다. 로런스가 제공받은 영상에는 아일랜드 불법 무장단체, 알카에다 조직원, 극우 극단주의자들을 심문한 영상들이 포함되어 있었다. 어떤 자들은 자신이 뭘 하는지도 모르는 어설픈 초짜였지만, 어떤 자들은 극도로 위험한 조직원이었다.

앨리슨 부부는 심문 행동의 복잡한 구조 체계를 이용해 심문 영상을 상세하게 분석했다. 용의자가 사용하는 전략(침묵 지키기, 콧노래 부르기), 조사관이 질문을 던지는 태도(대립적인가, 권위적인가, 수동적인가), 그리고 결정적으로 용의자가 내놓는 정보의 양과 질을 분석했다. 그들은 총 150개 변수에 대한 데이터를 모았다. 데이터 수집 프로세스가 완료된 후엔 데이터를 통계적으로 분석했다. 그 결과 용의자와 좋은 관계를 맺은 조사관일수록 더 많은 양질의 정보를 얻어낸다는 것이 밝혀졌다. 앨리슨 부부는 그동안 가설과 내부자 비밀 사이 어디쯤 있었던 사실에 대해 처음으로 경험적 증명을 해냈다. 조사관들에게 라포르는 진실을 말하도록 하는 약물에 가장 가까운 것이었다.

앨리슨 부부가 밝혀낸 것은 그뿐만이 아니었다. 그들은 라포르란 무엇인가에 대해서도 그동안 밝혀진 것 이상의 새로운 진척을 이뤄냈다. 현장의 엘리트 전문가들 사이에서 중요하게 여겨지긴 했지만, 라포르는 정의가 모호하며 제대로 이해되지 않고 있는 개념이었다. 그저 친절하게 대하는 것과 종종 혼동되기도 했다. 로런스의 관찰에 따르면, 지나치게 친절하거나 용의자의 요구를 너무 빨리 들어주는 것도 실패에 이르는 길이었다. 최고의 조사관은 언제 공감을 표시해야 하고 언제 직설적이고 솔직해야 하는가를 알았다. 용의자에게 말하라고 압박하는 느낌을 주는 것은 절대로 하지 말아야 할 행동이었다. 용의자가 진술 여부를 스스로 선택할 수 있다는 것을 강조한 조사관은 성공할 확률이 높았다. 효과적이지 못한 조사관은 심문을 시작하자마자 법적 권리 사항을 중얼중얼 전달하는 경향이 있었다("당신에겐 침묵을 지킬 권리가 있고…"). 성공적인 조사관은 법적 권리를 대단한 것처럼 전달하며 용의자가 말하지 않을 권리를 명시적으로 강조했다.

로런스의 표현을 따르자면, 이렇게 말하는 것이다. "나는 당신에게 어떤 행동을 하라고 지시할 수 없습니다. 이 사람(변호사)도 당신에게 지시할 수 없습니다. 당신에게 달려 있는 일이에요. 원한다면 지금 이 방을 나가도 좋습니다. 나는 그저 당신이 어떻게 해서 여기에 와 있는지 알고 싶을 뿐이에요." 그리고 듣는 것이다.

로런스와 함께 몇 년 동안 경찰 프로젝트를 수행하면서, 에밀리 앨리슨은 심문이 중독자 카운슬링과 유사하다는 것을 발견했다. 양쪽 모두, 우리와 같은 방에 있고 싶어 하지 않는 사람들에게 말하고 싶지 않은 것에 대해 말하도록 해야 하는 일이다. 그녀가 나에게 지적했듯, 20년 전 중독자 카운슬링은 단순한 진실을 반영함으로써 획기적으로 발전할 수 있었다. 아무도 지시를 받고 싶어 하지 않는다는 진실 말이다.

# 동기 강화 상담

    1980년, 스물세 살의 스티븐 롤닉Stephen Rollnick은 남아프리카공화국의 알코올 중독자 재활센터에서 간호 보조원으로 일하기 시작했다. 센터의 의료진들은 중독자를 대할 때 대립적으로 접근했다. 환자들이 자신과 다른 사람들에게 문제의 심각성에 대해 거짓말을 하고 있다고 믿었기 때문이다. 환자들이 회복 과정을 시작하기 이전, 임상의사는 환자가 거짓말을 하고 있다는 사실을 공격하고 환자들이 가지고 있는 망상을 깨뜨려야 했다. 저항을 없애기 위한 일이었다.

    이 클리닉만 그런 것이 아니었다. 전후 중독 치료에 대한 의료계의 정설은, 환자를 다루기 힘들고 어떻게 행동해야 하는지 가르쳐야 하는 어린아이처럼 대하라는 것이었다. 카운슬러의 역할은 환자의 상태를 사실대로 말해주는 것이었다. 환자들이 사실을 받아들이기 거부할 경우엔 받아들일 때까지 반복해서 더욱 강한 방식으로 밀어붙였다. 롤닉이 보기엔 이러한 방식은 환자와의 관계를 해칠 수밖에 없었다. 그는 카운슬러들이 휴게실에서 환자에 대해 경멸 섞인 대화를 나누는 모습을 보았다.

    롤닉이 돌보던 환자 중에 앤서니라는 알코올 중독자가 있었다. 그는 그룹 세션에서 한마디도 하지 않고 앉아 있다 나가곤 했다. 어느날 그가 센터를 떠났다. 다음 날 아침 롤닉은 앤서니가 어린 자녀들 앞에서 아내를 총으로 쏜 다음 자신을 쏘아 자살했다는 것을 알게 되었다. 롤닉은 센터를 그만두고 남아프리카공화국을 떠나 영국에 자리를 잡았다. 그는 카디프대학에서 임상심리학 수업을 들으며 중독 환자들을 도울 수 있는 다른 방법을 찾기 시작했다.

몇 년이 흐른 후 롤닉은 젊은 미국인 심리학자 윌리엄 밀러William Miller가 쓴 새로운 논문을 읽었다. 그는 논문 내용에 구구절절 동의했다. 알코올 중독 치료 전문가인 밀러는 카운슬러들이 중독자들과 잘못된 대화를 하고 있다고 지적했다. 밀러는 중독자들이 변화하고 싶은 욕망과 습관을 유지하고자 하는 욕망 사이에 끼어 있다는 것, 그런 그들에게 지시를 내리는 것은 부정적인 효과만 가져온다는 것을 이해했다. 누군가 자신을 판단하거나 자신에게 지시를 내린다고 느끼는 순간 중독자들은 변화하고 싶지 않은 온갖 이유를 떠올리기 시작한다. 권위적으로 행동한다면 카운슬러 자신은 기분이 좋을지 몰라도 중독자들은 아무것도 바꾸고 싶지 않다는 결심을 더욱 굳힐 뿐이다.

밀러는 대안적인 방법을 제안했다. 변화해야 한다고 주장하면서 대립을 부추기는 대신, 카운슬러들은 신뢰와 상호 이해를 바탕으로 관계를 구축하는 일에 집중해야 한다는 것이었다. 환자는 자신이 내렸던 선택을 변호해야 한다는 압박감을 느끼지 않고 자신의 경험을 이야기할 수 있어야 한다. 시간이 지나면서 환자는 변화해야 한다는 주장을 스스로 만들어갈 것이다. 밀러는 이러한 접근방식을 동기 강화 상담Motivational Interviewing, MI이라고 불렀다. 롤닉은 그가 진행하는 상담에 MI 기법을 적용해 획기적인 성과를 거두었다. 어느 날 학회에서 밀러를 만난 롤닉은 MI에 대한 자신의 열광적인 의견을 전했

다. 두 사람은 밀러의 아이디어를 발전시킨 책을 함께 집필하기 시작
했다.

밀러와 롤닉은 그들의 책에서 대부분의 중독자들이 진심으로 변
화하고 싶어 한다는 점을 지적한다. 중독자들은 자신의 습관이 자기
자신과 주변 사람들의 삶에 미치는 영향을 이해하고 있다. 멈추고 싶
으면서도 동시에 계속하고 싶어 한다. 그들은 양가감정을 느낀다. 양
가적이라는 말은 종종 오해를 받는데, 어떤 일이 벌어지든 상관하지
않는다는 의미가 아니다. 그 반대의 의미다. 양가적인 사람은 지나치
게 많은 동기를 가지고 있다. 양립할 수 없는 것들을 모두 원하는 것
이다. 양립할 수 없는 것들이 마음속에서 싸움을 벌인다. 중독자들만
그런 게 아니다. 우리 모두는 양가감정을 경험한다. 밀러와 롤닉은
이를 하나의 문장으로 명확히 보여준다.


나는 체중을 줄여야 하는데(변화를 욕망함) 온갖 방법을 다 써봤지만 결
국 오래가지 못했어(지속하려는 욕망).


양가적인 사람의 머릿속에서는 위원회가 열린다. 몇몇 위원들은
변화를 주장하고, 다른 위원들은 변화에 반대한다. 카운슬러가 변화
를 주장한다면 위원회의 한편에 목소리를 더해주는 셈이다. 그러나
그럴 때 양가적인 사람은 본능적으로 반대편에 목소리를 더하는 것
으로 대응한다. 변화하지 말아야 할 이유를 찾아내는 것이다. 교착상
태가 될 것 같지만, 사실은 '변화하지 않는다' 편의 승리로 끝난다. 사

람들은 남보다는 자신을 더 믿기 때문이다. 그러므로 밀러와 롤닉은 불편한 결론을 내린다. 누군가에게 변화해야 한다고 주장할수록, 그 사람이 변화할 가능성은 낮아진다.

중독 치료의 맥락에서 보면 양가감정은 좋은 것이다. 양가적인 중독자는 습관에 완전히 빠져 있는 중독자에 비해 재활에 한 발짝 다가서 있는 셈이기 때문이다. 그러나 이 양가감정 때문에 중독자들은 꼼짝하지 못하는 상태가 되기도 한다. 카운슬러가 마음속 전투에서 이길 수 있게 도와주지 않는다면 말이다. 카운슬러는 설교를 늘어놓는 대신 경청해줌으로써 중독자를 도울 수 있다. 밀러와 롤닉의 책은 환자의 생각을 끄집어내는 반사reflection 기법을 처음 제시했다. 환자가 한 말에 대답하거나 환자의 말을 요약함으로써 말 속에 담긴 의도를 짐작해나가는 방식이다("제가 제대로 이해했다면, 지금 당신이 하고 싶은 말은…"). 환자는 그 해석을 받아들이거나 잘못된 부분을 짚어줄 수 있다. 어느 쪽이든 환자는 누군가 자신의 말을 들어주었다고 느끼고 힘을 얻을 것이다. 동시에 치료사는 환자가 어떤 생각을 하고 어떤 감정을 느끼고 있는지 알게 된다.

밀러와 롤닉의 책은 해당 분야의 베스트셀러가 되었으며, 다양한 분야의 치료사들에게 큰 영향을 미쳤다. MI 기법이 효과적이었기 때문이다. 200건 이상의 무작위 제어 실험randomised control trials 결과, MI는 도박 중독부터 정신 건강에 이르는 다양한 분야에서 기존의 전통적인 기법보다 효과적이었다. 윌리엄 밀러는 현재 가장 빈번하게 인용되는 과학자가 되었다. MI를 만들어낸 원칙은 다양한 종류의 어려운 대화에 적용될 수 있다.

에밀리 앨리슨은 위스콘신주의 보호관찰 서비스에서 카운슬러로 일하면서 MI 기법을 훈련받았다. 이후 로런스와 함께 영국 경찰을 위해 일하게 되었을 때, 에밀리는 심문과 상담 치료가 성공하고 실패하는 이유가 유사하다는 것을 알아차렸다. 심문 대상자를 적으로 만드는 조사관은 빈손으로 취조실을 떠났다. 대상자와 파트너가 된 조사관은 정보를 얻어냈다. 이러한 관찰 내용은 앨리슨 부부가 강력한 경험적 근거를 담아 개발한 라포르 모델의 근간이 되었다. 라포르는 신뢰와 호감을 느끼는 감정이기도 하지만, 대화에 임하는 양쪽이 서로를 동등하다고 느끼고 양쪽이 각자의 선택을 내리고 자신의 생각을 가질 수 있다고 믿는 감정, 누구도 우월한 지위에 있거나 서로를 조종하려 하지 않는다고 느끼는 상태이기도 하다.

어떤 의견 대립 상황에서든 이 원칙을 기억하는 것이 중요하다. 가정에서의 갈등 상황도 여기에 포함된다. "저는 경찰들에게 이렇게 말합니다. '여러분이 틴에이저를 다룰 수 있다면 테러리스트도 다룰 수 있다'라고요." 로런스가 말한다. 그는 늦게 들어온 딸에게 현관문을 열어준 아버지의 사례를 들려주었다. 아버지는 약속을 어긴 딸을 나무란다. 아빠가 자신을 몰아붙인다고 느낀 딸은 반항적으로 나온다. 힘겨루기는 둘 중 한 명이, 또는 양쪽 다 화가 나서 쿵쿵거리며 자기 방으로 들어갈 때까지 이어진다. 물론 틴에이저 자체가 어쩔 수 없는 존재들이긴 하지만, 힘겨루기가 되는 순간에 대화가 실패한다는 것만은 분명하다. 로런스는 아버지가 딸에게 귀가가 늦자 걱정했

다는 말부터 했다면 훨씬 생산적인 대화를 할 수 있었을 거라고 말한
다. "줄다리기를 할 때 당신이 줄을 세게 당기면 상대방은 더 세게 잡
아당깁니다. 제가 하고 싶은 조언은 이겁니다. 줄을 놓아주라는 것이
죠."

## 다른 사람을 고치려는 본능

전통적 방식의 중독 치료에 대한 밀러와 롤닉의 비판에는 카운슬
러들이 자신의 동기를 되돌아보아야 한다는 불편한 제안도 암묵적
으로 담겨 있다. 다른 사람을 '고치려는' 본능, 바로잡거나 제대로 돌
려놓겠다는 본능은 대화와 관계를 장악하려는 욕망을 대표한다. 밀
러와 롤닉은 이러한 본능을 '바로잡기 반사righting reflex'라고 불렀다.
이에 대해 읽고 난 후 나는 모든 곳에서 바로잡기 반사가 일어나는
것을 볼 수 있었다. 우리가 벌이는 수많은 비생산적인 의견 대립 뒤
엔 바로잡기 반사가 숨어 있다.

육아의 고전인《어떤 아이라도 부모의 말 한마디로 훌륭하게 키울
수 있다》에서 아델 페이버와 일레인 마즐리시는 엄마와 아이가 나누
는 전형적인 대화를 보여준다.

아이 엄마, 나 피곤해요
엄마 피곤할 리가 없어. 지금 막 낮잠 잤잖아.
아이 (더 큰 소리로) 하지만 피곤하다고요.

엄마 너는 피곤하지 않아. 그냥 조금 졸린 거겠지. 옷을 입자꾸나.

아이 (울면서) 아니야, 피곤해요!


페이버와 마즐리시는 많은 경우 대화가 대립이 되어버리는 이유는 부모가 아이에게 네가 느끼는 것이 잘못되었다고 말하기 때문이라는 사실을 발견했다. 세상을 바라보는 올바른 방식은 오직 하나, 부모의 방식뿐이라는 의미다. 아이가 자신이 보고 느낀 것을 강하게 주장하는 것은 자연스러운 반응이다.

어른들 사이의 갈등 상황도 마찬가지다. 누군가 잘못되었다고 생각하면 우리는 필사적으로 그를 고치려 든다. 우리는 스스로에게 이렇게 말한다. 제대로 된 논거를 잘 설명할 수 있다면, 결정적인 사실을 제시할 수만 있다면, 우리는 저 사람들이 진실을 받아들이지 않고 저항하는 것을 깨뜨릴 수 있을 거라고. 카운슬러들이 중독자들의 저항을 무너뜨릴 수 있다고 믿는 것처럼 말이다. 우리는 타인의 극적인 회심에 대한 환상을 품고 있다. 허황되게도, 우리가 결정적인 논거를 제시하기만 하면 상대방이 "세상에, 당신 말이 맞아요. 내가 완전히 잘못 생각하고 있었군요!"라고 말할 거라고 상상하는 것이다. 가끔은 그런 일이 일어나기도 한다. 하지만 대부분의 경우 상대는 자신의 입장을 더욱 강력하게 고집할 것이다.

우리는 종종 좋은 의도를 가지고 다른 사람을 고치려 한다. 하지만 누군가 당신에게 핀잔을 주었던 때나 당신이 잘못한 이유를 장황하게 설명했던 때를 떠올려보라. 어떤 기분이 들었는가? 아마 짜증이

났을 것이고, 심지어 굴욕감도 느꼈을 것이다. 상대가 당신에게 이래라저래라 명령하거나 당신을 짓누르려 한다고 느꼈을 것이다. 이런 기분에 대해 우리가 쓰는 말을 떠올려보자. 무시당했다는 말을 '내 자리에 밀어 넣어졌어I was put in my place', '내가 보잘것없이 느껴졌어I felt small'라고 표현하지 않는가. 맞는 말이라는 걸 알면서도 거부하게 되는 이유가 여기에 있다. 우리가 맞는 말을 할수록, 밀어붙일수록 상대는 그만큼 강하게 거부한다. 대화는 큰 다툼으로 번지거나 멈춰버리게 된다.

바로잡기 반사는 의견만이 아니라 감정에 대해서도 적용된다. 폴리스 솔루션스는 멤피스 경찰들에게 흥분한 사람에게 진정하라는 말을 하지 말라고 조언했다. 그 조언을 듣고 나는 어린 자녀들과 벌였던 논쟁을 떠올렸다. 아침에 마시는 우유를 잘못된 머그잔에 담아주는 것과 같은, 나에게는 사소해 보이는 일로 화내지 말라고 말했던 때 말이다. 말해두자면, 그 결과는 대개 좋지 않았다. 나도 트위터에서 뉴스에 나온 어떤 일에 대해 내가 분노해야 한다거나 분노해선 안 된다는 말을 들으면 좋게 반응하지 않는다. 생각해보면, 아내에게 진정하라고 말했을 때도 아내의 기분이 좋은 것 같지 않았다(마이크 오닐이 말해줄 수 있었겠지만, 결과는 정확히 반대였다). 이런 행동을 할 때 우리는 같은 범주의 실수를 저지른다. 감정은 이성의 지시를 따르지 않는다. 그게 감정이 감정인 이유다. 그런데 우리는 왜 사람들에게 어떻게 느끼라고 가르치려 하는가? 우리가 이성적인 설득의 힘을 과신하는 것과 같은 이유에서다. 다른 사람들도 나처럼 복잡한 진짜 마음을 가졌다는 사실을 받아들이기 어려워하는 것이다.

바로잡기 반사를 경계하는 것은 의견 대립을 피하는 것과는 다르다. 서로의 입장을 이해할 기회를 충분히 갖기 전에 너무 빨리 논쟁을 시작하지 말라는 것이다. 무엇이 옳고 그른가에 대한 논쟁을 포기하라는 의미도 아니다. 당신의 말로 다른 사람의 마음을 조종할 수 있을 거라는 믿음을 버리라는 것이 핵심이다. 그럴 수 있다는 믿음뿐만 아니라 그러고 싶다는 욕심도 밀쳐두자. 의견 대립을 피해야 할 위협이 아니라 양쪽이 무언가 얻을 수도 있는 협력의 기회로 바라보아야 한다. 어찌 되었든 나와 다른 의견을 가진 사람에겐 무언가 배울 것이 있고, 그들이 하는 말 속엔 일말의 진실이 담겨 있기 마련이다. 한편 상대방의 확신이 보기처럼 확고하지 않다는 것도 사실이다. 그들이 믿는 것엔 어느 정도의 양가적인 부분이 있을 것이다. 그들이 방어하기에 급급하지만 않는다면, 그들이 믿고 있는 것 중 어느 부분은 서로 긴장 관계나 상충 관계에 있다는 것을 알게 될 것이다. 아마 당신도 그럴 것이다.

상대방이 전혀 협력하고 싶어 하지 않는다면 당신이 할 수 있는 일은 별로 없을지도 모른다. 그러나 적어도 당신은 완고한 고집 사이의 기운 빠지는 싸움에 끌려 들어가지는 않을 것이다. 바로잡기 반사를 거부하고 적극적으로 경청할 때, 당신은 장악하기보다는 배우려 한다는 신호를 보낼 수 있다. 이 신호는 상대방의 긴장을 풀어줄 것이고, 따라서 당신도 긴장을 풀게 될 것이다. 당신과 상대는 여전히 의견이 격렬하게 대립할지도 모르지만, 서로를 동등하게 대할 것이다.

그리고 바로 이 지점이 모든 것을, 마음까지도 바꾸어놓는다. 심지어 당신의 마음까지도.

## 망상에 빠진 사람들

나는 가장 어려운 질문을 회피하고 있는지도 모른다. 최소한 상대의 의견을 존중할 수 있는 경우라면 바로잡기 반사의 충동을 억누르는 것이 쉬울 것이다. 당신의 관점이 잘못되었지만 합리적이긴 하다고 생각한다면, 그리고 당신의 의견에 설득당할 수도 있다고 생각한다면, 나는 당신이 하는 말을 들어보려 할 것이고, 당신을 가르치려는 자세를 취하지 않을 것이다. 하지만 좀 더 극단적인 상황에서도 이 방식이 통할지 시험해보자. 상대가 명백하고 분명하게 잘못된 신념에 매달린다면 어떻게 할 것인가? 첫 번째 기회가 왔을 때 직설적으로 말해주어야 하지 않을까?

이는 최근 몇 년간 긴급해진 질문이다. 인터넷 때문에 이미 확립된 기본적인 과학 원리에 반대하는 사람들이 집단으로 모이게 되었고, 이들은 잘못된 믿음을 공유하며 서로에게 전파하고 있다. 어떤 경우엔 심각한 결과가 초래된다. 소위 백신 반대 운동을 벌이며 어린이 백신 접종을 반대하는 사람들 때문에 선진국에서는 근절되었던 홍역과 같은 전염병이 다시 나타날 가능성이 높아지고 있는 것이다.

우리는 종종 이런 사람들이 망상에 빠져 있다고 말한다. 그래서 나는 망상증을 치료하는 전문가들에게 뭔가 배울 게 있지 않을까 하는 마음에 킹스칼리지 런던의 엠마누엘 피터스Emmanuelle Peters 박사를 만나러 갔다. 피터스 박사는 임상심리학자로 정신병적 망상 환자들의 상담 치료 전문가다. 그녀는 잘못된 믿음 때문에 생활을 영위하기 어려운 사람들을 치료한다. 분명히 하자면, 이미 폭넓게 받아들여진 과학적 사실을 믿지 않거나 달 착륙 음모론을 믿는 것은 정신병적 망상증과는 다르다. 그러나 어떤 면에선 완전히 다른 것도 아니다.

망상증의 많은 경우는 편집증으로 나타난다. 어떤 환자는 거리에서 마주치는 모든 사람들이 자신을 해치려는 은밀한 계획의 일원이라고 믿거나, 앞으로 닥칠 공격에 대한 암호 메시지를 우주로부터 받고 있다고 믿는다. 다른 환자는 좀 더 거창하지만 자신을 나약하게 만드는 망상에 빠져 있다. 언젠가 큰 재산을 상속받게 될 왕이라고 믿으면서 아무런 일도 하지 않아 극빈의 문턱에 서게 된 남자처럼 말이다. 망상증을 가진 사람들은—자신의 생각이 망상이라고 믿지 않기에—망상증을 고치려고 치료사를 찾아가지 않는다. 그들이 찾아가는 이유는 자신이 믿고 있는 망상 때문에 세상이 스트레스로 가득한 살기 어려운 곳이 되어버렸기 때문이다. 정부가 자신의 생명을 빼앗을 계약을 맺었다고 믿는 사람에겐 직장에 가거나 가게에 가기 위해 집을 나서는 것이 너무나 두려운 일일 것이다. 피터스에 따르면, 치료사가 가장 먼저 해주어야 할 일은 환자가 어떻게 느끼고 있는가를 이해하는 것이다. "'이 사람들이 틀렸다는 걸 보여주어 고통에서 벗어나게 해주어야겠어'라는 태도는 바람직하지 않습니다. 그 대신 '이 사람이 왜 이렇게 말하는지 이해해야겠어'라는 태도를 가져야 합니다." 즉 그들의 상태에서 함께 시작해야 한다는 것이다.

피터스 박사는 빠르고 유창한 말로 대답하기 전에 내 질문을 집중해서 들었다. 그녀의 태도는 확신에 차 있었지만 말할 때는 '…할 수도 있고', '어쩌면' 등의 잠정적인 단어를 많이 사용했다. 그리고 상대방이 자신의 말을 이해하고 있는지를 습관적으로 확인했다. 그녀의 말에 따르면, 어떤 정신 건강 전문가들은 망상증 환자에게 사실을 알려주어야 한다고 생각한다. "공원에서 땅에 침을 뱉고 있던 사람요? 당연히 당신한테 신호를 보내는 게 아니죠. 그냥 침을 뱉고 있었던 거예요. 당신 머릿속에서 지어낸 이야기일 뿐이라고요." 하지만 얼마 지나지 않아서 이러한 노력은 아무 성과가 없다는 걸 알게 된다. 환자들은 당신이 틀렸다는 말을 몇 개월 동안, 몇 년 동안 계속 들어온 사람들이다. 미쳤다는 말도 들었다. 이미 다 들어본 이야기인데 의사한테 다시 듣는다고 해서 갑자기 마음을 바꾸진 않을 것이다.

"그들이 믿고 있는 것을 바꾸려고 하는 순간, 그들은 거부하고 반항할 겁니다." 피터스 박사가 말했다. "정면으로 부딪치려고 한다면 그 사람들을 도와줄 수 없어요. 그들은 당신이 틀렸다는 걸 입증하는 데 시간을 다 써버릴 테니까요." 대신 치료사가 해야 할 일은 환자들이 겪는 어려움을 해결하도록 도와주겠다고 제안하는 것이다. 그렇다고 잘못된 믿음에 공모하는 것은 아니다. 환자들은 이미 믿고 있는 것 이상으로 믿게 되지는 않을 것이다. 그러나 환자 편에 서줄 때 환자들이 그녀의 말에 귀 기울일 가능성은 높아진다.

부드럽게, 시간을 두고, 피터스 박사는 환자들의 확신을 줄여나간다. 한 조각의 의심이 생겨날 때마다 그 의심스러운 부분이 사실인지 아닌지 입증할 증거를 찾아보도록 환자를 이끈다. "'악마 숭배자들은 세상에 없어요'라고 말하지 않습니다. 대신 이렇게 말할 수 있겠죠. '말씀하셨던 바로 그 상황에서, 누군가 당신을 버스에서 밀쳤던 것이 혹시 사고였던 것은 아닐까 생각해보게 되네요?'"

때로는 망상에 대해 이야기하는 것을 들어주기만 해도 환자들의 확신이 약해지기도 한다. 2015년에 발표한 논문에서 뉴욕 코니아일랜드 병원의 정신과 의사 카일 아널드Kyle Arnold와 줄리아 바크르셰바Julia Vakhrusheva는 몇 개월을 치료센터에서 보내고 나서야 망상병이라는 걸 알게 된 여성 환자의 사례를 들었다. 한 세션에서 그녀는 친구를 사귀기 어렵다고 불평했다. 치료사가 왜 그런 것 같은지 묻자 그녀가 대답했다. "저, 제가 아직 말씀드리지 않은 게 있어요. 이야기하면 아마 제가 미쳤다고 생각하실 거예요." 치료사가 계속 이야기해보라고 하자, 환자가 말했다. "빅 카후나에 대한 거예요."

"빅 카후나라고요?" 치료사가 물었다. "네." 환자가 대답했다. "제가 갇혀 있는 비디오 게임 이름이에요. 제가 빅 카후나고, 게임의 이름도 빅 카후나죠." 환자는 전 세계 사람들이 비디오 게임에 참여하고 있으며, 게임의 목적은 그녀의 은행 계좌에서 돈을 빼내 다른 사람들의 계좌로 가져가는 것이라고 설명했다. "사람들이 돈을 빼내고 있다는 걸 어떻게 알지요?" 치료사가 물었다. "전화기요!" 환자가 외쳤다. "제가 지나갈 때마다 사람들이 전화기를 꺼내서 자기 계좌로 돈을 빼가요." 치료사가 이 '믿음'

에 대한 확신에 점수를 매겨보라고 하자, 환자는 99.9퍼센트 확신한다고 대답했다.

아널드와 바크르셰바는 망상을 정면으로 반박하는 것은 좋은 생각이 아니지만, 환자들이 믿고 있는 것을 이리저리 찔러보며 탐색할 수 있다는 피터스 박사의 의견에 동의한다. 치료사는 증거가 무엇인지 물어보고, 어떤 부분은 말이 안 된다는 것을 환자가 스스로 생각해보도록 이끌 수 있다. 밀러와 롤닉이 그랬듯, 아널드와 바크르셰바 역시 망상이 사실이 아니라는 주장은 환자 자신이 만들어가야 한다고 말한다. 치료사는 거의 말을 하지 않는 게 좋을 때가 있다. 위 사례의 젊은 여성이 자신이 비디오 게임 안에 살고 있다는 이야기를 했을 때 치료사는 믿을 수 없다며 눈썹을 치켜 올리거나 고개를 젓지 않고 그저 들어주었다. 다음 세션에서 환자는 확신의 수준을 80퍼센트로 내렸다.

치료사가 왜 점수가 크게 내려갔는지 묻자 환자가 대답했다. "전에는 빅 카후나를 '내가 믿고 있는 것'이라고 생각해본 적이 없어요. '믿고 있는 것'이라는 건 그것이 틀릴 수도 있다는 의미니까, 다시 생각해보아야 하는 거죠." "어떤 생각을 해보셨어요?" 치료사가 물었다. "그러니까, 이게 참… 이상한 것 같더라고요. 누군가 저에게 빅 카후나 이야길 한다면, 그 사람이 완전히 돌았다고 생각할 거예요."

망상증 환자들에게 적용한 원칙을 백신을 믿지 않는 사람들에게도 적용할 수 있다. 망상에 빠져 있다거나 미쳤다고 비난할수록 그들은 자신의 주장을 더 강하게 펼칠 것이다. 두 아이의 엄마 칼리 레온 Carli Leon은 열렬한 백신 반대 운동 지지자였다가 생각을 바꾸었다. 그녀는《미국의 소리Voice of America》와의 인터뷰에서 이렇게 말했다. "사람들이 나를 조롱하고 나쁜 엄마라고 비난할수록 나는 점점 더 고집스럽게 내 입장을 고수했어요." 모욕은 저항을 키운다.

권위적인 위치에 있는 다른 사람들과 마찬가지로, 최근 의사들은 이전 어느 때보다 많은 반대 의견에 맞닥뜨리게 되었다. 환자들은 온라인에서 읽은 정보를 가져와서 의학적 결정에 자신의 의견을 보태려 한다. 백신 반대 운동의 확산으로 의료계는 큰 어려움을 겪었다. 백신 반대 운동이 널리 퍼지면서 미국의 공중보건 공무원들은 하드코어 거부자들과 확신을 갖지 못하는 부모들, 즉 양가적인 사람들을 구분하는 법을 알게 되었다. 후자를 대하는 최선의 전략은 그들의 믿음을 정면으로 반박하는 대신 그들의 걱정을 진지하게 들어주면서 신뢰를 얻는 것임이 밝혀졌다.

에마 와그너Emma Wagner는 2011년 조지아주 서배너의 한 병원에서 아기를 출산했다. 병동의 소아과 의사가 아기에게 B형 간염 백신을 접종할 건지 묻자, 반백신주의자였던 그녀는 백신에 대한 의구심을 표현했다. 소아과 의사는 그녀가 틀렸다고 말하거나 백신을 맞아야 한다고 당장 설득하려 하지 않았다. 대신 그녀의 의견을 존중하겠다고 말했다. "몇 년 후에 아이가 학교에 들어갈 때가 되면 면역 이력에 대해 다시 이야기해봅시다." 와그너는 의사가 보여준 존중과 배려에 깊은 인상을 받았고, 그동안 그녀가 잘못된 사람들의 이야기에 귀를 기울여왔던 것이 아닌지 돌아보게 되었다. 이후 그녀는 백신의 확고한 지지자가 되었다.

바로잡기 반사에 이끌리지 않으려면 겸허함과 자기 수양이 필요하다. 사람들에게 틀렸다고 말하는 것이 상황을 악화시킨다는 걸 머리로는 알지만 그러고 싶은 충동을 느낀다. 그러지 않도록 훈련받은 치료사에게도 이는 여전히 어려운 일이다. 아널드와 바크르셰바는 자신이 믿고 있는 현실을 누군가 노골적으로 반대하면 화가 나기 때문이라고 그 이유를 설명한다. 다른 사람들처럼 치료사도 반박하고 싶은 마음이 든다. 그런 접근법은 환자에게 전혀 도움이 안 된다는 것을 알면서도 말이다.

어떤 치료사가 효과적인가에 대한 연구에서도 같은 사실이 발견된다. 자신에 대해 의심이 많은 치료사가 더 좋은 성과를 낸다. 2011년 《영국 임상심리학 저널British Journal of Clinical Psychology》은 자신에게 낮은 점수를 주는 치료사들이 전문가들에게는 더 실력 있는 것으로 평가받았다는 내용을 게재했다. 이 논문에서 영감을 받아, 독일에서는 환자들이 얼마나 호전되고 있는가에 대한 치료사의 생각과 환자들의 생각을 비교하는 연구를 진행했다. 연구자들은 치료사가 자신의 상담이 덜 성공적이라고 생각할수록 환자들이 느끼는 호전도가 높다는 것을 발견했다. 오슬로대학의 임상심리학과 부교수 헬레네 니센-리Helene Nissen-Lie도 같은 질문을 연구해 스스로에 대한 의구심이 많은 치료사일수록 좋은 성과를 내며, 이는 그런 치료사들이 더 잘 듣기 때문이라는 사실을 발견했다.

망상에 빠져 있는 사람을 만나든, 그저 우리가 강하게 반대하는 의견을 가진 사람을 만나든, 우리는 그 사람을 고쳐주고 싶어 한다. 그들의 생각을 고치려고 시도한다면, 상황만 악화될 것이다. 환자가 스스로를 고칠 수 있는 환경을 만들어주는 편이 좋다. 어쩌면 의사와 환자 사이로 생각하는 대신 똑같이 무지몽매하고 혼란에 빠진 두 사람, 서로 도우며 더 나은 답을 찾아가는 사람들이라고 생각하는 것이 최선일 수도 있다. 그렇게 생각할 때 상대가 당신의 방식으로 세상을 바라보게 될 가능성이 높아지고, 당신도 무언가 배울 가능성이 높아질 것이다. 잘못된 믿음 안에도 한 조각의 진실은 존재한다. 바로잡으려는 욕망을 내려놓고 바라볼 때만 발견할 수 있는 진실이다. 다른 사람의 생각을 조종하려는 마음을 버리라. 그리고 당신의 마음도 자유롭게 풀어주라.

퇴로 없는 논쟁에서는

아무도 원하는 것을

얻지 못한다

의견 대립이 지위 다툼이 되면 해로워진다.
노련하게 의견 대립을 풀어가는 사람은
상대방이 스스로에 대해 기분 좋게 느낄 수 있도록
가능한 모든 노력을 한다.

1993년 5월 6일, 1만 5000명의 백인 남자들이 남아프리카공화국의 요하네스버그에서 멀지 않은 도시 포체프스트롬 시내를 행진했다. 그들은 나치 문양이 그려진 갈색 셔츠를 입고 중무장을 하고 있었다. 남아프리카공화국 극우 세력의 파벌 중 하나로, 백인 아프리카너●의 유전적 우월성을 믿는 사람들이었다. 대부분 전직 군인으로 앙골라 전쟁에 참전했던 이들 아프리카너들은 흑인들이 조국을 집어삼키려 한다고 주장하며, 이에 대항하기 위해 모인 것이었다.

　3년 전 남아프리카공화국 정부는 국내외의 거센 압박을 받던 끝에 27년간 투옥되어 있던 넬슨 만델라를 석방했다. 또한 만델라가 이끄는 아프리카민족회의ANC를 합법적인 정당으로 인정했다. 소수의 백인이 남아프리카공화국을 지배하고 다수인 흑인들을 차별했던 아파르트헤이트 체제가 막을 내리려 하고 있었다. 백인 정부와 권력을 나누어 갖는 것에 합의한 만델라는 흑인과 백인이 모두 투표에 참

---

● 네덜란드계 백인으로 아프리칸스어를 사용하는 네덜란드 개혁 교회 신도.

여할 수 있는 민주 선거를 준비하고 있었다. 이 선거가 진행된다면 ANC가 집권당이 되고 만델라가 대통령이 될 것이 확실했다. 싸워서 이기지 않는 한 백인들의 '아프리카너 국가'는 영원히 사라질 거라는 의미였다.

포체프스트롬 행진은 외젠 테르블랑슈Eugene Terreblanche의 분노에 찬 연설로 마무리되었다. 그는 아프리카너 저항운동의 리더로 히틀러 숭배자였다. 집회가 절정에 다다랐을 때, 테르블랑슈는 한 사람을 군중들 사이에서 불러냈다. 군인다운 태도를 지닌 은발의 콘스탄드 빌욘Constand Viljoen이 단상에 오르자 열광적인 박수갈채가 쏟아졌다.

빌욘 장군은 훈장을 받은 베테랑 군인으로 흑인 운동가들과의 대립이 가장 격렬했던 시기에 남아프리카방위군의 사령관이었다. 그는 흑인 지도자들의 암살을 조직하고, 체제에 분란을 일으키는 흑인 커뮤니티에 가혹한 처벌을 내리며 백인 우월주의 정책을 가차 없이 집행했다. 이제 그는 만델라를 격파하라는 부름을 받았다. 백인 민족주의자들은 만델라가 이미 오래전에 교수형에 처해졌어야 했다고 생각했다. 빌욘은 아파르트헤이트의 마지막이자 가장 큰 희망이었다. 우레와 같은 환호 속에서 그는 군중들에게 그들을 백인 분리주의 국가라는 약속된 땅으로 이끌겠다고 약속했다. "피비린내 나는 전투에서 우리는 희생을 각오해야 할 것입니다. 그러나 우리의 목적이 정당한 것이기에, 우리는 기쁘게 희생할 것입니다."

포체프스트롬 사태에 만델라가 놀란 것은 당연했다. 그는 빌욘이 10만 명의 군대를 조직하고 있으며 그들 중 대부분이 훈련받은 전투

병이라는 소식을 보고받았다. 만델라는 빌욘을 반역죄나 폭력 조장 혐의로 체포할 수도 있었다. 그러나 그렇게 한다면 수십 년 전 그가 체포되었을 때 그랬듯 빌욘을 순교자로 만들어줄 터였다. 또한 만델라는 빌욘과 맞설 때 군대가 자신의 편에 설 거라 확신할 수 없었다. 많은 군인들이 빌욘을 존경했기 때문이다.

더욱 중요한 것은, 만델라의 목적이 그저 권력을 얻는 것만이 아니라는 점이었다. 그가 가진 더 높은 목표는 남아프리카공화국이 모든 인종과 모든 정치 파벌이 한 나라의 일원이라 느낄 수 있는 완전한 민주주의 국가가 되는 것이었다. 그래서 그는 다른 길을 택했다. 확실하지도 않고 어쩌면 더 어려울 수도 있는 길이었다. 만델라는 빌욘을 티타임에 초대했다.

1993년 9월, 만델라는 비밀 채널을 통해 빌욘에게 연락을 취한 후 그를 만났다. 빌욘은 요하네스버그 교외에 있는 만델라의 집에 세 명의 전직 장군들과 함께 나타났다. 그는 문을 두드리고 하인이 열어주길 기다렸다. 놀랍게도 만델라가 직접 문을 열어 그들을 맞았다. ANC 지도자는 환하게 미소를 지으며 손님들과 악수를 나눈 다음 만나서 너무나 기쁘다고 인사했다. 그들을 안으로 맞아들인 만델라는 공식 미팅을 시작하기 전에 빌욘에게 둘이 따로 먼저 이야기를 나누자고 제안했다.

두 사람은 만델라의 응접실로 들어갔다. 만델라는 빌욘에게 차를 마시겠느냐고 물었다. 빌욘이 그러겠다고 하자 만델라가 직접 차를 따라주었다. 만델라가 차에 우유를 넣겠느냐고 물었다. 빌욘이 그러겠다고 하자 만델라가 우유를 가져왔다. 만델라가 차에 설탕이 필요한지 묻고 빌욘이 그렇다고 대답하자 만델라가 차에 설탕을 넣어주었다.

13년 후 빌욘은 이 만남을 영국 기자 존 칼린John Carlin에게 매우 상세히 들려주었다. 나이 든 빌욘은 경직되어 있었고 조심스러웠다. 차 이야기를 할 때 빌욘은 놀라웠던 감정을 드러냈다. 그에겐 흔치 않은 일이었다. "나는 그저 차를 젓기만 하면 되었소!"

당신이 누군가를 처음으로 만난다고 상상해보자. 일자리를 놓고 당신을 면접하는 고용주나, 새로 부임한 교수를 만난다고 말이다. 이야기를 시작할 때 당신은 어떤 인상을 주고 싶은가? 사회학자 어빙 고프먼Erving Goffman은 당신이 주고자 하는 인상을 당신의 가면face이라고 불렀다. 사회적 상호작용 속에서 한 사람이 만들려 하는 공적인 이미지란 의미다.

우리는 각각의 만남에서 적절한 가면을 만들어내려고 노력한다. 상사가 될 수도 있을 사람에게 보여주고 싶은 가면은 데이트 상대에게 보여줄 가면과는 다를 것이다. 고프먼은 이런 노력을 가면 놀이facework라고 불렀다. 우리는 신뢰하고 잘 아는 사람들 앞에서는 가면을 크게 신경 쓰지 않는다. 잘 모르는 사람들, 특히 우리에게 영향력을 갖는 사람들 앞에서는 가면 놀이를 한다. 가면 놀이를 시도했는데 원하는 가면을 보여주지 못한 것은 좋지 않은 일로 여겨진다. 권위 있는 사람으로 보이고 싶어 하는데 상대가 당신을 존중하지 않는다면 당신은 당황하고 수치심마저 느낄 것이다.

의견 대립을 노련하게 다루는 사람은 자신의 가면만을 생각하지 않는다. 그들은 다른 사람의 가면에도 섬세하게 대응한다. 가장 강력한 사회적 기술 중 하나는 상대의 체면을 살려주는 것, 즉 상대가 보여주고자 하는 공적 이미지를 인정해주는 것이다. 이타적인 사람만 이 일을 중요하게 여길 수 있는 것은 아니다. 어떤 대화에서든, 자신이 원하는 가면이 받아들여지고 인정받는다고 느끼면 상대는 훨씬 대하기 쉬운 사람이 될 것이고 당신이 하려는 말을 잘 들어줄 것이다.

넬슨 만델라는 가면 놀이에, 특히 상대의 체면을 세워주는 일에 뛰어난 사람이었다. 빌욘에게 공들여 예의를 차린 것은 전략적인 행동이었다. 그는 앞으로 이 전직 장군과 어려운 대화를 나눠야 한다는 걸 알고 있었다. 덜 세련된 사람이라면 바로 대화로 뛰어들었을 것이다. 그러나 만델라는 먼저 해야 할 일이 있다는 걸 알았다.

## 인질범과의 협상

1972년 서독 올림픽에서 팔레스타인 테러리스트들이 열한 명의 이스라엘 선수들을 인질로 잡았다. 테러리스트들은 자신들의 요구 사항을 전달했지만 정부 당국은 이를 거부했다. 뮌헨 경찰은 총격전을 택했다. 인질 전원을 포함한 스물두 명이 사망했다. 뮌헨 학살이라 불리게 된 이 사건 이후, 세계 각국의 법 집행 기관들은 긴급한 문제를 해결해야 한다는 걸 깨달았다. 폭력 사태를 최소화하기 위해 인질범들과의 커뮤니케이션을 담당해야 하는 요원들에게 따를 수 있는 프로토콜이 없다는 것이었다. 경찰 당국은 협상 스킬을 배워야 한다는 걸 깨달았다. 지금은 이 분야의 전문가이거나 훈련을 받은 다른 분야 요원들로 구성된 인질 협상가들이 다양한 상황에 투입되고 있다. 가장 우수한 협상가는 협상 기술에만 뛰어난 것이 아니라 상대의 체면을 세워주는 섬세한 기술을 가진 사람들이다.

'목적 지향적instrumental' 위기 상황에서의 상호작용은 상대적으로 이성적인 특징을 보인다. 인질범이 명확한 요구를 내놓고 나면 협상 프로세스가 이어진다. 반면 '메시지 지향적expressive' 위기 상황을 일으키는 인질범은 가족에게나 다른 사람들에게, 또는 이 세상에 하고 싶은 말이 있다. 그들은 충동적으로 일을 저지른 사람들이다. 양육권을 잃고는 딸을 납치한 아버지나 여자 친구를 묶어놓고 죽이겠다고 협박하는 사람처럼 말이다. 협상 전문가들이 가장 많이 대하는 경우는 스스로를 인질로 잡는 사람들이다. 높은 건물 꼭대기에 올라가 뛰어내리겠다고 협박하는 사람들. 메시지 지향적 시나리오의 인질범은 감정적인 한계 상황에 몰려 있는 경우가 많다. 화가 나 있거나, 절망적이거나, 심하게 불안정하거나. 이들은 예측할 수 없는 방식으로 행동하기 쉽다.

협상가들은 협상을 시작하기 전에 인질범을 달래고 안심시키라고 배운다. 미시간대 커뮤니케이션학 교수 윌리엄 도너휴William Donohue는 수십 년 동안 테러리스트, 소말리아 해적, 자살하려는 사람들과 연관된 갈등 상황에서의 대화를 연구해왔다. 어떤 대화는 성공적이었고 어떤 대화는 실패했다. 그는 나에게 체면, 즉 그가 얼마나 힘이 있다고 느끼는가가 결정적인 요소라고 말해주었다. 메시지 지향적 상황의 인질범은 자신이 중요한 사람이라는 것을 어떤 방식으로든 인정받고 싶어 한다. 그들의 지위를 승인받고 싶어 하는 것이다.

도너휴와 동료 학자인 영국 랭커스터대학의 폴 테일러Paul Taylor는 '한 급 아래one-down'라는 용어를 만들어냈다. 협상에서 자신의 지위를 더 불안하게 느끼는 사람을 이르는 말이다. 지위가 한 급 아래인 사람은 더 공격적이고 경쟁적으로 행동하는 경우가 많고 공통점을 찾거나 해결책을 만들어내기 어렵게 한다. 1974년, 스페인과 미국은 스페인 영토 안의 미군 기지에 대한 협상을 시작했다. 정치학자 대니얼 드러크먼Daniel Druckman은 미국과 스페인 정부가 언제 '강경 전술'과 '유화 전술'을 사용했는지 연구했다. 그는 스페인 측이 미국 측에 비해 위협과 비난을 세 배 더 자주 사용했다는 것을 발견했다. 한 급 아래 위치에 있던 스페인 협상팀이 강경하게 그들의 자율권을 주장했던 것이다.

인질범은 자신이 장악당한다고 느낄 때 폭력에 기대게 될 가능성이 높아진다. "말로 하는 협상이 실패하는 때죠." 도너휴가 말했다. "인질범이 실제 하려는 말은 이것입니다. '당신이 나를 존중하는 태도를 보여주지 않으니 무력으로 당신을 움직여서 존중을 얻어내야겠어.'" 사람들은 무시당한다고 느끼지 않기 위해 많은 노력―때로는 자기 파괴적일 정도의―을 한다. 한 급 아래에 있는 쪽은 종종 지저분한 방법을 사용한다. 예상치 못한, 방어하기 어려운 방향에서 상대를 공격하는 것이다. 모두에게 효과가 있을 법한 해결책을 찾기 위해 노력하는 대신, 그들은 협상을 누군가는 이기고 누군가는 져야만 하는 제로섬 게임으로 여긴다. 협상 내용보다는 자신의 지위를 확고히 주장하기 위해 사람을 공격한다.

반면 협상이 성공적일 거라 기대하며 임하는 쪽은 우위에 있거나, 우위에 있다고 인식하는 사람들이다. 그들은 좀 더 관대하고 포괄적인 태도를 취할 가능성이 높다. 의견이 대립되는 부분에 집중하고 양쪽 모두 이익을 얻을 수 있는 윈-윈 해결책을 찾으려 할 것이다. 체면에 대한 리스크도 더 많이 감수할 것이다. 약해 보일 수 있을 만큼 우호적인 화해의 제스처를 취할 것이다. 체면을 잃을까 봐 걱정하지 않기 때문에 내밀 수 있는 손이다.

상대의 체면을 살려주는 일이 중요한 이유가 여기에 있다. 상대방을 안심시키는 것은 협상가에게 이익이 되는 일이다. 노련한 협상가는 상대를 자신이 원하는 상태로 만들려고 노력한다. 자신이 한 급 위에 있을 때는 격차를 줄이는 것이 현명하다는 걸 안다. 만델라가 손수 차를 대접한 것은 빌욘의 마음을 사려고 한 행동만은 아니었다. 자신을 낮추어 빌욘이 한 급 아래 있다고 느끼지 않도록 한 것이었다.

도너휴는 캘리포니아 부부들 간에 양육권과 면접교섭권을 둘러싸고 일어난 20건의 조정 기록을 분석했다. 도너휴는 남편들이 훨씬 강경한 전술을 사용한 반면 아내들은 사실관계에 집중했다는 것을 발견했다. 남편들은 관계에 대한 문제를 수면 위로 올리거나, 자신의 권리가 충분히 고려되지 못하고 있다고 불평하거나, 배우자의 신뢰도에 의문을 표하는 경우가 많았다. 이러한 전술은 대화의 감정적 온도를 과열시키고 양편의 입장을 경직되게 하고 논의를 권력 다툼으로 만드는 경향이 있으며, 결국 합의에 이르기 어렵거나 아예 불가능해진다. 남편들은 왜 이렇게 행동했을까? 그들이 불리한 입장이라고 느꼈기 때문이다. 가정법원은 아내에게 양육권을 부여하는 경향이 있다.

부부간 다툼에서 여성이 더 감정적이라는 고정관념이 있는데, 여기서는 왜 반대로 나타날까. 목적에 차이가 있다. 앨런 실라스가 발견했듯이, 고정관념에는 일말의 진실이 있다. 여성은 부부간 대화에서 관계의 측면에 더 집중하고, 남성은 대화의 내용에 집중하는 경향이 있다. 그러나 우리가 기억해야 할 것은 동기와의 함수관계다. 남성들도 감정에 호소하려 할 때는 그렇게 할 수 있었다. 누가 더 감정적인가는 젠더의 문제가 아니라 어느 편이 관계의 권력 역학에서 더 불리한가의 문제다.

기울어진 권력 역학 속에서 대화가 이루어질 때 힘이 센 편은 메시지의 톱라인, 즉 당면한 문제의 내용에 집중할 가능성이 높은 반면, 한 급 아래 불리한 위치에 선 편은 관계에 집중한다. 몇 가지 예를 들어보면 아래와 같다.

- 조사관이 "아는 대로 다 말하지 않으면 아주 불리해질 겁니다"라고 말하면, 용의자는 '나를 마음대로 통제하려 하는군'이라 생각한다.
- 부모가 "왜 이렇게 늦게 들어왔니?"라고 하면, 10대 딸은 '아직도 나를

어린애 취급하네'라고 생각한다.

- 의사가 "별 이상이 없네요"라고 말하면, 환자는 '나에게 관심을 갖지 않는군'이라고 생각한다.

- 고객 서비스 담당자가 "손님께서 물건을 받지 못하신 이유는…"이라고 말하면, 고객은 '그냥 죄송하다고 솔직하게 말하면 안 되나?'라고 생각한다.

- 정치인이 "그 어느 때보다도 강력한 경제 성장이 이루어지고 있습니다"라고 말하면 유권자는 '바보 취급 좀 그만하시지'라고 생각한다(정치인들이 잘못 판단하는 것 중 하나는 유권자들이 한 급 아래 불리한 위치에 있다고 얼마나 강하게 느끼는가를 과소평가하는 것이다. 정치인들은 정치적 논쟁의 내용에 매몰된 나머지 그 기저에 존재하는 관계의 문제에는 충분한 관심을 기울이지 않는다).

논쟁이 불안정하고 엉망이 되는 경우는 대개 한편이 체면을 잃었다고 생각하기 때문이다. 소셜미디어에 분노한 사람들이 넘쳐나는 것도 이와 무관하지 않다. 소셜미디어는 관심을 화폐 단위로 사용하는 지위 경연장이 되기도 한다. 트위터나 페이스북, 인스타그램에서는 누구나 '좋아요'나 리트윗을 받을 수 있고 팔로워를 늘릴 수 있다. 이론적으로는 그렇다. 그러나 일부 예외적인 경우를 제외하면 유명인사가 아닌 사람이 팔로워를 얻기란 매우 어렵다. 높은 지위를 누릴 수 있다는 헛된 약속에 속은 사용자들은 그 지위를 거부당할 때 분노할 수 있다. 2016년, 서던캘리포니아대학의 연구자들은 이 현상을 계량화해보기로 했다. 트위터에서 사용자 6000명을 무작위로 추출해 한 달 동안 그들의 활동을 추적한 결과, 연구자들은 상위 20퍼센트의 사용자들이 96퍼센트의 팔로워와 93퍼센트의 리트윗, 93퍼센트의 멘션을 점유한다는 것을 알게 되었다. 빈익빈부익부 현상을 발견한 것이다. 이미 팔로워가 많은 사용자들은 새로운 팔로워를 더 얻게 될 가능성이 높다. 관심을 많이 받지 못하는 사람은 관심을 잃을 가능성이 높다.

소셜미디어는 모두가 목소리를 낼 수 있도록 공평한 기회를 주는 것처럼 보인다. 실제로는 극소수의 사람들이 방대한 양의 관심을 누릴 뿐 대다수의 사람들은 아주 적은 관심만을 받도록 설계되어 있다. 시스템은 조작되어 있다.

지금까지 우리는 가면 놀이의 한 부분인 지위에 대해 살펴보았다. 그러나 어느 개인의 사회적 가면에는 한 가지 요인이 더 있다. 긴밀하게 연결되어 있지만 지위와는 구별되는 요인이다. 얼마나 우월하거나 불리하게 느끼는가에 대한 것이 아니라 자신이 어떤 사람이라고 느끼는가에 대한 것이다.

## 자신이 어떤 사람이라고 느끼는가

콘스탄드 빌욘에게 사려 깊게 준비한 차를 대접하고 나자 만델라는 분위기를 바꾸었다. 그는 빌욘에게 양측이 무력 충돌한다면 빌욘의 군대가 정부군을 이길 가능성은 없지만 큰 타격을 입히게 될 거라고 말했다. 양측에서 많은 희생자가 나올 것이나 그 누구도 승자는 되지 못할 것이었다. 합의를 이루어내는 것이 양측 모두에게 유리한 일이었다. 빌욘은 이 말에 반대하지 않았다.

그때 만델라가 빌욘을 두 번째로 놀라게 했다. 아프리카너들을 존경한다고 말한 것이다. 그에게 테러리스트, 반역자 딱지를 붙이고 수십 년 동안 감옥에 가두었으며 가정을 망가뜨리고 흑인 동포들을 억눌렀던 바로 그 아프리카너들을 말이다. 만델라는 말을 이어갔다. 아프리카너들이 자신과 동족들에게 큰 피해를 입혔던 것은 사실이지만, 여전히 아프리카너들의 인간애를 믿는다고. "아프리카너의 농장에서 일하는 흑인 일꾼의 아이가 아프다면 아프리카너 농부는 자신의 트럭에 아이를 태워 병원에 데려갈 거고, 아이가 괜찮은지 전화를 걸어 확인하고, 아이의 부모가 아이를 보러 가도록 병원에 데려다줄 것"이라고 말했다.

만델라가 정말 그렇게 믿었는지는 알 수 없다. 그러나 빌욘이 그의 진심을 의심하지 않았던 것은 분명하다. 아프리카너들이 그에게 입힌 피해를 직설적으로 언급했기에, 빌욘은 만델라가 정직하게 이야기하고 있다고 더욱 확신했다. 그에게 확신을 준 이유가 한 가지 더 있었다. 만델라는 대화 내내, 그리고 이어진 미팅에서도 영어가 아닌 아프리칸스어로 이야기했던 것이다.

힘의 역학관계에서 불리한 편에 서는 데 익숙한 사람들은 타인의 마음을 잘 읽는 경향이 있다. 그들은 대화를 나눌 때 관계의 상황을 읽어낸다. 심리적 통찰을 영향력으로 바꾸어내야 하기 때문이다. 만델라가 다른 사람의 마음을 읽는 데 탁월했던 데는 아주 오랜 시간 동안 무력한 상황에서 원하는 것을 얻어내는 법을 궁리해왔다는 점이 적어도 한몫했을 것이다. 투옥되어 있는 동안 그는 백인 교도관들을 자기편으로 만들었고, 어떤 경우엔 그들과 가까운 친구가 되기도 했다. 감금되어 있는 상황에서 조금의 자유라도 얻어내기 위해서였다. 그렇게 할 수 있었던 방법 중 하나가 교도관들을 아프리카너로서 존중한다는 사실을 보여준 것이었다.

만델라가 감옥에서 처음 한 일 중 하나는 자신을 감옥에 가둔 사람들의 언어를 배우는 것이었다. 동료 정치범들 중 몇몇은 만델라에게 화를 냈다. 적에게 굴복하는 것으로 비쳤기 때문이다. 그러나 더 먼 미래를 내다보는 만델라에게 이는 압제자들을 자기편으로 끌어들이기 위한 수단이었다. 그는 아프리카너 역사와 아프리카너 전쟁 영웅들의 공적도 공부했다. 아프리카너 소설과 시를 읽었다. 이 모든 것은 속임수가 아니었다. 만델라는 아프리카너들 또한 남아프리카인이라고 진심으로 믿었다. 그와 아프리카너들은 모두 같은 땅에 속한 사람들이라고. 그리고 언젠가 그들도 여기에 동의하도록 설득할 수 있을 거라고 믿었다.

수감 초기에만 해도 만델라는 흑인들이 무력으로 자유를 쟁취해낼 수는 없으며 대화를 통해서만 민주주의를 이뤄낼 수 있다고 믿었다. 대화란 백인 통치자들과 이야기를 나누는 것을 의미했고, 대화가 성공적으로 이루어지려면 그들이 만델라를 두려워하거나 증오하지 않아도 된다는 걸 알려줄 필요가 있었다. 그는 상대를 그들이 원하는 상태로 만들어야 할 것이었다. 상대가 자기 정체성을 위협받지 않는다고 안심할 수 있어야 한다는 의미였다.

첫 만남 이후 몇 개월 동안 만델라는 빌욘과 그의 동료들이 무기를 내려놓고 민주적인 절차에 함께하도록 설득하려고 노력했다. 빌욘이 그의 대의를 내려놓도록 하기 위해 만델라는 특별한 제스처를 취했다. 남아프리카공화국 국가는 아프리칸스어로 된 정복의 노래였다. 아파르트헤이트가 철폐된 후, 많은 ANC 리더들은 해방의 노래로 국가를 바꾸고 싶어 했다. 만델라는 반대했다. 백인들의 자존심에 상징적인 도장을 찍는 것은 중대한 실수가 될 수 있었다.

만델라는 어색하지만 쓸 만한 해결안을 내놓았다. 공식적인 자리에서 두 개의 국가를 차례대로 연주하자는 것이었다. 이게 정치적으로 큰 양보일까? 아니, 그보다는 제스처일 뿐이었다. 그러나 아주 강력한 제스처였다. 빌욘을 다시 한번 안심시켜주는 것이기도 했다. 자신이 누구인지 절대 포기하지 않아도 될 거라고 말이다.

## 사회적 가면, 체면

샌디에이고주립대학교의 인류학 교수 엘리사 소보Elisa Sobo는 백신 접종을 거부하는 부모들을 인터뷰했다. 왜 이 사람들—대다수가 고등교육을 받은 똑똑한 사람들인데—은 과학에 근거한 주류 의학의 조언을 무시하는 것일까? 소보의 결론은 이들이 백신을 반대하는 것은 신념의 문제가 아니라 정체성을 나타내는 행동이라는 것이었다.

즉 의학적 치료에서 벗어나는 일이라기보다는 어느 집단에 소속될 것인가를 선택하는 일이었다. 갱단의 문신을 하거나, 결혼반지를 끼거나, 인기 있는 TV 프로그램을 몰아보는 것처럼 말이다. 백신을 거부하는 것은 내가 어떤 사람이 아니라거나 누구에게 반대하는가의 문제라기보다는 내가 어떤 사람이고 누구와 동질감을 느끼는가의 문제였다. 소보는 백신을 선택하는 사람들도 마찬가지라고 지적한다. 주류 의학의 관점에 함께하겠다는 욕망 또한 우리가 어떤 사람인가를 드러내는 방식이다. 양쪽이 논쟁을 시작하면 어느새 정체성의 충돌이 되어버리고 마는 이유다.

이 주제를 수십 년 동안 연구해온 윌리엄 도너휴는 논쟁에 참여하는 사람들이 파괴적인 갈등 국면으로 접어드는 경우는 대개 정체성의 갈등 때문이라고 말한다. "인질 상황에서도, 정치적인 논쟁에서도, 부부간의 다툼에서도 마찬가지였습니다. 너는 아무것도 몰라. 네가 문제야. 너는 둔감해. 상대방이 자신의 정체성을 공격한다고 느끼면 방어적이 되거나 맞서 싸우게 되죠. 그리고 문제가 악화됩니다."

우리의 의견이 스스로 자신을 바라보는 정체성과 연결되어 있는 것 자체는 나쁜 일이 아니다. 그러나 누군가 원하지 않는 일을 하도록 설득할 때 기억해야 하는 점이다. 담배를 끊도록 하거나, 새로운 업무 방식에 맞추도록 하거나, 우리 편 후보자에게 투표하게 하려 하거나 모두 마찬가지다. 우리의 목표는 서로 충돌하는 의견이나 행동을 그가 자신에게 부여한 정체성과 분리시켜서 정체성의 지분을 낮추는 것이다. 다른 의견을 노련하게 다룰 수 있는 사람은 상대방이 무언가 달라진 말이나 행동을 하더라도 여전히 자기 자신답게 남아 있을 수 있다고 결론 내리도록 돕는다.

논쟁을 청중으로부터 분리하는 것도 하나의 방법이다. 1994년, 보스턴의 낙태 클리닉에서 충격 사건이 일어난 후, 자선사업가 로라 체이신Laura Chasin은 여섯 명의 낙태 관련 운동가들에게 연락을 했다. 세 명은 낙태 반대론자, 세 명은 낙태 찬성론자였다. 로라는 그들에게 비공개적으로 서로의 입장을 어느 정도 이해할 수 있을지 이야기해보자고 제안했다. 불편하고 고통스럽기까지 한 일이었지만, 여섯 명의 여성들은 1년 이상 비밀리에 만남을 이어갔다. 처음에는 각자의 입장이 더욱 굳어졌고, 근본적인 쟁점에 대해 그 누구도 마음을 바꾸지 않았다. 그러나 시간이 흐르고 서로를 알아갈수록, 그들은 보다 자유롭고 덜 단순화된 방식으로 생각하고 소통하고 협상할 수 있었다. 만델라가 첫 만남에서 빌욘을 따로 불러냈던 것에 주목해야 한다. 동료들 앞에서 자신의 사회적 가면을 유지해야 한다는 압박을 덜 받을수록 사람들은 더 유연해질 수 있다.

같은 원칙이 일터에서의 갈등에도 적용된다. 동료들이 보고 있다면 사람들은 문제를 올바른 방식으로 해결하는 것보다 자신이 동료들에게 어떻게 보일지에 더 신경 쓴다. 능력 있는 사람으로 보이는 것이 중요하다면, 내 업무에 대한 어떤 지적에도 발끈할 것이다. 친절하고 협조적인 사람으로 보이고 싶다면, 강한 반대 의견이 있어도 남들이 알아차릴 만큼 강한 어조로 표현하지 않을 것이다. 일터에서 어려운 대화를 나눠야 할 때 '따로 만나 이야기해보자'라고 종종 제안하는 이유다. 직접 만나 이야기 나누자는 단순한 의미로 쓰이던 표현이었지만, 이제는 다른 뉘앙스가 더해졌다. '우리가 체면을 덜 구길 수 있는 곳에서 이야기를 나누도록 합시다'라는 뉘앙스다.

의견 대립과 논쟁을 따로 이어가는 것이 효과적일 수 있지만 이는 차선책이어야 한다. 쟁점이 되는 문제를 차근차근 뜯어보게 될 사람들이 소수에 국한됨으로써 열린 논쟁의 혜택을 누리지 못하게 되기 때문이다. 논쟁에서 정체성 리스크를 줄이는 가장 좋은 방법은 사람들이 체면을 지켜야 한다고 느끼지 않는 조직문화를 만드는 것이다. 다른 의견을 공개적으로 내놓도록 격려하고, 실수는 당연히 일어나는 것이라고 여기며, 서로가 지켜야 할 일터의 행동 규범을 이해하고 있으며, 모두가 공통의 목표를 중요하게 여긴다는 것을 신뢰하는 조직문화다. 이런 문화에서라면 사람들은 정말로 다른 의견을 내놓을 수 있게 된다.

그러나 대부분의 의견 대립에서 체면 문제는 어떤 식으로든 걸려 있기 마련이다. 논쟁을 지켜보는 청중에게서 벗어나는 것이 정체성 리스크를 줄이는 하나의 방법이라면, 또 다른 방법은 체면을 살려주는 것, 상대방이 스스로를 바라보는 이상적인 정체성을 인정해주는 것이다. 만델라가 빌욘에게 해준 것처럼. 당신이 내가 누구인가, 어떤 사람으로 보이길 바라는가를 받아들이고 믿어준다면, 나의 입장을 재고해보는 것은 한결 쉬울 것이다. 상대를 한 개인으로 품위 있게 대할 때, 의견 대립은 개인적인 문제가 아니게 된다.

가끔은 상대가 가장 취약하게 느끼는 순간 칭찬을 건네는 것과 같은 단순한 행동이 도움이 된다. 폴리스 솔루션스를 공동 창업한 전직 경찰 조너선 웬더는 경찰 업무에 관한 책을 썼다. 책에서 그는 체포당하는 순간이 용의자에게는 모욕적인 순간이라는 것을 지적했다. 웬더는 용의자를 체포하는 순간 경찰관은 용의자가 굴욕감을 느끼지 않도록 최대한 노력해야 한다고 주장한다. 그는 캘빈이라는 남자를 폭력 혐의로 체포하던 순간을 예로 들었다.

동료와 나는 캘빈의 팔을 한쪽씩 잡고 그를 체포하겠다고 말했다. 그는 우리에게서 벗어나려고 애썼고, 싸울 준비가 되어 있는 것 같아 보였다. 그의 커다란 덩치나 폭력 전과를 감안할 때 나는 캘빈과의 싸움을 피하고 싶었다. 싸움이 벌어진다면 그가 다치거나 경찰들이 다치게 될 터였다. 나는 캘빈에게 말했다. "우리가 싸우기엔 자네 덩치가 너무 크다고."

웬더는 "특히 사람들이 보는 앞에서 존엄성을 지켜준다면 경찰관은 싸움을 피할 수 있다"라고 썼다. 앞서 보았듯, 체포당하는 용의자가 굴욕감을 느끼지 않도록 하는 것이 경찰관들에게도 이익이 된다. 빌욘의 존엄성을 지켜주는 것이 만델라에게 이익이 되었듯 말이다. 이는 상식이다. 아니면 상식이 되어야 한다. 우리는 놀라울 만큼 자주 기득권자의 실수를 저지른다. 우월한 지위를 가졌을 때 그 우위를 마구 휘두르며 상대의 자존감에 상처를 입히는 것이다. 잠시 만족감을 얻을 수 있을지는 모르나, 대적해야 할 상대는 우리가 원하지 않는 상태가 되어버린다.

상처 입은 사람들은 위험하다. 폴리스 솔루션스의 강사 마이크 오닐은 멤피스에서 만난 교육생들에게 현직 경찰 시절의 이야기를 들려주었다. 동료 경찰관들이 수갑을 찬 용의자를 친구나 가족 앞에서 구타하는 경우를 보았다고. 이는 잘못된 행동일 뿐만 아니라 어리석은 행동이다. 체포 현장에서 모욕을 주는 것은 '당신의 동료를 죽일 수도 있는' 행동이다. 강의실에 무거운 웅성거림이 퍼져나갔다. 용의자들은 모욕당한 것을 잊지 않는다. 몇 년 후에라도 경찰에게—어느 경찰관에게라도—되갚아줄 기회를 찾는다. 역사를 공부한 사람이라면 익히 알고 있을 패턴이다. 모욕을 주는 행동은 모욕을 준 사람과 그의 동료들에게 해를 입힌다. 10건의 외교 분쟁 사례를 연구한 정치학자 윌리엄 자트먼William Zartman과 요하네스 오리크Johannes Aurik는 강대국이 약소국에게 무력행사를 할 경우 약소국이 단기적으로는 강대국의 요구에 응하지만 이후 보복할 방법을 찾는 과정을 기술했다.

만델라와 빌욘의 대화가 오늘날 사람들이 공공에서 논쟁을 벌이는 방식으로 흘러갔다면 어떻게 되었을지 상상해보자. 먼저 만델라는 빌욘의 정체성을 공격했을 것이다. 최대한 많은 사람들 앞에서 빌욘을 피 묻은 손의 백인 우월주의자라고 불렀을 것이다. 그리고 전직 장군이 무장을 해제하고 만델라의 협상 조건을 받아들여야 하는 이유를 공격적인 말투로 설명했을 것이다. 그것이 유일하게 도덕적으로 올바른 일이며 현실적으로도 단 하나뿐인 선택지라고 말이다. 만델라의 모든 행동은 완벽하게 정당화될 수 있을 것이다. 모든 면에서

볼 때 옳은 말이니까. 하지만 빌욘은 어떻게 반응했을까?

미국 정치인 알렉산드리아 오카시오-코르테즈는 격렬한 반대자와 대화하는 법을 설명했다. 그녀의 정치 성향에 동의하지 않는다 해도 이 조언이 훌륭한 조언이라는 것은 알 수 있을 것이다.

저에겐 멘토가 있습니다. 그분이 저에게 해주신 최고의 조언은 "사람들에게 언제나 아름다운 퇴로를 열어주라"는 것입니다. 대화를 나누다 의견을 바꾸는 것이 부끄럽지 않게 충분한 밧줄을 내어주고 충분히 공감해주며 기회를 내어주라는 거지요. 이건 아주 중요한 능력입니다. 왜냐하면 우리는 "당신은 인종차별주의자야!"라고 공격해놓고, "난 인종차별주의자가 아니다"라고 말하도록 몰아붙이곤 하니까요. 아름다운 퇴로를 열어주지 않은 거예요. 퇴로가 없으면 상대는 반대 의견을 고수하기 위해 참호를 파고 버티는 수밖에 없습니다.

누군가와 논쟁을 벌일 때, 우리는 상대가 의견을 바꾸고도 체면을 유지하거나 오히려 더 근사해 보일 수 있게 해줄 방법을 생각해야 한다. 논쟁이 벌어지고 있는 동안, 의견과 체면이 논쟁 전보다 더 단단하게 얽혀버리는 순간에는 그렇게 하기 어려운 경우가 많다(작가 레이철 커스크Rachel Cusk는 논쟁이란 '자기 인식의 비상 상황'이라고 했다). 그러나 상대방의 의견을 충분히 청취했고 그 의견을 존중한다는 것을 보여준다면, 백신에 대한 생각을 바꾼 부모의 사례처럼 상대방이 이후에라도 의견을 바꾸어 돌아올 가능성이 높다. 만약 상대가 의견을 바꾼다면, 그동안 반대 입장을 취해온 것을 비난하지 말아야 한다. 이는 양극화된 논쟁에서 우리가 놀랄 만큼 자주 저지르는 실수인데, 입장을 바꿀 마음이 들지 않게 할 뿐이다. 대신 상대가 우리가 해내지 못한 일을 해냈다는 것을 기억해야 한다. 마음을 바꾸는 어려운 일을.

만델라와 처음 차를 마신 후 6개월이 지나지 않아 빌욘은 그의 인생에서 가장 어려운 결정을 내렸다. 군인들에게 무기를 내려놓도록 명령한 것이다. 그리고 얼마 지나지 않아 그는 다가오는 민주적 선거를 방해하지 않고 자신도 선거에 참여하겠다고 발표했다. 그 어떤 정치적 양보도 받지 않고, 빌욘은 10개월 전 목숨을 걸고 싸우겠다고 맹세했던 바로 그 정치 프로세스를 인정했다. 만델라는 그의 가장 강력한 적을 평화롭게 다른 의견을 가질 수 있는 상대로 바꾸어놓았다.

반드시 우회하여 이겨야만 하는 위험한 적을 다루었던 만델라의 빈틈없는 전략과 스킬은 칭송할 수밖에 없다(우회해서 이겨야 한다는 것을 파악한 것도 빈틈없는 전략의 일부였다). 그러나 그의 적수도 칭찬받을 만하다. 빌욘은 깊숙하고 고통스러운 사고방식의 변화를 받아들였다. 흑인들을 동료 시민으로, 만델라를 지도자로 인정하기 위해 자신이 그동안 고수해온 입장을 내려놓았다. 그리고 '사회적 가면'을 잃을 수 있다는 커다란 위험을 감수하며 자신의 새로운 비전을 동료들에게 설득해야 했다. 만델라가 한 일은 빌욘이 자신의 정체성을 포기할 필요가 없음을 깨닫도록 도와준 것이었다. 빌욘은 여전히 이 나라의 일부로, 자랑스러운 자신의 모습으로 남아 있을 수 있었다. 아프리카너로서, 퇴역 군인으로서, 남아프리카공화국의 시민으로서.

널슨 만델라는 1994년 5월 대통령에 취임했다. 남아프리카공화국의 인종 다양성을 반영한 새로운 의회도 회기를 열었다. 의원 중 3분의 2가 흑인이었다. 선거에서 빌욘의 당도 아홉 석을 얻었고, 빌욘 자신도 당선되었다. 개회에 참석한 존 칼린은 이전까지 의원 모두가 백인이었고 대다수가 남성이었지만 이제는 남아프리카공화국의 다양성을 받아들이게 된 의사당으로 만델라가 걸어 들어가는 모습을 지켜보았다. 그때 칼린은 특별한 장면을 포착했다. 빌욘이 기쁨에 넘친 표정으로 만델라를 바라보고 있었던 것이다.

12년이 지난 후, 칼린은 빌욘에게 그날 그의 얼굴에서 깊은 존경과 심지어 애정을 보았다고 말했다. 감정을 드러내는 것에 익숙하지 않은 그는 짧막하게 대답했다. "그래요, 아마 그랬을 겁니다." 그러고는 한 가지 기억을 떠올렸다. "만델라가 들어와서 나를 발견하고는, 방을 가로질러 나에게 왔어요. 의회의 관례엔 맞지 않는 행동이었죠. 나와 악수를 하고는 환하게 웃으며 나를 여기서 만나게 되어 기쁘다고 말하더군요." 누군가 참관석에서 "포옹해주시죠, 장군님!"이라고 외쳤다. "그래서 포옹해주셨나요?" 칼린이 물었다. "나는 군인이고, 그는 대통령이었소." 빌욘이 대답했다. "악수를 하고 일어나서 차렷 자세를 취했지."

자신을 연구하는

인류학자가 되어보기

수많은 갈등 뒤에는 서로의 눈에
이상해 보이는 문화적 충돌이 존재한다.
당신이 속한 문화가
일반적인 것이라고 단정 짓지 마라.

슈나이더 아주 어린 시절부터 나는 별을 바라보면서 의문을 갖곤 했어요. 우리는 어디로 가고 있는지, 어떻게 여기에 이르렀는지, 이 광활함은 무엇인지.

FBI 네.

슈나이더 왜 이 지구는 묘지인지, 식물, 사람, 동물, 6000년 동안의 슬픔과 인류의 역사 모두가 왜 여기서 죽음을 맞이하는 건지 말입니다. 우리는 약간의 즐거움을 누리긴 하지만 결코 만족하지도 충족되지도 못하죠. 친척들이 인생에서 사라지고, 친구들도 떠나죠. 사고가 일어납니다. 세상에, 무슨 일이 일어나고 있는 걸까요?

FBI 그렇군요.

슈나이더 하나님, 당신은 누구십니까? 하지만 나는 신을 안다고 한번도 주장하지 않았습니다. 나는 노력했어요. 살아오는 동안 대부분의 시간을 기독교인의 관습에 따랐습니다. 그런데 솔직히 신을 정말 모르겠어요. 하지만 항상 신에 대해 알고 싶었습니다.

FBI 으흠.

슈나이더　논리적이고 명확한 책이라는 걸 알겠어요. 그리고 이 남자는 과
　　　　　학, 물리, 천문학적으로 아주 심오한 사실을 열어 보여주었죠.
　　　　　이 얘길 들어본 사람은 많지 않아요.
FBI　　　저기, 데이비드가 라디오 인터뷰를 마쳤다는 메모를 받았어요.
　　　　　데이비드의 상처는 좀 어떻습니까?


1993년 2월 28일 일요일 아침, 80여 명의 무장 요원들이 텍사스
주 웨이코 근처의 마운트카멜 단지에 도착했다. 불법 무기 관련 범죄
를 조사 중인 주류·담배·화기 단속국ATF 소속 요원들이었다. 그들은
데이비드 코레시David Koresh라고도 알려진 버넌 웨인 하월Vernon Wayne
Howell의 체포 영장을 가지고 있었다. 그는 다윗교라 불리는 마운트카
멜의 종교 집단 리더였다. 요원들은 이 집단이 다량의 불법 무기를
비축해놓고 있다고 의심하고 있었다.

　ATF는 코레시가 절대 단지에서 나오지 않는다고 들었고, 그래서
그를 체포하는 유일한 방법은 기습뿐이라고 믿었다. 그러나 이 사실
이 새어나가는 바람에 다윗교 신도들은 방어 태세를 취하고 있었다.
격렬한 총격전이 이어진 끝에 마운트카멜 주민 여섯 명과 ATF 요원
네 명이 희생되었다. 코레시는 부상을 당했지만 살아남았다. 군보안
관 대리 래리 린치Larry Lynch의 협상으로 사격이 중지되었다.

　다음 날 사건을 넘겨받은 FBI는 마운트카멜을 포위하고 다윗교
신도들이 조용히 투항해 법의 심판을 받을 것을 요구했다. 신도들은
거부했다. 농성과 포위전이 시작되었다. FBI는 미국 영토 내에서 민

간인 상대로는 사상 최대 규모의 병력을 동원했다. 10대의 브래들리 전차가 단지 안에 자리 잡았다. 미군과 지역 요원들 외에 899명의 정부 관리들이 마운트카멜에 집결했다. 그러는 사이 FBI 전술팀은 다윗교 신도들이 견디기 어렵도록 불편한 상황을 만들었다. 건물로 들어가는 전화선과 전기를 끊었다. 밤이면 밝은 불빛을 비추고 강력한 스피커에서 시끄러운 음악 소리를 쏟아냈다.

정확히 이런 상황—농성 포위전—을 해결하도록 훈련받은 FBI 협상가 팀이 전국 곳곳에서 날아왔다. 근처 비행기 격납고에 마련된 본부에 마운트카멜로 들어가는 유일한 전화선이 연결되었다. 다윗교 리더들과의 대화는 51일 동안 이어졌다. 이후 이 대화 기록이 공개되었다. 고통스러울 만큼 어려웠던 협상의 특별한 기록이다. 기록을 읽어보면 양편이 긴 대화를 나누면서도 전혀 소통하지 못하는 것을 알 수 있다. 위 대화는 데이비드 코레시의 가장 친한 친구이자 최측근인 스티브 슈나이더가 이름이 밝혀지지 않은 FBI 협상가와 나눈 대화다. 슈나이더가 인생의 의미에 대해 곰곰이 생각하고 있지만 협상가는 전혀 관심이 없어 보인다. 이 대화의 본래 목적과 관련된 주제로 돌아올 기회가 보일 때만 끼어들 뿐이다.

FBI 협상가들은 전반적으로 프로페셔널하고 철저했으며 표준 절차를 준수했다. 다윗교 신도들을 존중한다는 것을 보여주기 위해 노력했고, 신도들에게 합리적인 선택지를 제시하려 했으며, 라포르를 형성하기 위해 애썼다. 다른 성격 유형의 사람들을 어떻게 다루어야 하는지 심리학자들에게 조언을 구하기까지 했다. 요약하자면, 그들은 교과서에 나온 모든 것을 했다. 그러나 교과서엔 결정적인 장이 빠져 있었다.

## 협상에서의 문화적 차이

언어학자 리처드 루이스Richard Lewis는 협상에서 문화적 차이가 얼마나 중요한가를 처음으로 파악한 학자였다. 서로 다른 나라 출신 사람들이 비즈니스 계약이나 정치 협약을 검토할 때, 공통의 언어를 사용한다고 해서 서로를 이해하는 것은 아니다. 다문화 협상이 혼란에 빠지고 개인 간의 악감정으로까지 치닫는 이유는 협상 내용에 대해 서로 의견이 달라서가 아니라 각자가 다른 대화를 하고 있기 때문이다. 루이스는 이탈리아 사람과 협상을 하려면 이탈리아인이 협상이란 무엇이라고 생각하는지부터 이해해야 한다고 지적한다. 그는 서로 다른 국적의 사람들이 협상하는 방식을 도표로 정리했다. 다음 쪽 표는 그중 몇 가지 예시다.

루이스의 모델은 정량적이고 실증적인 연구에 기반을 둔 것은 아니다. 그가 직접 관찰한 내용과 그가 가진 언어 구사의 전문성을 합쳐서 만든 것이다. 그러나 그가 제시하는 핵심 통찰은 중요하다. 상대편의 문화가 세상을 바라보는 관점을 이해하지 못하면, 상대의 말을 오해하고 상대의 동기를 잘못 읽어내게 된다는 것이다. 미국인이 자신의 상대인 독일인이 스몰토크에 참여하지 않는 이유를 이해하지 못한다면, 미국인은 독일인이 거만하고 무례하다고, 참을 수 없

## 미국인

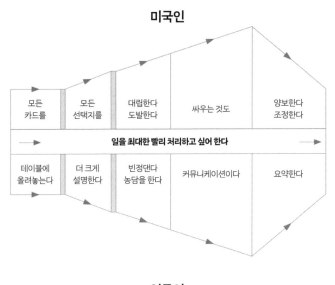

| 모든 카드를 | 모든 선택지를 | 대립한다 도발한다 | 싸우는 것도 | | 양보한다 조정한다 |
|---|---|---|---|---|---|
| | | | **일을 최대한 빨리 처리하고 싶어 한다** | | |
| 테이블에 올려놓는다 | 더 크게 설명한다 | 빈정댄다 농담을 한다 | 커뮤니케이션이다 | | 요약한다 |

## 영국인

| 5~10분의 스몰토크 | 자연스럽게 사업 이야기를 꺼낸다 | '합리적인' 제안 | 거부 | 침착함을 유지한다 암호 같은 대화 절제된 대화 | 교착상태 | 유머 모호함 (시간 끌기) | 휴회 | 내용을 다시 포장한다 | 서로 합의한 점을 요약한다 | 결정은 다음 미팅에서 |

이 모호하고 건방진 영국인만큼이나 나쁘다고 생각할 것이다. 중국인은 어서 일을 해치우고 싶어 하는 미국인의 조급한 태도를 공격적이라고 오해할 수 있다. 영국인은 독일인이 올바른 절차에 따라 일을 진행하고 싶어 하는 마음을 과소평가하고 까다롭게 군다고 생각할 것이다. 모든 나라의 사람들은 프랑스인들이 얼마나 논쟁하길 좋아

## 독일인

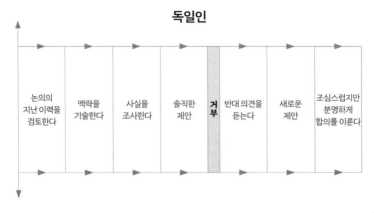

논의의 지난 이력을 검토한다 | 맥락을 기술한다 | 사실을 조사한다 | 솔직한 제안 | 거부 | 반대 의견을 듣는다 | 새로운 제안 | 조심스럽지만 분명하게 합의를 이룬다

## 중국인

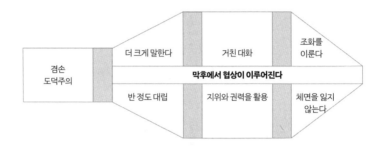

겸손 도덕주의 | 더 크게 말한다 | 거친 대화 | 조화를 이룬다 | 막후에서 협상이 이루어진다 | 반 정도 대립 | 지위와 권력을 활용 | 체면을 잃지 않는다

하는지 과소평가할 것이다.

문화는 사람들의 행동과 언어를 규정한다. 상대의 문화적·개인적 배경을 이해하지 못한 채 어려운 대화를 하려 드는 것은 자멸하는 길이다. 웨이코에 파견된 FBI 요원들은 중국인도 독일인도 아닌 미국인들을 상대로 협상을 진행하도록 훈련받은 사람들이었다. 같은 나라 사람의 문화적 관점을 이해하기 위해 시간을 들여야 한다는 생각은 전혀 해보지 않았을 것이다. 그러나 문화 차이가 국가 간에서만

나타나는 것은 아니다.

## 우리 모두는 각자의 신을 모시고 산다

웨이코 포위 사건은 곧 전국적인 위기 상황이자 세계적인 사건이 되었다. 전 세계의 뉴스 미디어는 이 유혹적인 이야기로 성찬을 벌였다. 카리스마 넘치는 리더가 이끄는 세뇌당한 광신적 종교 집단이 미국 정부의 무력에 맞서 싸우는 이야기라니. 충격적인 소문도 넘쳐났다. 데이비드 코레시에겐 그의 명령에 복종하는 100명 이상의 아내가 있으며, 코레시는 추종자들의 마음을 조종한다고 알려졌다. 바깥 세상에서 보기에 코레시는 명백한 사기꾼이었다. 어떻게 했는지 몰라도 순진한 사람들을 홀려서 권력과 섹스, 영광을 추구하는 자신의 욕망을 위해 이용하는 자였다. FBI 협상가들도 같은 의견이었다. 어느 요원은 이후 코레시에 대해 "이제까지 들어본 중 악마에 가장 가까운 자로, 기만적이고 계산적이며 자아도취에 빠져 있다. 매력적이며 완전히 가학적인 자다"라고 기술했다.

FBI의 목표는 분명했다. 모든 사람들을 단지에서 나오게 하고, 더 이상의 폭력 사태가 일어나지 않도록 막는 것이었다. 다윗교도들이 원하는 것은, 글쎄, 누구도 확실히 알지 못했다. 어떤 사람들은 다윗교 신도들이 종말의 날을 준비하고 있으며, 근처 도시를 공격해 눈에 보이는 모든 사람들을 살해할 거라고 했다. 어떤 사람들은 그들이 자폭할 거라고 말했다.

처음에는 금방 문제를 해결할 수 있을 것처럼 보였다. 다윗교 지도자들은 19명의 어린이들을 마운트카멜에서 탈출시키는 것에 동의했다. 그러나 초반 성과 이후 협상은 고통스러운 교착상태에 빠졌다. 98명의 신도들이 건물에 남아 있었고, 그중 23명은 어린이였다(코레시의 자녀들도 있었다). FBI는 이 사태를 인질극으로 보는 반면, 코레시와 다윗교 신도들은 자신의 의지로 건물에 머물러 있는 것이라고 주장했다. 이러한 입장의 차이가 협상의 진전을 가로막았다.

FBI　제가 하고 싶은 말은 이겁니다. 사람들이 건물에서 나올 수 있도록 합의를 이끌어낼 수 있다면….

코레시　저는 신도들에게 이래라저래라 할 생각이 없습니다. 이제까지 그래본 적도 없고 앞으로도 마찬가지일 겁니다. 저는 주님이 말씀하시려는 바를 성경을 통해 보여줄 뿐입니다. 결정은 신도들의 몫이지요.

어느 시점에서 FBI는 다윗교도들에게 건물에 있는 사람들이 모두 무사한지 알 수 있게 영상으로 촬영해서 보내달라고 요청했다. 다윗교도들은 순순히 따랐다. 영상 속에서 여성들은 마운트카멜에 사는 것이 좋아서 여기에 있는 거라고 말했다. 명백히 진심으로 보였다. 코레시도 영상에 등장했다. ATF가 자신을 '길가에서' 체포했으면 되었을 텐데, 왜 그렇게 하지 않고 마운트카멜의 어린이와 여성들에게 총부리를 겨누는 거냐고 물었다. FBI는 이 영상을 외부에 공개하지 않았다.

FBI는 그들이 사이코패스에게 조종당하는 얼간이들을 상대하고 있다고 믿었다. 다윗교도들은 스스로를 지적이고 영적인 사람들, 자유 의지로 세상의 규칙에 순응하지 않는 공동체에 살기를 선택한 사람들이라고 생각했다. FBI 협상가들은 실용주의적으로 접근했다. 그들의 목적은 감정적 대화를 배제하고 흥정 프로세스를 시작하는 것이었다. 당신이 이걸 주면, 나는 이걸 주겠소. 다윗교도들은 흥정에 관심이 없었다. 이 장의 시작 부분에 등장한 슈나이더처럼, 신도들은 신과 성경, 존재의 의미라는 맥락 안에서 어떤 일이 일어나고 있는지 이야기하고 싶어 했다. 그러나 코레시와 다른 다윗교도들이 사건을 종교적으로 해석하려 할 때마다, 그들은 번번이 묵살당하고 무시당했다. FBI는 그들이 진짜 중요하다고 여기는 주제로 대화를 계속 돌려놓으려 했다. 다윗교도들에게는 신이야말로 진짜 중요한 주제였다.

협상 초반, FBI와 코레시는 합의를 이뤘다. 코레시가 녹음한 메시지를 전국 라디오에 내보내주면 단지에서 나오겠다는 것이었다. 방송은 송출되었지만 합의는 무산되었다. 코레시가 협상가들에게 주님께서 기다리라고 명령하셨다고 전했기 때문이다. 협상가들은 코레시가 개인적으로 약속한 것이라 보는 부분에서 코레시를 압박하기 시작했다.

FBI     좋아요. 나는 알아야겠소. 약속을 지킬 겁니까? 어떻게 할 계획이지요?

**코레시** 제가 설명해드리죠. 보세요. 2절 말씀을 보면….

**FBI** 그건 알겠소. 제발 뭘 할 건지 말해주면 고맙겠소.

**코레시** 지금 말하려고 하고 있지 않습니까.《나훔서》2장 2절을 보십시오.

**FBI** 성경 구절 이야기는 하지 맙시다.

**코레시** 그렇다면 당신은 나의 교리를 이해하지 못하는 겁니다.


이들의 대화는 부모와 10대 자녀 간의 말다툼과 비슷한 분위기로 자주 흘러갔다. 협상가들은 가장의 말투를 사용하면서 다윗교도가 신에 대해 이야기하는 것을 진지하게 받아들이는 척만 했다. 다윗교도들은 이 생색내는 태도를 눈치채고는 더욱 저항적이 되었다. 적어도 한쪽이 상대의 관점으로 상황을 바라보려는 노력을 하지 않는다면, 협상이나 논쟁은 실패할 수밖에 없다. 다른 의견을 고려해보려는 노력만이 아니라 전혀 다른 문화적 관점을 고려하려는 노력이 필요하다. 당신에겐 상대의 관점이 이상해 보이겠지만, 그들의 관점도 당신의 문화가 가진 관점만큼 풍부할 수 있다.


1934년, 불가리아 이민자이자 제7일 안식일 예수재림교 광신도인 빅터 휴테프Victor Houteff는 웨이코 외곽에 공동체를 만들고 예수의 재림을 기다렸다. 이후 다윗교도로 알려지게 된 이들 신도들은 단지를 짓고 마운트카멜이라 이름 붙였다. 다윗교는 천년왕국설을 따르는 미국 기독교의 교파다. 천년왕국설은 모르몬교와 여호와의 증인을 낳기도 했다. 천년왕국설을 믿는 신도들은 성경을 깊이 읽으면 언제

예수 재림이 일어날지 구체적인 힌트를 얻을 수 있다고 믿었고, 주님의 메신저라는 영광을 얻은 특정 개인들에게 의존하는 경향이 있었다. 다윗교도들은《요한계시록》에 특히 각별한 주의를 기울였다. 하나님의 어린 양이라고 알려진 신비로운 존재가 어느 날 하나님의 오른손에 들린 책인 7봉인을 열고 메시아의 재림과 종말을 알리리라는 것이었다.

1981년, 스물세 살의 고등학교 중퇴자이자 장발의 록 기타리스트 버넌 하월이 노란색 뷰익을 마운트카멜 앞에 세우고는 공동체에 합류하게 해달라고 요청했다. 하월은 기존의 방식과 다른 카리스마가 있었고, 부드럽게 이야기하지만 열정적이었으며, 날카로운 유머 감각과 보기 드물게 상세한 성경 지식을 가지고 있었다. 그는 성경 구절을 몇 시간이고 암송할 수 있었다. 하월이 성경책을 펼치면 사람들은 기대감에 차서 그의 주위로 모여들었다. 단정치 못한 티셔츠와 운동화 차림에 차고에서 차를 이것저것 만지느라 기름때가 묻어 있었지만, 그는 한번에 열두 시간이나 이어지는 스토리텔링 세션을 시작하곤 했다. 처음에는 수다스럽고 조심스럽게 시작해서 점점 강렬한 절정으로 치닫는 세션이었다. 이 모습을 지켜본 한 사람은 "그가 성경을 읽을 때면 성경 속 사건에 우리가 실제로 참여하고 있는 것 같았어요"라고 말했다.

공동체의 영적 지도자로 곧 자리 잡게 된 하월은 이름을 데이비드 코레시로 바꾸었다. 데이비드는 성경의 다윗 왕에서, 코레시는 페르시아 왕 키루스에서 따온 것이었다. 코레시는 자신이 하나님의 어린

양이라고, 주님의 선택을 받아 메시아의 길을 열어줄 사람이라고 마운트카멜 주민들이 믿게 만들었다. 그는 하나님의 선택받은 자들이 곧 사탄의 무리와 전투를 벌이게 될 것이라고 말했다. 사탄의 세력을 대표하는 것은 유엔, 사탄의 세력을 이끄는 것은 미국 정부였다. 그럼에도 다윗교도들은 바깥세상에 적대적이지 않았다. 이들은 웨이코에 종종 나타났는데, 괴짜이긴 해도 해를 끼치지 않는 사람들로 받아들여졌다. 신도 한 명은 법률 사무소를 운영하기도 했다. 코레시도 가끔 시내에 나갔고 영국 등의 나라로 해외여행도 다녀왔다. 영국에 갔을 때 코레시는 흑인 교회에서 새로운 멤버들을 모아오기도 했다. 이즈음 합류한 다윗교도는 마운트카멜이 "개방적이고 친절한" 곳이었다고 회상했다.

공동체에 모인 100여 명의 신도 중에는 멕시코, 호주, 뉴질랜드, 필리핀, 캐나다에서 온 사람들도 있었다. 가난한 사람도, 부유한 사람도 있었고 고등교육을 받은 사람도 있었다. 웨인 마틴이라는 아프리카계 미국인 변호사는 하버드대학 출신이었다.

다윗교도들은 FBI가 예상한 것보다 평범한 사람들이었고 한편으론 더 이상했다. 코뮌의 핵심은 그들만의 규칙에 따라 사는 것이었다. 코레시는 동료 신도와 결혼했으면서도 마운트카멜 공동체에서 다수의 '영적 배우자'를 취해 열두 명이 넘는 자녀를 낳았다. 소문에 따르면, 이는 예수 재림 이후 새로운 왕국을 건설하기 위한 일이라고 했다. '배우자들' 중에는 다른 남성 신도의 아내도 있었고, 적어도 한 명은 미성년자였다(법적 아내의 여동생이었다). 우리 대부분은 도덕적으로 혐오스럽다고 여길 일들이었다. 그러나 공동체 안에서 코레시의 성적 행동은 성경의 가르침에 따른 것이라고 이해되었다. 성경의 가르침이야말로 집단 안에서 마찰이 일어나는 주요 원인이었지만 말이다. 다윗교도들은 코레시를 숭배하거나 그가 신이라고 믿지는 않았다. 그러나 하나님의 말씀을 전하도록 선택된 자라고 믿었다. 코레시와 다윗교도들이 다음에 무엇을 해야 할지 답을 발견하기 위해 기다리고 있다고 말했을 때, 그들은 진심으로 그렇게 믿었다.

FBI는 다윗교도들이 자신들만의 믿음 체계를 가지고 있다는 것은 이해했다. 그러나 도저히 납득하기 어려웠던 부분은 다윗교도들이 그걸 정말로 믿는다는 사실이었다. 이 상상의 한계는 또 다른 한계, 보다 근본적인 한계와 연결되어 있었다. FBI는 자신의 문화는 보지 못하고 있었던 것이다.

마운트카멜에서 양측은 문화적 단절을 사이에 두고 이야기하고 있었다. 한편은 스스로를 합리적이고 분석적이라고 생각했고, 상대편은 자신들이 성경이 예비한 대로 살고 있다고 믿었다. 그러나 FBI가 다윗교도를 이해하는 것보다는 다윗교도들이 FBI를 더 잘 이해하고 있었다. FBI와 코레시의 오른팔 스티브 슈나이더가 나눴던 짧은 대화를 보자.

FBI　　하지만 그것(하나님의 말씀을 기다리는 것)은 우리가 합의한 사항이 아닙니다, 스티브.

슈나이더　이해합니다. 당신이 사는 세상에서는 초월적인 존재가 어떤 사람의 귀에 들리도록 이야기한다는 걸 믿지 않죠.

FBI      믿지 않습니다.

FBI의 사무적인 말투는 전문 관료들이 보이는 전형적인 말투다. 자신들에겐 자연스러운 말투이기도 하다. 그러나 다윗교도들이 생각하고 말하는 방식과는 매우 달랐다. 그 결과 짜증스러운 대화가 한없이 이어졌지만 대화의 내용에도 방식에도 합의를 이루지 못했다. 이어지는 대화에서, 코레시는 FBI도 자신들의 신을 섬기고 있다는 사실을 인정하지 않는다면, 그리고 양쪽이 상대의 관점을 인정하지 않는다면 서로가 하는 말을 듣지 못할 것이라고 지적한다.

FBI      결론은, 당신이 하나님의 목소리를 듣게 될 사람이라는 거죠?
코레시   그렇소. 나는 하나님의 목소리를 듣게 될 사람이고, 당신은 당신의 법률과 시스템에 귀 기울일 사람이죠.
FBI      나는 당신의 말을 듣고 있소.
코레시   그렇지 않아요. 당신은 내가 말하는 앞에 앉아 있고, 나는 당신이 말하는 앞에 앉아 있을 뿐이죠.

협상 교본에서는 문화적 차이를 다루면서 상대의 문화에 대해 배워야 한다고 조언한다. 좋은 출발점이다. 그러나 당신에게도 문화가 있다는 사실 또한 인지해야 한다. 당신의 세계관이 다양한 세계관 중 하나가 아니라 세상을 바라보는 가장 자연스러운 관점이라고 생각한다면, 당신에게도 문화가 있다는 사실을 인지하기 어려울 것이다. 자신이 속한 문화를 바라보는 것은 전문 협상가들에게만 어려운 일이 아니라 나와 다른 관점으로 세상을 바라보는 사람과 소통해야 하는 우리 모두에게 어려운 일이다. 우리 모두는 각자의 신을 모시고 산다. 각자가 온 세상에서는 너무나 당연한 신을.

## WEIRD 사고방식

UCLA 인류학과 대학원생 시절, 조 헨리치Joe Henrich는 페루의 정글로 가서 아마존 유역의 원주민 마치겡가족 사이에서 현장 연구를 진행했다. 헨리치는 서구 경제학자들이 사용하는 행동 실험을 통해 사람들이 본능적으로 무엇을 공정하다고 느끼는지 연구했다. 그는 고립된 문화에 사는 사람들도 서구인들과 대략 비슷한 방식으로 게임을 할 거라고 예상했다. 인간은 모두 유사한 심리적 배선 체계를 가지고 있다는 것이 사회과학자들 사이에서 지배적인 가설이기 때문이었다. 그가 진행한 실험은 흥정 게임이었는데, 두 명의 참가자들은 일정 금액의 돈을 양편 모두 만족할 수 있도록 나누는 데 합의해야 했다. 미국 학생들이 이 게임을 했을 때, 그들이 느끼는 공정함에 대한 본능적 감각은 양편 모두 돈을 받지 못하게 될지라도 상대가 너무 적은 금액을 제안할 때는 거부하는 것이었다. 그러나 마치겡가족은 그런 결정이 이상하다고 생각했다. 거저 주는 돈을 왜 거부한단 말인가?

헨리치는 경제학자와 심리학자들이 주장하는 보편주의의 가정이 잘못된 것이 아닐까 의심했다. 탄자니아부터 인도네시아까지 14개의 소규모 고립 사회에서 같은 실험을 진행한 결과, 모두가 북미나 유럽 사람들과는 다른 방식으로 게임을 했다. 공동 연구자들과 함께, 헨리치는 공간 인지부터 도덕적 추론에 이르기까지 그동안 정립해온 심리학 이론들이 서구 산업 사회 바깥의 문화에는 적용되지 않는다는 사실을 밝혀냈다. 그들의 연구 결과는 2010년 〈세계에서 가장 이상한 사람들은 누구인가The Weirdest People in the World?〉라는 논문으로 발표되었다. 헨리치와 공동 저자들은 WEIRD(이상한)라는 말로 서구의 Western 교육 받고Educated, 산업화된Industrialized, 부유하고Rich, 민주주의 사회에 사는 전 세계 인구 15퍼센트를 차지하는 사람들을 표현했다. 헨리치는 서구 사회의 사고방식이 세계 다른 지역의 사고방식과 다를 뿐 아니라 깊고 흥미롭게 이상한 것이라는 사실을 전달하고자 했다. 마치 겡가족이 이상한 게 아니라 서구에 사는 우리가 진짜 이상한 부족이라는 것이다. 과학자들은 이 사실을 이해하기 전에는 인류를 이해한다고 말할 수 없을 것이다.

WEIRD 사고방식을 가진 사람들은 너무 낮은 금액을 제시하며 속이려 드는 사람을 '벌줄' 가능성이 높다. 낯선 사람들이 자주 비즈니스 관계를 맺는 사회이기 때문이다. 마치겡가족처럼 긴밀한 관계를 맺는 사회에서는 제안이란 의무와 함께 오는 선물이라고 여긴다. 조 헨리치의 실험에서 마치겡가족 사람들은 낮은 금액보다 후한 금액을 제시하는 제안을 거절할 가능성이 높았다. 선물이 클수록 따라오는 의무감도 부담스러워지기 때문이다. WEIRD 사람들은 좀 더 분석적이다. 상황을 잘게 나누어 각각을 관념적인 카테고리에 담는다. 동아시아인들처럼 보다 통합적인 사고방식을 가진 사람들은 사물 사이, 사람 사이의 관계에 집중하며, 어떤 일이 벌어지고 있는지 파악하는 데 직관을 사용한다. 예를 들어 실험 참가자들에게 스카프, 장갑, 손이 그려진 그림을 보여주고 서로 연관성이 높은 두 개를 고르라고 한다면, 서구인들은 스카프와 장갑을 고를 가능성이 높다. 둘 다 겨울 의류이기 때문이다. 하지만 동아시아인들은 손과 장갑을 고를 가능성이 높다. 둘의 관계가 더 긴밀하기 때문이다.

헨리치의 연구에서 영감을 얻은 문화심리학자 토머스 탈헬름Thomas Talhelm은 미국의 보수주의자와 진보주의자들을 대상으로 같은 실험을 실시했다. 그는 진보와 보수가 전혀 다른 문화에서 온 것처럼 사고한다는 걸 발견했다("동서양의 차이만큼이나 다르더군요"). 진보주의자들은 보수주의자들보다 WEIRD 사고를 한다. 좀 더 분석적이고, 추상적 관념으로 사고할 준비가 되어 있다. 그러니 진보주의자들과 보수주의자들의 논쟁이 제대로 작동하지 않을 수밖에. 두 집단은 근본적으로 다른 방식으로 현실을 바라보고 있는 것이다.

양편 모두 자신의 관점이 보편적인 관점이라고 생각하지만, 서로에 대한 오해의 정도는 다르다. 정치심리학자 조너선 하이트Jonathan Haidt도 미국에서 연구를 진행했다. 도덕적·정치적 이슈에 대한 질문을 던지고, 진보주의자들에겐 보수주의자처럼, 보수주의자들에겐 진보주의자처럼 대답해보라고 요청했다. 보수주의자들은 진보주의자들이 어떻게 대답할지 훨씬 잘 예측했다.

"진보주의자들이 보수주의자를 이해하는 것보다는 보수주의자들이 진보주의자를 더 잘 이해한다." 하이트의 결론이었다.

## 우유를 둘러싼 논쟁

첫 번째 그룹의 어린이들이 마운트카멜을 빠져나온 후, 코레시와 다윗교 공동체는 FBI가 남아 있는 어린이들을 위해 우유를 들여보내줄 거라고 생각했다. 그러나 우유는 들어오지 않았다. FBI가 우유를 협상 카드로 사용하기로 했기 때문이다. 더 많은 어린이들을 내보내주면 우유를 넣어주겠다는 입장이었다. 다윗교 신도 캐스린 슈뢰더는 협상팀에게 문제를 제기했다.

FBI     우리가 우유를 제공하려면, 우리가 우유를 제공하려면 반드시….

슈뢰더   어린이 네 명을 더 내보내야 한다는 거죠? 말이 안 돼요.

FBI     들어보세요. 두 명만 내보내도 우유를 제공하겠소.

슈뢰더   금요일에 이미 아이 두 명이 나갔잖아요. 우유를 보내줘요.

FBI     캐시, 우리는 지금 시간 낭비를 하고 있는 것 같군요. 그렇죠? 다른 사람을 바꿔줘요.

슈뢰더   지금 당신이 원하는 건, 당신이 원하는 건 오직 흥정하는 것뿐인가요?

FBI     캐시!

슈뢰더   사람 목숨을 놓고 흥정을 하겠다는 건가요?

FBI와 다윗교도들 사이의 문화적 충돌을 보여주는 예시가 될 만한 대화를 하나만 꼽으라면, 우유를 둘러싸고 벌어진 이 논쟁일 것이다. FBI는 어린이들을 교환 가능한 대상으로 다루었다. 다윗교도들에게 어린이는 신성한 존재였다. 이런 차이가 나타난 것은 FBI가 비인간적인 사람들이어서가 아니다. 그들이 어린이 문제에 집중한 이유는 어린이들이 피해를 입지 않도록 구해내야 한다고 느꼈기 때문이다. 다만 협상가들이 기술 관료적 사고방식에 갇혀 있었을 뿐이었다. FBI는 자신들이 이성적이라고 생각했다. 다윗교도들의 행동에도 다른 종류의 이성이 작동하고 있다는 것은 상상조차 하지 못했다. 마운트카멜에 남아 있는 어린이들 중엔 코레시의 자녀들도 있었다. 이 아이들은 종말의 시간이 오면 중요한 역할을 수행해야 하는 특별한 존재로 여겨졌다. 우유를 얻기 위해 이 어린이들을 내보내는 것은 있을 수 없는 일이었다.

FBI 협상가가 자신에겐 어린이들의 안전이 가장 중요한 일이라고 말하자, 슈뢰더는 회의적인 반응을 보였다. "당신이 아이들을 걱정하는 것처럼 들리진 않았는데요." "당신이 이성적이 된다면 기꺼이 대화를 나누죠." 그가 대답했다. 웨이코 협상에 대한 통찰력 있는 책을 쓴 제인 도처티Jayne Docherty에 따르면, 위의 대화는 남성 FBI 협상가가 여성 다윗교도를 대했던 전형적인 방식을 보여준다. 여성 다윗교도들이 너무 감정적이라서 제대로 생각하지 못한다는 것을 암시하는 태도다. 많은 갈등 상황에서, 자신의 방식대로 논쟁을 끌어가려는 쪽과 그 방식에 의문을 갖는 쪽이 있다. 한편은 자신이 이성적이라고 생각한다. 다른 쪽은 자신이 예의 바르게 무시당한다고 생각한다. 겉으로 보기에 예의 바르게 진행되는 대화의 수면 아래서 고통과 분노가 쌓여가다 폭발하고 마는 것이다.

FBI 협상가는 자신이 이 대화에 점점 인내심을 잃어가고 있음을 내비치며 협상 카드를 다시 내밀었다. "어린이들을 내보내면, 우유를 들여보낼 겁니다." 그는 슈뢰더가 자신의 논리를 이해하지 못하는 이유를 도무지 납득할 수 없었다. 그러나 슈뢰더는 이해하지 못하는 것이 아니라 거부하고 있는 것이었다. 그가 자신을 마음대로 조종하려 한다고 느꼈기 때문이다.

> **슈뢰더** 만약에, 만약에 내가… 그러니까 내가 하려는 말은, 당신이 지금 우리는 더 이상 할 말이 없다고 말하는 이유는 내가 당신의 조건에 동의하지 않기 때문이라는 거죠. 그건,─누가 누구의 마음을 조종한다는 거죠? 데이브는 나의 마음을 조종하지 않아요. 당신이 지금 내 마음을 조종하려 하고 있는 거죠.

협상가는 고집스럽게 버텼고, 마침내 슈뢰더가 폭발했다.

> **FBI** 우린 기꺼이 우유를 들여보낼 겁니다…. 우유를 얻는 대신 당신은 뭘 해줄 수 있소? 내 질문은 그겁니다. 뭘 해줄 수 있죠?
>
> **슈뢰더** 그래야 한다면 난 기꺼이 저 문을 걸어 나가서 당신네가 끌고 온 브래들리 전차의 총을 맞겠어요. 그리고 우유를 가져올 겁니다.

마운트카멜에서의 오랜 대치 기간 동안 좀 더 의미 있는 대화가 이루어질 수 있었던 순간이 두 번 있었다. 한번은 사건 초기, 또 한번은 대치가 끝나갈 무렵이었다.

포위전으로 이어진 ATF의 공습이 시작된 지 3분이 흘렀을 때, 다윗교도 변호사 웨인 마틴이 공포에 질려 911에 전화를 걸었다. 교환원이 군보안국의 래리 린치 중위를 연결했다.

**린치** 네, 린치 중위입니다. 무엇을 도와드릴까요?

**마틴** 네, 일흔다섯 명이 우리 건물을 에워싸고 총을 쏘고 있어요. 마운트카멜입니다. 이 안에 어린이와 여자들이 있으니 중지하라고 해주세요.

린치는 그날 이런 드라마가 벌어질 거라고 전혀 예상하지 못했다. 습격이 있을 거라고는 알았지만, ATF가 이렇게 중무장하고 나타날 줄은 몰랐다. 그날은 일요일이었지만 그는 출근을 한 상태였다. 마운트카멜의 이웃 주민들이 주변 도로를 봉쇄한 것에 대해 항의 전화를 걸 거라고 예상했기 때문이다("늙고 뚱뚱해서 여기 있는 거죠." 나중에 그가 마틴에게 털어놓았다).

FBI가 도착하자 린치는 뒤로 물러났다. 유감스러운 일이었다. 그가 가장 효과적인 협상가였을 수도 있었기 때문이다. FBI 협상가들에겐 없는 직관적인 감수성이 그에겐 있었다. 린치는 마틴의 전화에서 긴급한 상황임을 바로 알아차리고 마틴에게 가장 중요한 것을 명확히 인정하면서 인간적인 유대감을 만들어냈다.

린치 알겠어요, 웨인… 저에게 말해주세요, 웨인. 우리 어린이와 여자들
　　을 먼저 보호합시다.

'~합시다'라는 표현으로, 린치는 두 사람이 여자와 어린이들을 보
호하려는 마음을 공유한다는 것, 함께 협력해서 위기를 해결할 수 있
다는 것을 보여주었다. 이후 사망한 동료들의 주검을 남기고 ATF가
철수한 후, 린치는 멍해져 있는 마틴과 대화를 시도했다. 그의 감정
을 인정해주고, 지금 마틴이 처한 상황에서 대화를 시작한 것이다.

린치 괜찮습니까? 당신 목소리가… 문제가 있나요?
마틴 아닙니다. 문제없어요.
린치 화가 난 것 같은데요.
마틴 그러니까, 모든 것이요….
린치 모든 것이 어떤 상황이죠? 네?

린치는 이후 열네 시간 동안 마틴과 전화를 끊지 않았다. 상황을
안정시키고, FBI가 현장을 접수하기 전에 정전 협상을 이끌어냈다.

3월이 지나 4월이 되었다. 다윗교 신도들이 사용하는 언어로 대화
해보려는 새롭고 보다 신중한 시도가 시작되었다. 성경학자 제임스
타보르James Tabor는 TV에서 상황을 보고 FBI에 연락했다. 그는 FBI
가 다윗교도들이 믿는 구약성경의 세계를 전혀 이해하지 못하고 있

다는 것을 곧바로 알아차렸다. 평화로운 해결안을 찾으려면 협상가들도 성경의 언어를 사용해야 했다. FBI에 연락한 후, 타보르와 동료 신학자 필립 아널드Philip Arnold는 신도들 사이에서 학자로서의 권위를 인정받고 있는 나이 많은 다윗교도 리빙스턴 페이건Livingstone Fagan과 직접 대화할 수 있도록 허가받았다. 타보르와 아널드는 페이건과의 대화를 통해 다윗교도들이 건물에서 나오려 하지 않는 이유를 더욱 잘 이해하게 되었다. 그들은 성경이 기다리라고 지시하고 있다고 믿었다.

FBI가 무력시위를 한 것은 다윗교도들이 항복하도록 겁을 주려는 의도에서였다. FBI가 이해하지 못한 것은 다윗교도들이 그런 위협보다 다른 위협을 더 많이 걱정하는 사람들이라는 사실이었다. 스티브 슈나이더가 설명하려 했던 것처럼.

슈나이더 우리가 이 안에 다 같이 모여 있는 이유는 기다리라는 한 마디 말씀 때문입니다. 우리가 사람을 두려워해서가 아닙니다. 우리에겐 두려워하라고 배운 더 높은 권세가 있습니다. 주님께서 내가 너의 영혼을 부술 수 있다고 말씀하실 때, 우리는 그 의미가 무엇인지 압니다. 그것이 지나가버릴 이 세상보다 더 현실이라고 생각합니다.

타보르와 아널드는《요한계시록》의 예언을 다르게 해석할 수 있다고 코레시를 설득해야 한다는 것을 깨달았다. 그들은 7개 봉인을 다른 시각에서 해석하는 길고 전문적인 논쟁을 녹음해서 코레시에게 보냈다. 코레시는 강한 흥미를 보였다. 드디어 상대편에도 그의 신앙을 모욕하거나 흥정하려 하지 않고 진지하게 받아들이는 사람이 생긴 것이다. 4월 14일, 코레시는 하나님께서 7개 봉인에 대한 메시지를 적으라고 명령하셨다고 말했다. 이 글을 마무리하고 나면 "나는 기다림의 시간에서 풀려나게 될 것입니다. (…) 제임스 타보르와 필립 아널드 같은 사람들이 내 글을 받았다는 것을 확인하면, 나는 바로 이곳을 나갈 것입니다"라고 그가 말했다. 마운트카멜 안에는 기쁨이 흘러넘쳤다. 시련이 마침내 끝나는 듯 보였기 때문이다. 그러나 FBI는 코레시의 선언에 별다른 인상을 받지 않았다. 그들의 눈에는 또 다른 지연 전략으로 보였을 뿐이었다. 4월 16일, 협상가 한 명이 코레시의 진정성에 의문을 표했다.

FBI     자, 들어요. 우리가 논의하던 주제로 돌아갑시다. 어, 그러니까… 봉인에 대한 글 말입니다. 좋아요. 그걸 그 안에서 해야만 하고, 그걸 쓰는 데 X만큼의 시간이 든다고 합시다. 하지만… 나에게 말해보시오, 데이비드. 지금 그걸 다 쓰고 나면….

코레시     나는 더 이상 여기에 있지 않아도 됩니다.

FBI     그렇군요. 하지만 그건 내 질문에 대한 답이 아니에요.

코레시     그럼 나는 나갈 겁니다. 예, 분명히 나갈 거예요.

FBI     당신은 나오겠죠. 하지만 나온다는 건 굉장히 다양한 의미가 될 수 있어요, 데이비드.

코레시 유치장에 갇히게 되겠죠.

근본적인 부분에서 대립되는 문제에 대해 지나치게 기술 관료적으로 접근하는 것의 위험은 상대방을 미치게 할 수 있다는 것이다. 또 다른 위험은 논쟁의 역학 구도 자체에 빠져든 기술 관료들이 말도 안 되는 미친 짓을 하도록 스스로를 이성적으로 설득할 수 있다는 것이다. 4월 19일, 코레시가 입장을 바꾸어 7개 봉인에 대한 해석문을 작성하고 나면 다윗교도들이 투항할 거라고 말한 지 겨우 닷새가 지났을 때, FBI 리더들은 인내심을 잃었다. 법무장관 재닛 리노의 허가를 받은 리더들은 마운트카멜에 대한 공격 명령을 내렸다. 다윗교도들에게도 총이 있었지만 그들은 방어 목적 외엔 공격성이나 폭력성을 보이려 하지 않았다. 전투 가능한 수준의 병력이 소수의 미국 시민들을 공격하기 시작했다. FBI는 400통의 최루가스—특정 조건에서 인화성이 있는 물질—를 촛불을 켜고 있는 건물에 살포했다. 한 요원이 확성기로 모두들 건물에서 나오라고 명령했다. "이것은 공격이 아닙니다." 그가 말하는 동안에도 브래들리 전차가 건물 벽을 부수고 있었다. 콘크리트 덩어리가 부서져 내리고, 마운트카멜의 주민들은 공포에 질려 모여들었다. 단지에 불이 붙었고, 얼마 지나지 않아 건물은 화염에 휩싸였다. 코레시와 73명의 다윗교도들이 목숨을 잃었다. 그중 21명은 어린이였다. FBI 요원이 확성기에 대고 말했다. "데이비드, 당신은 15분의 명성을 누렸소. 그는 더 이상 메시아가 아니지."

# 한 명의 개인은 하나의 문화다

웨이코의 끔찍한 비극에서 멀찍이 떨어진 채 편안하게 바라보면서 FBI 협상가들이 무엇을 잘못했는지 분석하는 것과, 우리 중 누군가는 더 성공적으로 해낼 수 있었을 거라고 생각하는 것은 별개의 일이다. 우리를 둘러싸고 있는 문화의 버블 밖으로 걸어 나가 다른 사람들에게는 이 버블이 얼마나 이상해 보이는지 바라보는 것, 또는 다른 사람들의 버블 속으로 들어가 그들에겐 이 버블이 얼마나 당연하게 느껴질지 이해하는 것은 무척이나 어려운 일이다.

문화는 물고기를 둘러싼 물과 같은 것이다. 그 안에 살고 있기에 눈에 보이지 않는다. 우리와 비슷한 사람들과 대화를 나눌 때는 드러나지도 않는다. 문화는 우리가 굳이 말할 필요 없는 것들이기 때문이다. 세상을 바라보는 하나의 관점이라고 느껴지지도 않는다. 현실 자체로 느껴진다. 당연히 세상은 이렇게 돌아가지. 원래 이런 거야. 그러나 진실은, 우리 모두 약시라는 것이다. 자신은 객관적이고 분석적이라고 생각하는 우리에겐 더욱 그러하다. 우리의 관점이 세상을 바라보는 유일한 관점이라 믿는 경향이 있기 때문이다.

문화적 차이는 동양과 서양, 영국과 프랑스 간의 차이만은 아니다. 한 나라는 독특한 문화를 가지고 있지만, 도시도, 직장도, 가족도, 오래된 관계도 모두 고유의 문화를 갖는다. 다른 사람의 부부 관계에 대해 함부로 판단하지 말라는 격언은 그래서 현명한 것이다. 우리는 다른 사람의 문화를 모르기 때문이다. 같은 장소에서 자라 비슷한 학교를 다니고 같은 공연을 보아온 사람들이라 해도, 각 개인은 자신만의 별난 구석과 습관, 의례를 만들어간다. 한 명의 개인은 작은 문화권을 이룬다. 우리 모두, 한 명 한 명이 조금씩 이상하다. 그렇다면 모든 의견 대립은 문화 사이의 충돌이라고도 볼 수 있을 것이다.

세상을 나와 다른 방식으로 바라보는 사람과 마주쳤을 때에야 내가 어떤 물에서 헤엄치고 있는지를 슬쩍 볼 수 있게 된다. 이러한 만남이 위협 상태를 촉발하면, 우리는 상대를 무시하거나 악마처럼 취급한다. 하지만 그렇게 대응한다면 상대의 말을 듣지 못하게 된다. 의견이 대립할 때 이와 같이 대응하지 않으려면, 스스로를 아주 독특한 문화를 가진 먼 나라에서 온 방문자라고 생각해보자. 방문하는 나라의 문화를 이해하기 위해 노력해야겠지만, 나의 문화도 되돌아볼 필요가 있다. 어떤 경험들이 나의 관점을 만들어왔는가? 내가 보지 못하는 사각지대는 어디일까? 나는 선조에게서 어떤 신념과 습관을 물려받았는가? 우리는 스스로를 연구하는 인류학자가 되어야 한다.

상대의 방어 태세를

무너뜨리는

호기심이라는 무기

급하게 판단하려 들면 상대의 말을 듣지도
상대에게서 배우지도 못한다.
논쟁에서 이기려 하지 말고, 흥미를 가져보라.
그리고 당신도 흥미로운 상대가 되어라.

대니얼 케이헌Daniel Kahan은 예일대 법대 교수다. 그는 우리의 정치적 의견이 어떻게 우리를 무지하게 만드는지를 연구한다. 좀 더 구체적으로 말하면, 사람들이 백신 찬반론이나 기후 변화와 같은 논쟁적인 주제에 대해 새로운 정보를 받아들일 때 어떻게 정보를 무의식적으로 왜곡해 자신이 이미 믿고 있는 쪽에 맞추는지를 조사했다. 정치문화에 대한 흔한 불만은 유권자들에게 충분한 정보가 제공되지 않는다는 것이다. 케이헌의 연구는 사람들에게 정보를 제공하는 것이 반드시 도움이 되지는 않는다는 것을 보여주었다.

그는 연구 참가자들에게 수학 문제를 냈다. (가상의) 임상 실험 결과 데이터를 사용해서 새로 나온 연고가 피부 발진을 낫게 하는지 악화시키는지를 계산하는 문제였다. 대부분의 응답자들은 정답을 맞혔다. 그다음엔 정확히 같은 통계 데이터를 주고 정치적으로 양극화된 주제인 총기 법률에 관한 문제를 냈다. 어떤 응답자들에게는 법률 개정 후 총기 범죄가 증가한다는 것을 보여주는 데이터를 제공하고, 다른 응답자들에게는 법률 개정 후 범죄가 감소한다는 것을 보여주는 데이터를 제공했다. 그 결과 사람들의 정치적 태도에 따라 통계 문제의 정답을 맞히는가 여부가 달라졌다. 마음에 들지 않는 데이터를 제공받은 총기 소지 찬성론자들은 갑자기 수학 실력이 떨어졌다. 총기 반대론자들의 경우도 마찬가지였다.

케이헌은 이러한 실험 결과가 전혀 놀랍지 않다고 지적한다. 위험성이 있는 연고나 납부해야 할 세액에 대한 정보를 읽을 때는 원래 가지고 있던 믿음에 연연하지 않고 새로운 정보를 받아들이는 것이 합리적이다. 그러지 않는다면 불이익을 받게 될 것이다. 그러나 기후 변화와 같은 문제는 정확한 정보를 안다고 해서 눈에 보이는 이익을 바로 얻지 못한다. 반면 다른 사람들이 좋아하는 쪽의 신념을 표출하는 것은 즉각적인 이익을 준다. 소속감을 얻게 되기 때문이다. 우리는 옳은 편에 서는 것보다 다른 사람들에게 신경을 많이 쓴다. 다른 사람들과 공유해온 신념을 바꾼다는 것은 그 신념을 공유해온 사람들을 잃게 되는 일이다.

친구와 밤하늘에 대해 이야기하던 중에, 친구가 금성이 지구에서 가장 가까운 행성이라고 말했다고 치자. 친구에게 틀렸다(가장 가까운 행성은 화성이다)고 말해주면 친구는 아마 자신이 틀렸다고 인정할 것이다. 약간 민망해할 수는 있겠지만, 대화는 다시 이어질 것이다. 비슷한 대화가 17세기에 일어났다고 상상해보자. 당신의 친구가 태양이 지구 주위를 돈다고 말할 때 당신이 그 말이 틀렸다고 정정하면서 갈릴레이라는 사람이 반대로 지구가 태양 주위를 돈다는 것을 알아냈다고 말한다. 당신의 친구는 분노할 것이고, 당신이 제시하는 증거를 일체 거부할 것이며, 당신을 사악한 이단자라고 비난할 것이다. 당시의 천문학은 단지 천문학이 아니었기 때문이다. 사회 질서와 영혼의 질서에 대해 사람들이 깊이 믿고 있는 신념과 연관된 문제였다. 당신의 친구에게 지구가 태양 주위를 돈다고 말하는 것은 그가 우주에 대해 가지고 있는 개념을 고쳐주는 것만이 아니라 사회적 우주에서의 그의 자리를, 그러므로 그가 자신에 대해 가지고 있는 생각 자체를 위협하는 것이다. 바로 그런 이유로 우리가 개인적으로 중요하게 여기는 문제에 대해서는 자기 정체성을 지지하는 정보만 받아들이고 그렇지 않은 정보는 무시하게 되는 것이다.

케이헌은 이러한 현상을 정체성 보호 인지Identity-Protective Cognition라고 불렀다. 정체성 보호 인지는 지적 수준이나 교육 수준이 낮은 사람들에게 나타나는 현상이라고 생각할 수 있겠지만, 케이헌은 지적 수준이 높고 고등교육을 받은 사람들이 더 자신의 세계관에 맞게 정보를 왜곡할 가능성이 높다는 것을 발견했다. 똑똑한 사람들은 자신의 신념을 지지하는 이유를 찾아내는 데도 능하다. 그것이 잘못된 신념인 경우에도 마찬가지다. 그들은 다른 사람과 자기 자신을 설득하기 위해 더 강력한 논거를 만들어낼 수 있으며, 자신의 신념에 반하는 정보를 이유를 붙여 밀어내는 데도 능숙하다. 지구가 평평하다고 믿는 사람들이 모여 있는 온라인 포럼이나 기후과학에 반대하는 온라인 포럼에 들어가 보면, 풍부한 과학적 지식을 활용해서 완전히 잘못된 결론을 내리고 있는 사람들을 볼 수 있다.

정치적 논쟁이 좀 더 생산적인 것이 되길 바라는 사람들에게 이러한 사실은 암울한 예후를 전한다. 더 많은 정보도 더 합리적인 사고 능력도 도움이 되지 않는다면 무엇이 도움이 될까? 케이헌은 이 질문의 답을 우연히 발견했다. 어떻게 하면 더 많은 사람들이 과학 다큐멘터리를 보게 할 수 있을지 조언을 구하러 온 다큐멘터리 감독들과의 대화에서였다. 이들은 과학적 호기심의 수준이 높은 일반인을 찾아낼 수 있도록 도와달라고 요청했다. 케이헌과 연구팀은 과학적 호기심 지수Science Curiosity Scale, SCS라는 설문 도구를 개발했다. 응답자가 과학 다큐멘터리에 얼마나 관심을 보일지 예측할 수 있도록 설계한 설문이었다. 과학책을 읽을 가능성이 얼마나 높은가에 대한 질문이 포함되어 있었고, 다양한 수준의 과학 콘텐츠를 담은 기사들을 제시해 그중 하나를 선택하도록 하는 질문도 있었다.

케이헌의 팀이 수천 명의 사람들을 설문한 결과, 과학적 호기심이 높은 사람들은 남성과 여성, 저소득층과 고소득층, 좌파 성향과 우파 성향 모두에 걸쳐 고르게 분포되어 있다는 사실을 발견했다. 한 가지 더, 전혀 예상치 못했던 사실도 알게 되었다. 케이헌 자신의 궁금증 때문에 정치적으로 양극화된 이슈에 관한 질문 몇 개를 설문에 포함시켰는데, 돌아온 결과를 분석해보니 과학적 호기심이 높은 사람일수록 당파적 편향이 낮게 나타났다.

케이헌에게 이는 직관에 반하는 사실이었다. 이전에 그는 지식수준이 높은 사람들이 당파적 사고를 할 가능성이 더 높다는 가설을 정립했었기 때문이다. 그러나 설문 결과는 지식수준이 높은 사람들과 호기심 수준이 높은 사람들을 구분해냈다. 호기심이 많은 사람들은 과학에 대해 잘 알지는 못했지만, 새로운 것을 알게 될 때 즐거움을 느꼈다. 호기심 수준이 높은 공화당 지지자와 민주당 지지자는 지식 수준이 높은 공화당 지지자와 민주당 지지자들과 비교하면 기후 변화 같은 문제에 대해 보다 비슷한 의견을 가지고 있었다.

케이헌과 동료 연구자들은 또 다른 실험을 설계했다. 기후 변화에 관한 기사들을 주고 그중 가장 흥미로운 기사를 선택하게 한 것이다. 어떤 기사는 기후 변화를 우려하는 내용이었고, 어떤 기사는 기후 변화에 대한 주장을 약화시키는 것이었다. 어떤 기사는 충격적인 사실을 전달하는 식으로 제목을 뽑았고, 어떤 기사는 이미 알려진 사실을 확인하는 것이었다.

일반적으로 당파적 응답자들은 자신의 관점에 부합하는 기사를 선택할 것이었다. 그러나 과학적 호기심이 높은 공화당 지지자들은 기사가 충격적인 사실을 전한다는 것을 알게 될 경우 ("과학자들이 놀랄 만한 증거를 제시하다: 빙하가 예상보다 훨씬 빠른 속도로 녹고 있다") 기존의 정치적 관점에 반하는 기사를 선택했다. 과학적 호기심이 높은 민주당 지지자도 마찬가지였다. 과학적 호기심이 높은 사람들에겐 놀라운 발견과 경이가 주는 기쁨이, 이미 알고 있는 사실을 확인하려는 욕망보다 강했다. 호기심이 편견을 이긴다.

### 좀 더 이야기해주실 수 있나요?

어려운 만남에서 최선의 것을 얻어내는 유일한 방법은 배우고자 하는 열망에 힘을 싣는 것이다. 당신이 기후 변화 활동가인데 기후 변화가 몽땅 사기라고 믿는 사람을 만나야 한다면, 당신이 할 수 있는 최선의 일은 그들이 어떻게 그런 관점을 가지게 되었는지에 대한 흥미를 갖는 것이다. 어떤 경험을 했기에, 무엇을 읽었고 어떤 이야기를 들었기에 그런 생각을 하게 된 것일까? 알게 된다고 해서 당신과 그의 관점이 같아지진 않겠지만, 적어도 함께 나눌 수 있는 이야기는 생긴 셈이다.

우리는 너무 빨리 서로의 의견이 다르다는 결론을 내리곤 한다. 많은 경우에 '음, 사실은…'이라고 말하는 시점을 미루는 것은 현명한 일이 된다. 상대가 방해받거나 자신을 방어해야 할 필요성을 느끼지 않으면서 길게 말할 수 있는 기회를 얻을수록, 우리는 상대의 관점에 대해 더 많은 정보를 얻게 된다. 그럴수록 유리한 입장이 되는 것도 분명하다. 무언가를 배워서 우리의 관점을 수정할 수 있게 되거나, 상대의 관점을 더 잘 이해함으로써 어떻게 논쟁해야 할지 알게 되기 때문이다. 때로는 더 많이 대화를 나누다 보면 원래 입장에서 벗어나는 이야기를 하게 되는 경우도 있다.

질문은 호기심을 보여주는 좋은 방법이지만, 때로는 호기심을 회피하는 방법이 되기도 한다. "진짜요?"라고 묻는다면, 진짜가 아니라고 생각한다고 말하는 것이다. "왜 그렇게 생각하세요?"라고 묻는 편이 낫긴 하지만, 역시 좋은 질문은 아니다. 당신의 의견을 입증해보라는 요구처럼 들릴 수 있기 때문이다. 나는 판사 자리에 앉고 상대는 피고석에 앉히는 셈이다. "좀 더 이야기해주실 수 있나요?"라고 묻는 게 훨씬 좋은 질문이다. 이런 종류의 질문은 듣고자 하는 자세를, 동등한 대화 상대로 여긴다는 태도를 보여준다. "당신이 왜 그렇게 생각하는지 조금 더 이야기해주시겠어요?"라는 질문은 "왜 그렇게 생각하시죠?"라는 질문과 미묘하게, 하지만 많이 다르다.

나는 이 책의 일부를 파리에 머무는 동안 썼다. 파리에 있는 동안 닐 재닌Neil Janin이라는 사업가가 나에게 연락을 해왔다. 내가 호기심에 대한 책을 썼다는 것을 알고 이 주제에 대해 이야기를 나눠보고 싶다고 했다. 그는 내가 갈등에 관한 책을 쓰고 있다는 사실은 몰랐지만, 알고 보니 그가 이 분야의 전문가였다. 재닌은 경영 컨설팅 회사 맥킨지에서 30년 동안 일했고, 그중 상당 기간 동안 파리 사무소의 대표를 지냈다. 이제 반쯤 은퇴한 재닌은 고위 임원들에게 갈등 상황에서의 대화를 다루는 법을 코칭하고 있었다. 우리가 카페에서 만났을 때, 그는 병에서 회복하는 중이라 목소리가 잘 나오지 않았다. 테이블을 사이에 두고 앉은 그는 꿰뚫어보는 눈빛으로 나를 바라보며 열정적이고 거친 속삭임에 금언처럼 지혜로운 말을 담아 건넸다. 그가 말했다. "모든 것의 핵심은 유대와 연결입니다. 서로 연결되지 못하면 아무것도 만들어낼 수 없어요. 왜 동료와 연결되지 못하는 걸까요? 판단을 내리기 때문입니다. '저 사람은 멍청해. 저 여자는 이해를 못하네. 저 사람들에겐 데이터나 팩트가 없어. 팩트만 준다면 마음을 바꿀 거야. 그래도 마음을 바꾸지 않는다면 바보지.'" 그가 말을 이어갔다. 논쟁을 벌일 때 우리에겐 선택지가 있다. 하나는 쉬운 선택지, 다른 하나는 어려운 선택지다. "우리는 판단 내리길 좋아합니다. 판단 내려버리면 우리가 '옳은' 것이 되고, 우리의 에고를 만족시키게 되며, 에너지도 들지 않아요. 호기심을 갖는 일에는 에너지가 듭니다. 새로운 사실을 이해하려고 애써야 하기 때문이죠. 하지만 무언가를 철저하게 알아갈 수 있는 유일한 방법이기도 합니다."

로런스 앨리슨은, 조사관들이 효과적으로 심문을 진행하려면 용의자가 얼마나 끔찍한 범죄를 저질렀든지 간에 그에 대한 도덕적 판단을 내리는 것을 미루어야 한다고 말한다. "그 사람이 지금 당신 앞에 앉아 있게 된 데는 이유가 있고, 그 이유는 그 사람이 악하다는 것 하나만은 아닐 겁니다. 그 사람이 왜 여기까지 오게 되었는지 궁금해하지 않는다면, 당신은 좋은 조사관이 되지 못할 거예요." 재닌이 고객들에게 주는 가장 중요한 조언도 핵심은 같다. "판단을 미루세요. 대신 호기심을 가지십시오!"

분석적이고 논리적이며 보상과 이해관계에 응답하는 문화를 공유하는 사이인 경영 컨설턴트와 기업 고객들에게도 의견 대립은 어려운 일이다. 그런데 대화 상대가 감정적이고 비이성적이며 이상한 신념에 사로잡혀 있다면 어떻게 해야 하는가? 이는 제인 도처티가 웨이코 협상에 관한 책에서 던진 질문이기도 하다. 그녀의 제언에 따르자면 그들 또한 합리적인 사람이라고 가정하는 것이 핵심이다. 그리고 그들이 어떤 합리성을 사용하는지를 알아내는 것이 당신이 해야 할 일이다.

위대한 사회학자 막스 베버는 우리가 '합리적'이라는 말을 너무 좁은 의미로 사용한다고 주장했다. 사람들이 현실적인 목표를 이루기 위해 논리적으로 행동하는 모습을 묘사하는 데 일반적으로 사용된 다는 것이다. 베버는 이를 도구적instrumental 합리성이라 규정하고, 다른 세 유형의 합리적 행동이 존재한다고 제시했다. 정감적affective 합리성은 관계를 말과 행동의 중심에 둔다. 대니얼 케이헌의 연구에 응답한 사람들은 이 합리성을 사용했다. 전통적traditional 합리성은 이전 세대가 물려준 방향키를 흔쾌히 받아들인다. 우리가 12월마다 집 안에 크리스마스트리를 장식하는 것은 전통적 합리성의 결과다. 마지막으로 가치values 합리성이 있다. 모든 행동은 더 높은 가치를 따르기 위한 것이며, 그 결과는 중요하지 않다. 다윗교 신도들이 도구적 합리성을 사용하는 FBI들의 정신을 혼미하게 만들었던 합리성이 바로 이것이다.

한 가지 합리성만을 사용하는 사람은 거의 없다. 우리는 대부분 여러 합리성 사이를 오가거나, 동시에 두 종류 이상의 합리성을 사용한다. 도처티는 다윗교도들이 매우 실용적이고 분석적인 사람들이었으며, 그들이 믿는 근본적인 가치와 충돌하지만 않는다면 문제를 함께 해결할 용의가 있었다고 지적했다. 이런 경우 호기심이 도움이 된다. 도구적 합리성을 사용하지 않는 사람―가족이든 동료든 정치적으로 반대편에 있는 사람이든―과 의견 대립이 있을 때 상대를 미친 사람이라고 결론 내리지 말고 그들이 어떤 합리성을 사용하고 있는지 호기심을 가져볼 수 있는 것이다. 딸이 늦게 자겠다고 비이성적으로 고집을 부린다면, 그 아이는 정감적 합리성을 사용하고 있는지도 모른다. 당신과 더 많은 시간을 보내기 위해서 말이다. 생각해보

자. 다른 사람의 행동은 어떤 근원적 논리에 기반하고 있는가? 당신의 근원적 논리는 무엇인가?

## 역화 효과

우리 스스로만 호기심을 가지려고 노력하는 게 아니라 다른 사람들도 호기심을 갖도록 장려하고 싶다. 어떻게 하면 될까?

사우스캐롤라이나대학의 심리학자 그레고리 트레버스Gregory Trevors는 역화 효과backfire effect를 연구했다. 자신이 가진 정보가 틀렸다고 지적받으면 오히려 그 잘못된 정보에 근거한 신념을 강화하는 역설적인 경향이 있다는 것이다(역화 효과는 정치학자들이 붙인 용어다. 2009년, 9·11 배후에 이라크가 있다고 믿는 사람들은 그에 반하는 정보를 제공받은 후에도 그 믿음을 오히려 더 강화한다는 것을 발견하고서였다). 해로운 습관을 지적받은 중독자들이 보이는 반응과도 비슷하다. 이전 장에서 우리가 보았듯, 누군가를 바로잡으려는 행동의 위험은 상대의 정체성에 위협을 가한다는 것이다. 이런 경우 트레버스가 '도덕적 감정'이라 부른 분노와 불안이 끼어들면서 대화는 빠르게 궤도를 벗어나게 된다. 분노와 불안에 사로잡힌 사람들은 시야가 좁아지며, 자신의 입장을 방어하고 자신의 입장에 반하는 메시지를 공격하는 데 집중하게 된다. 이의 대안적 전략은 놀라움과 호기심 같은 '인식적 감정epistemic emotions'을 깨우는 것이다. 트레버스에 따르면, 인식적 감정은 불안과 분노의 해독제 역할을 한다. 백신 반대론자였던 칼리 레온은 모욕감을 느끼고 자신의 입장을 더 고집하게 되었다는 이야기를 들려준 바 있다. 그녀는 "사람들이 질문해준 것이 도움이 되었어요. 나도 다시 한번 생각해보게 되었거든요"라고도 말했다.

우리는 앞에서 위협 반응이 발화되지 않게 하는 법에 대해 논의했다. 의견 대립에 뛰어들기 전에 상대를 배려하는 모습을 보이라는 것이었다(상대가 뭐라고 말할지 궁금해하는 것도 배려하는 방법 중 하나다). 단정짓는 대신 새로운 정보나 주장을 상대가 불리한 입장에 몰렸다고 느끼기보다 흥미를 느낄 만한 방식으로 전달할 수도 있다. 대니얼 케이헌이 밝혀냈듯, 놀라움―"그건 몰랐는데! 그렇게는 생각해본 적이 없었군"―이라는 감정은 완고한 신념을 느슨하게 해준다. 해당 주제에 호기심을 갖고 있다는 사실을 보여줌으로써, 내가 모든 정답을 알고 있다고 생각하지 않는다는 것을 전하고 상대도 호기심을 갖도록 격려할 수 있다. 그레고리 트레버스는 이야기와 유머, 비유를 사용하면 상대의 방어 태세를 중립화할 수 있다고 말한다. 설득하려 하기보다는 흥미로운 이야기를 들려주도록, 그리고 스스로도 흥미를 갖도록 노력하라는 것이다.

호기심을 갖지 않는 편이 호기심을 갖는 것보다 언제나 쉽다. 닐 재넌의 말처럼 호기심은 에너지, 시간, 관심이라는 유한한 자원을 필요로 하기 때문에 어렵다. 당신이 어떤 주제―예를 들어 이민 문제―에 대해 나와 다른 의견을 가지고 있다면, 당신이 나와 다른 경험을 했기 때문일 수도 있다. 그 차이점에 대해 곰곰이 생각해보려면 지적 능력을 사용해야 하는데, 나는 그 능력을 투입할 마음이 없는

경우도 종종 있다. 당신이 하는 말에 관심을 갖기보다는 편협한 사람
으로 무시해버리는 편이 빠르고 효율적이다. 너무 많은 의견이 쏟아
지고 있는 오늘날의 세계에선 이렇게 반응할 필요가 있다고 느낄 수
있겠지만, 우리는 그러한 충동을 거부해야 한다. 다른 관점에 대한
호기심을 닫아버린다면, 우리는 덜 지적이고 덜 인간적인, 그리고 덜
흥미로운 사람이 될 것이다.

언제 어떻게

실수를 인정할 것인가

빠르고 진정성 있게 사과한다면
실수가 오히려 긍정적인 것이 될 수 있다.
당신의 겸손함을 보여주었기에 관계가 튼튼해지고
대화가 수월하게 흘러갈 것이다.

잘못된 음이란 없다.

어떻게 풀어가느냐의 문제다.

—텔로니어스 몽크[●]


　당신은 자살 시도 현장에 막 도착했다. 한 남자가 고층 빌딩의 끄트머리에 서서 뛰어내리겠다고 위협하고 있다. 경찰이 그에 대해 알고 있는 정보를 브리핑해준다. 옥상으로 올라간 당신은 그가 위협적으로 느끼지 않을 만큼 거리를 두고 대화를 시도한다. 감정적 유대를 만들기 위해 그를 한 사람의 인간으로 존중하고 있다는 것을 보여주려고 한다. "안녕하세요, 아메드." 당신이 말을 건다. "뭔가 힘든 일이 있나 보네요. 도움이 될 수 있다면 제가 돕고 싶은데요."

　그 순간 당신은 큰 실수를 저질렀다는 걸 깨닫는다. 그가 말을 해주었든, 아니면 스스로 알아차렸든 그의 이름은 아메드가 아니라 무

---

[●] 미국의 재즈 피아니스트이자 작곡가.

하메드라는 것을 알게 되었다.

시작도 해보기 전에 상황의 주도권을 잃어버렸다. 이제 무엇을 해야 할까?

영국 랭커스터대학 교수이자 세계적으로 저명한 위기 상황 협상 전문가인 폴 테일러는 이 질문을 연구한 사람이 아무도 없다는 사실을 깨닫고 대학원생 미리엄 우스팅가Miriam Oostinga에게 이 주제를 연구해보라고 권했다. 우스팅가는 이 문제에 곧바로 빠져들었다. 감정이 격앙된 자살 시도자와 협상해야 하는 긴박한 상황에서, 한마디 실수는 협상가가 겨우 만들어낸 아슬아슬한 신뢰 관계를 망가뜨릴지도 모른다. 그러나 실수는 일어나기 마련이다. 협상가는 이 실수를 어떻게 다뤄야 할까? 테일러의 제안을 받아들인 우스팅가는 이 주제로 박사 과정을 이어갔다.

우리는 모두 커뮤니케이션 실수를 한다. 그 자리에 있는 사람들이 당장 알아차릴 수 있고 관계를 긴장시키는 실수 말이다. 어떤 학생의 머리 스타일에 대해 농담을 던졌다가 학생의 감정을 상하게 했다는 걸 깨달은 교사도, 자신의 의견을 충동적으로 트위터에 올렸다가 바로 후회하는 정치인도, 의도치 않게 고객을 화나게 한 영업 사원도 저지르는 실수다. 아주 작은 실수라 해도 그 말을 한 당사자나 듣는 사람 모두에게 감정적인 영향과 심지어 생리적인 영향도 미칠 수 있다. 실수를 저지른 사람이 이를 어떻게 회복하는가에 따라 이후 대화가 얼마나 잘 흘러갈 것인가가 결정된다.

우스팅가는 네덜란드 경찰과 교도관들 가운데 잘 훈련받은 협상가들을 연구에 참여시켰다. 이들 중엔 위기 상황 협상가도, 조사관도 있었다. 나는 그녀에게 연구에 참여한 사람들이 어떤 사람들이었고, 서로 비슷한 점이 있었느냐고 물었다. "모두들 기본적으로 대화 상대에게 관심을 가지는 사람들이었어요." 그녀가 대답했다. "그들과 대화를 나눌 때면, 그들이 제가 어떤 사람인지, 제가 하는 일이 무엇인지를 진심으로 궁금해한다는 느낌을 받았어요." 우스팅가는 참여자들에게 그들의 실수로 생긴 문제에 대해 어떻게 느끼는지를 먼저 물었다. "사람들을 대할 때 100퍼센트 완벽한 사람은 아무도 없어요." 참여자 중 한 명이 대답했다. "언제나 뭔가는 잘못되기 마련이죠." 실수가 가져오는 위험은 관련된 사안이 위중할수록—많은 사람들의 생명이 걸려 있는 문제일수록—그리고 힘겨루기로 몰아가려는 공격적인 사람들을 대할 때면 더욱 커진다. 실수는 이름을 잘못 부르거나 사건이 일어난 시간과 장소를 혼동하는 것처럼 사실관계에 관한 것일 수 있다. 아니면 지나치게 고압적인 말투를 사용하거나 "당신이 어떤 기분인지 알겠네요"라고 말하는 것과 같은 판단상의 실수를 저지를 수도 있다. 상대는 자신이 어떤 기분인지 당신은 전혀 모른다고 곧바로 받아칠 것이다.

우스팅가는 협상가들이 실수라는 개념 자체를 조심스러워한다는 사실에 놀랐다. 협상가들은 그때그때 상황에 빠르게 대응하다 보면 메시지가 엇나가는 일을 피할 수 없다고 생각했다. 실수를 피하려다 보면 대화가 피상적이고 비인간적인 것이 되어버릴 것이다. "혹시 실수할까 봐 소소한 대화만 나누지 않도록 조심해야 합니다." 협상가 한 명이 지적했다. 또 다른 협상가도 "실수를 저지르지 않는다면 인간이 아니죠. 로봇 같을 겁니다"라고 말했다. 협상가들은 '실수'가 너무 명백하게 부정적인 표현으로 사용된다고 생각했다. 노련하게 다룬다면 오히려 긍정적인 결과를 가져올 수도 있는데 말이다.

연구의 다음 단계에서, 우스팅가는 위기 상황의 시뮬레이션을 만들어 협상가들이 실수를 저지르도록 했다. 예를 들어 협상가들은 교도소에서 농성하면서 칼로 자해하겠다고 협박하는 남자의 이름이 스티븐이라고 전해 들었다. 그 이름을 처음 부르는 순간(협상가들은 이름을 부르도록 훈련받는다) 범인을 연기하는 배우는 화난 목소리로 대꾸한다. "난 스티븐이 아니오." 다른 시나리오에서는 판단 실수가 일어나게 된다. 대화를 나누던 도중 용의자가 협상가의 말투에 기분 나빠하는 상황이 벌어진다. 너무 딱딱하고 잘난척한다거나 지나치게 친근한 척한다고 비난하는 것이다. 우스팅가는 협상가들이 이에 어떻게 대응하는지, 그리고 이후의 대화가 어떻게 흘러가는지에 관심을 기울였다.

실수에는 예측 가능한 결과가 뒤따랐다. 협상가들은 점점 스트레스를 받았고, 대화는 격렬하고 불안정해졌다. 그러나 기대하지 않았던 효과를 얻기도 했다. 조사관이나 인질 협상가에게 최악의 적은 속임수나 분노가 아니라 침묵이다. 이들에게 가장 중요한 목표는 어떤 대화든 이어지게 하는 것이다. 우스팅가는 그런 의미에선 실수가 도움이 된다는 것을 발견했다. 예를 들어 용의자가 목격한 상황을 묘사하는 중에 조사관이 중요한 세부 사항을 잘못 전달하면(우스팅가가 잘못된 정보를 주었기 때문이다) 용의자는 격분해서 대답하곤 했다. "아뇨, 그런 게 아니었다니까." 그리고 용의자는 실제 상황을 상세하게 묘사하기 시작했다. 대화가 이어지고, 조사관은 풍부한 정보를 얻었다.

협상가들은 실수에 연연하는 대신 실수를 이용해 이전보다 가까운 관계를 만들어냈다. 그들은 즉각적이고 진심으로 사과하는 훈련이 되어 있었다. "당신 말이 맞아요. 제가 실수했군요." "그래요, 바보 같은 소릴 했네요. 다시 시작할까요?" 가끔은 정보원을 탓하며 상황을 모면하기도 했지만, 상황에 따라서는 책임을 받아들이고 자신의 취약한 면을 상대에게 보여주었다. 협상가들은 그렇게 하는 것이 생산적인 일이라고 우스팅가에게 말했다. 본질적으로 기울어진 역학 관계 속에서 균형을 잡는 데 도움이 되기 때문이다. 다시 말해 사과를 통해 상대가 '한 급 낮은' 위치에 있다고 느끼던 상황을 바로잡을 수 있다. 그 사과가 진심으로 보인다면 말이다.

## 사과의 경제적 가치

사과의 기술을 완성해내는 사람은 많지 않다. 그전에 너무 늦어버리기 십상이다. 바사칼리지 경제학과의 벤저민 호Benjamin Ho 교수는 왜 어떤 사과는 효과가 있고 다른 사과는 쓸모없고 진정성 없는 것으로 여겨지는가를 연구한다. 경제학자가 이런 주제에 집중하는 것은 일견 이상해 보이지만, 호 교수는 행동경제학자다. 행동경제학자는 사회적 행동의 비용과 편익에 관심을 갖는 사람들이다. 결국 사회는 돈으로 움직이지 않는다. 사람들의 관계로 움직인다(경제학자들이 이 사실을 깨닫기까지는 오랜 시간이 걸렸다). 사회적 상호작용 속에서 우리가 저지르는 실수는 관계를 해치거나 무너뜨릴 수 있다. 사과는 그 관계를 회복시키는 중요한 방법이다.

기업 수준에서 보면 사과는 실질적인 경제적 중요성을 갖는다. 폭스바겐이나 페이스북 같은 기업이 문제를 일으켰다면 고객 관계에서의 피해를 최소화하기 위해 효과적으로 사과할 수 있어야 한다. 2004년 미시간대학의 피오나 리Fiona Lee 교수는 14개 회사가 지난 21년간 펴낸 연간 보고서에서 각 기업이 실적 저하와 같은 부정적인 사태를 기술한 방식을 분석하는 연구를 이끌었다. 리와 동료들은 실수를 공식적으로 인정한 기업들은 실수를 은폐하려 한 기업에 비해 1년 뒤 높은 주가를 보였다는 사실을 발견했다.

리의 연구에서 영감을 받은 벤저민 호는 사과와 경제적 성과를 연결하는 다른 방법을 찾기 위해 노력했다. 동료인 일레인 리우Elaine Liu와 함께 미국에서 의료 사고가 다루어지는 방식을 연구했다. 환자에게 피해를 입히는 실수를 저지를 경우 의사들은 곤경에 처하게 된다. 정직한 의사라면 환자에게 사과하려 할 것이다. 그러나 사과를 함으로써 의사는 감당하기 어려운 법적 분쟁에 처할 수 있다. 이제, 당신이 환자인데 당신 자신 또는 사랑하는 사람의 인생에 고통을 안겨준 실수를 저지른 의사에게서 사과를 받지 못한다고 상상해보자. 분노하지 않겠는가? 원래는 고소할 의도가 없었다 해도 이제는 고소하고 싶어질 것이다. 이것이 실제 벌어지고 있는 상황이다. 환자는 화가 나 있는데 의사는 사과할 생각이 없다. 결국 환자는 더 화가 나서 고소를 하게 된다.

이러한 악순환을 끊기 위해, 미국의 여러 주들―호와 리우가 논문을 발표한 당시 기준으로 36개 주―은 의사들의 사과가 법정에서 증거로 채택되지 않도록 하는 법안을 통과시켰다(이 법안은 2005년 상원의원 버락 오바마와 힐러리 클린턴이 상정했다). 의사들이 미안하다고 말할 수 있는 안전한 피난처를 만들어줌으로써 환자와의 관계를 개선하고 법적 분쟁으로 번질 가능성을 낮춘다는 의도였다. 모든 주에서 이 법안이 통과된 것은 아니어서, 호와 리우는 '사과 법령Apology Laws'이 통과된 주에서 의료 소송이 16~18퍼센트 줄어들고 의료 과실 사건이 20퍼센트 빠르게 해결되었다는 것을 확인할 수 있었다. 권위를 가진 사람에게 '미안합니다'라는 사과를 듣는 것만으로 비용이 많이 들고 진 빠지는 법적 분쟁이 크게 줄어든 것이다. 이를 통해 호는 사과의 구체적인 가치를 산정할 수 있었으며, 그동안 발전시켜온 이론을 확인할 수 있었다. 사과가 효과적이려면, 그 사과가 어려운 것으로 보여야 한다는 것이다.

의사나 건축가, 정치인 등은 기본적으로 전문성에 대한 깊은 신뢰를 바탕으로 관계가 성립된다. 전문가가 실수를 저지를 경우엔 관계가 위태로워진다. 전문가가 사과를 통해 훼손된 관계를 회복할 수 있는지는 그 사과를 하기 위해 전문가가 값을 치른 것으로 보이는가의 여부에 달려 있다. 그는 경제학과 생물학에 큰 영향을 미친 수학 이론인 게임 이론을 빌려와 이를 설명했다. 게임 이론에서 '값비싼 신호'란 거짓으로 만들어내기 어려운 커뮤니케이션을 뜻한다. 생물학에서 찾을 수 있는 대표적인 사례는 공작의 꼬리다. 공작의 꼬리는 찰스 다윈에게 절망을 안겨주었는데, 그렇게 정교하고 과하게 장식적인 꼬리를 갖게 된 진화론적 근거를 찾아낼 수 없었기 때문이다. 게임 이론가들은 꼬리가 지나치게 화려한 것이 핵심이라고 설명한다. 수컷 공작은 자신이 탁월하게 건강하다는 것을 꼬리를 통해 과시한다. 부와 권력을 과시하기 위해 터무니없이 화려한 궁궐을 짓는 왕처럼 말이다. '나는 건강해', '나에겐 힘이 있어'라는 메시지를 신빙성있게 전하려면, 그 신호는 거짓으로 만들기 어려운 것이어야 한다.

호는 같은 논리가 사과에도 적용된다고 생각했다. 누군가 우리에게 잘못했다고 느끼면, 우리는 그가 '미안합니다'라고 말해주길 바란다. 그러나 많은 경우 사과가 충분히 만족스러운 것이 되려면 말만으로는 부족하다. 그 사과를 하는 것이 무척 어려운 일이었음을 상대가 느끼게 해야 한다. 부부 관계 카운슬러들은 서로의 균열을 치유하기 위해 사과해야 한다고 조언하지만, 관계를 경험해본 사람이라면 너무 빨리 사과해서도 안 된다는 것을 알 것이다. 충분한 고민 없이 하는 사과는 공허하고 진심이 아니라고 느껴질 수 있다. 우리는 가끔 사랑하는 사람들이 우리에게 사과할 때 더 일찍 미안하다고 말하지 못한 이유를 대보라고 괴롭힌다. 그들이 감정적인 대가를 치르길 바라기 때문이다. 기업의 사과에도 같은 논리가 적용된다. 기업이나 정치인이 대중에게 사과한 후 조롱과 모욕이 뒤따른다고 해서 사과가 시간 낭비였던 것은 아니다. 호에 따르면 조롱과 모욕 때문에 사과가 효과적일 수 있는 것이다.

호는 값비싼 사과를 하는 몇 가지 방법을 열거한다. 첫 번째 예는 '미안해, 이 꽃을 받아줘'로 시작해보자. 값비싼 사과의 가장 단순한 형태다. 여기서의 비용은 명백하고도 구체적이다. 꽃이 더 비쌀수록 좋다. 두 번째는 '약속의 사과'다. '미안해, 다시는 안 그럴게.' 여기서의 비용은 미래의 선택지를 담보 잡히거나 포기하는 것이다. 이렇게 사과해놓고 다시 잘못을 반복한다면 다음번 사과는 효과가 없을 것이다. 세 번째는 내가 영국인의 사과법이라고 생각하는 방식이다. '미안해, 내가 바보야.' 이 방법은 특히 흥미로운데, 능력 있고 효과적인 사람으로 보일 자격을 걸고 사과하는 것이기 때문이다(호는 이를 '지위의 사과'라고 불렀다). 마지막으로, 미리엄 우스팅가가 '모면하는' 대답이라 부른 것이 있다. '미안해, 내 잘못이 아니야.' 관계를 되살리는 데 아주 효과적인 방법은 아니다. 이 말을 하는 데 비싼 값을 치를 필요가 없기 때문이다. 그러나 이 방법이 최선인 상황도 있다. 당신의 능력에 대한 명성이 무엇보다 중요한 경우라면 당신이 잘못하지 않았다는 것을 보여주어야 하니 말이다.

2018년, 호는 사과에 대한 자신의 이론을 실제 세상에서의 데이터로 시험해볼 수 있는 기회를 얻었다. 시카고대학의 존 리스트John List 교수가 전화를 걸어온 것이다. 리스트는 우버의 수석 경제학자로 일하고 있었다. 그는 호에게 우버의 사업에서 사과가 갖는 가치를 산정하는 작업을 도와달라고 부탁했다. 서비스 기반의 사업이 그렇듯, 우버 고객들의 불만은 차가 제때 도착하지 않거나 잘못된 길을 택해서

인 경우가 많았다.

리스트는 서비스를 제대로 받지 못한 고객에게 사과를 한다면 그들이 우버를 다시 이용할 가능성이 높아질 것이라고 생각했다. 그러나 우버 경영진을 설득하려면 사과의 가치를 숫자로 환산해 제시해야 했다.

리스트와 팀은 이미 불만족스러운 서비스가 우버에겐 비용이 된다는 사실을 밝혀냈다. 목적지에 10~15분 늦게 도착한 고객들은 이후 우버 이용 금액이 5~10퍼센트 감소했다. 호와 리스트는 사과를 통해 고객의 우버 이용률을 다시 끌어올릴 수 있을지 알아내기로 했다. 그들은 두 명의 동료 경제학자 바질 헬퍼린Basil Halperin, 이언 뮤어Ian Muir와 함께 실험을 설계했다. 효과적인 사과법이 무엇인지 알아내고, 그 사과의 경제적 가치를 산정하는 실험이었다.

연구자들은 미국 주요 도시 160만 명의 고객들로부터 수집한 방대한 실시간 데이터를 분석했다. 그들은 최근에 좋지 않은 탑승 경험을 한 고객들을 찾아내어 이들에게 한 시간 내에 사과 메일을 보내기로 했다. 경제학자들은 고객들을 임의로 여덟 개 집단으로 나눈 후서로 다른 사과 메시지를 보내고, 대조군에게는 사과하지 않았다(대조군은 현상 유지를 대표했다. 당시 우버는 불만족스러운 탑승 경험에 대해 사과하는 정책을 수립하지 않은 상황이었기 때문이다). 어떤 고객들은 이렇다 할 설명 없이 기본적인 사과 메시지를 받았다. 어떤 집단은 '지위의 사과'를 받았다. 여기에는 "당사가 제공한 예상 도착 시간을 지키지 못했다는 것을 알고 있습니다"라는 문장이 포함되어 있었다. 어떤 고객들은 우버가 앞으로 신뢰할 수 있는 예상 도착 시간을 제공하기 위해 열심히 노력하겠다는 '약속의 사과'를 받았다. 네 개 집단(대조군, 기본적인 사과, 지위의 사과, 약속의 사과)은 다시 각각 두 집단으로 나뉘었고, 그중 한 집단은 향후 탑승 시 사용할 수 있는 5달러 쿠폰을 받았다. 경제학자들은 고객들이 이후 84일 동안 우버를 몇 차례 이용하고 얼마나 많은 돈을 지불하는가를 추적했다.

호와 공동 저자들은 이 분석을 통해 몇 가지 사실을 발견했다. 첫째, 사과는 만병통치약이 아니다. 기본적인 사과는 거의 효과가 없었다. 그저 미안하다고 말하는 것은 고객들이 이후 우버를 이용하는 횟수와 금액에 거의 영향을 주지 못했다. 둘째, 가장 효과적인 사과는 값비싼 것이었다. 사람들에게 사과의 말과 함께 쿠폰을 제공할 경우, 고객들은 좋지 않은 경험을 하기 전보다 우버에 쓰는 지출을 늘렸다. 셋째, 사과를 너무 자주 하는 것은 좋지 않다. 나쁜 경험을 한 번 이상한 고객들은 여러 차례의 사과를 받았다. 이들은 아예 사과를 받지 못한 고객들보다도 부정적인 반응을 보였다.

이는 미리엄 우스팅가가 인터뷰한 인질 협상가들이 했던 말과도 일맥상통한다. "5분 동안 미안하다는 말을 다섯 차례 하는 것은 좋은 관계를 형성하는 데 도움이 되지 않습니다." 한 협상가가 말했었다. 여러 차례 사과를 받다 보면 그 사과는 점점 값어치가 떨어진다. 그리고 어느 시점에서는 값싼 사과로, 심지어 모욕적으로 느껴지기 시작한다.

# 존경을 잃을 것인가, 호감을 잃을 것인가

사과하는 법을 아는 것은 간단한 일이 아니다. 우리가 누구이고 어떤 일을 하는 사람인가에 따라 같은 사과도 다른 효과를 불러올 수 있기 때문이다. 스탠퍼드대학의 사회심리학자 라리사 티던스Larissa Tiedens는 정치인들이 대중 앞에서 보이는 감정이 유권자들의 인식에 어떤 영향을 미치는지를 연구했다. 한 실험에서 티던스는 응답자들에게 클린턴 대통령의 영상 클립 두 개를 보여주었다. 두 클립 모두 1998년 모니카 르윈스키 스캔들 당시의 대배심 증언에서 가져온 것이었다(이 현장 연구는 1999년에 이루어졌다. 클린턴은 아직 대통령 재임 중이었고, 반대파는 탄핵 절차를 시작하고 있었다). 첫 번째 영상에서 클린턴은 눈에 띄게 분노하고 있었다. 그는 자신이 받는 대우가 부적절하고 잘못되었으며 공정하지 못하다고 말하면서 수사관들의 동기에 의문을 표했다. 그는 카메라를 똑바로 바라보면서 자신의 논점을 강조하기 위해 손을 날카롭게 흔들었다. 두 번째 영상에서 클린턴은 르윈스키와의 관계를 회고했는데, 태도가 매우 달랐다. 그는 관계가 부적절했다고 말했다. 고개를 숙이고, 시선을 피하는 모습이었다.

당시 미디어 해설가들은 클린턴이 유권자들과의 관계를 회복하고 싶다면 분노 대신 회한과 죄책감을 보여야 한다고 입을 모아 말했다. 티던스는 그 반대의 결과를 발견했다. 분노하는 영상을 본 응답자들이 후회하는 영상을 본 사람들보다 클린턴에 대해 긍정적인 반응을 보였다. 티던스에 따르면, "분노는 능력 있음을 전달하기 때문"이다.

사회심리학자들은 분노를 표현하는 사람들이 친절하거나 따뜻하고 좋은 사람으로 비치지는 않지만 우월하고 능력 있는 사람으로 보인다는 현상을 일관적으로 발견해왔다. 분노하는 사람들은 슬퍼하거나 후회하는 사람들보다 사회적 지위가 더 높은 사람들로 인식된다. 클린턴이 사과하는 태도가 응답자들에게 긍정적인 효과를 미치지 않은 것은 아니다. 응답자들은 그런 태도로 인해 클린턴을 더 좋아했다. 그러나 분노하는 클린턴을 본 사람들이 그를 더 존경했다.

존경과 따뜻함 사이의 트레이드오프가 존재하기 때문에 어떤 톤으로 사과할지 판단하기는 어렵다. 지위의 사과를 하면("미안합니다, 내가 바보 같았어요") 능력 있는 사람이라는 명성—즉 존경—중 일부를 잃고 호감을 얻는다. 이는 위험한 일이 될 수 있다. 어떤 선택을 할 것인가는 능력과 호감 중 무엇이 이 관계에서 더 중요한가에 달려 있다. 의사에게서 "사실, 제가 이 부분은 진짜 엉망이거든요"라는 말을 듣고 싶어 하는 사람은 아무도 없다. 그러나 남편이나 부모라면 권위보다는 따뜻함에 우선순위를 두어야 한다.

인질 협상가처럼 양쪽 모두가 필요한 상황이라면, 언제 실수를 인정할 것인가는 섬세한 판단이 요구된다. 우스팅가가 만난 협상가들 중 몇몇은 반드시 필요한 경우가 아니라면 실수를 인정하는 것을 망설이게 된다고 이야기했다. 위기 상황에 처한 사람에게 능력자로 보여야 할 필요가 있기 때문이다. 다른 협상가들은 실수를 하면 애초에 기울어져 있던 권력 관계에 균형을 잡을 수 있는 기회가 생긴다고 대답했다. 사과를 하면서 협상가는 자신이 고분고분 말을 들을 준비가 되어 있다는 것을 보여줄 수 있다. 용의자가 가드를 내리고 친밀해질 수 있도록 문을 열어주는 것이다(협상가 한 명은 대화를 이어갈 때 실수의 영향이 아직 남아 있다고 느낀다면 자신의 실수를 다시 들춰낼 수도 있다고 답했다. "제가 한 말에 아직 화가 안 풀린 것 같군요"). 실수를 통해 협상가와 용의자는 '버블'에 같이 들어설 수 있다. 버블 속에 있을 때 관계는 배양되고 깊어질 시간을 얻는다. 협상가가 무엇을 잘못했고 왜 그랬는지를 들여다보는 동안, 그들은 걸려 있는 사안, 지켜보는 사람들, 미래에 벌어질 일들—지금 벌어지고 있는 이상한 상황—을 잠시 잊을 수 있다. "버블 속에서 유대를 만들 수 있는 거죠." 우스팅가가 말했다.

## 사과할 때는 값을 치러야 한다

의견 대립 상황에선 실수가 가득하기 마련이다. 논쟁에 참여하는 사람들이 체스를 두듯 행동 하나하나를 신중하게 계획하고 잘못된 말을 한마디도 하지 않기 위해 세세하게 신경 쓴다면, 무미건조하고 열정이라곤 전혀 찾아볼 수 없는 논쟁이 이어질 것이다. 이러한 논쟁은 생산적이지 못할 것이다. 우스팅가가 만난 협상가들이 지적했듯, 실수 없이 흘러가는 대화는 피상적이거나 로봇처럼 건조하거나 양쪽 모두에 해당한다. 물론 상대의 감정에 귀를 닫고 있었다는 걸 깨닫거나 무시하는 말투로 말하고 있는 자신을 발견할 때, 혹은 상대의 이름을 잘못 불렀을 때 기뻐하라는 의미는 아니다. 그러나 이 책이 서로 대립하는 상황에서 당신에게 도움이 된다면, 당신이 가능한 모든 실수를 미리 차단했기 때문은 아닐 것이다. 그보다는 실수를 인지하고 어떻게 대응할 것인지를 알게 되었기 때문일 것이다.

논쟁이 어떻게, 그리고 왜 잘못 흘러가는지를 이해하고 나면, 논쟁 과정의 울퉁불퉁하고 불편한 과정을 더 이상 두려워하지 않게 될 것이다. 첫째, 당신만 저지르는 실수가 아니란 걸 깨닫게 되었기 때문이다. 다른 사람들도 비슷한 실수를 항상 저지르고 있지만 인지하지 못할 뿐이다. 둘째, 당신의 실수를 실수의 얼굴을 하고 오는 기회로 볼 수 있게 된다. 당신이 저지른 실수를 바로잡으면서—잘못 연주한 음을 해결하면서—관계를 더욱 튼튼하게 만들고 나면 더욱 깊고 풍성한 대화를 이어갈 수 있을 것이다.

실수는 상황을 뒤흔들어놓는다. 적어도 그래야 한다. 대화 사이로 불어오는 작은 태풍이 되어 대화의 풍경을 바꾸어놓고 신선한 관점을 만들어내야 한다. 실수는 잘 사과할 수 있는 기회를 주기도 하는데, 앞에서 보았듯 잘 사과한다는 것은 예의범절의 문제만이 아니다. 사과를 할 때는 값을 치러야 한다. 상대방의 말을 잘못 해석할 때마다 상대가 쓸 수 있는 쿠폰을 꺼내주라는 의미는 아니다. 실수를 저질렀다는 사실을 인정하는 것이 감정적으로 값을 치르는 일이어야 한다는 의미다. 미안하다고 말할 때, '덮고 지나갑시다'라는 의미 이상이어야 한다는 것이다. 그렇지 않다면 다음 단계로 넘어가기 어려울 것이다. 최소한 공격받았거나 부당한 대우를 받았다고 느끼는 사람에게는 그럴 것이다. 미안하다고 말하는 것이 당신한테는 얼마나 어려운 일인지를 상대가 알게 되는 것은 괜찮다. 사실 그 편이 낫다.

최악의 사과 중 하나는 '내가 ~했다면 미안해요'라고 말하는 것이다. '만약'이라는 말이 붙는 순간 값싸고 진정성 없는 사과가 되어버린다. 실수를 인정하지 않고 있기 때문이다. 실수를 했는지 확실치 않다면, 실수를 했다는 것이 확실해질 때까지 차라리 사과하지 않는 편이 낫다.

기분이 좋지 않다면, 잘된 일이다. 사과할 때가 되었다.

뻔한 질문은

나쁜 질문이다

공격적인 논쟁은 단순하고 예측 가능한
패턴에 갇히곤 한다.
의견 대립을 생산적인 것으로 만들려면
새로움과 변주가 필요하다. 상대를 놀라게 하라.

1990년 가을, 노르웨이의 사회학자 테르예 뢰드-라르센Terje Rød-Larsen과 외교관인 그의 아내 모나 율Mona Juul이 가자 지구를 방문했다. 전쟁으로 찢겨진 이스라엘 국경 지대의 한 조각 땅, 당시 100만 명의 팔레스타인 사람들이 살고 있는 곳이었다. 뢰드-라르센은 세계에서 가장 인구 밀도가 높은 이 지역의 삶의 조건에 대한 설문 연구를 준비하고 있었다. 유엔 직원의 안내를 받아 팔레스타인 난민 캠프를 돌아보고 있을 때, 이들 노르웨이인 부부는 팔레스타인 젊은이들과 이스라엘 군인들 사이의 충돌 상황에 맞닥뜨리게 되었다.

뢰드-라르센과 율은 공포로 얼어붙었다. 이스라엘군의 총탄이 바람소리를 내며 지나가고, 팔레스타인 사람들이 던지는 돌이 그들 주위로 요란하게 떨어졌다. 안내하던 직원이 상황을 가라앉히려 애쓰는 사이, 뢰드-라르센과 율은 양쪽에서 싸우는 젊은이들의 얼굴에서 눈을 뗄 수가 없었다. 그들은 두려움에 질려 있었고, 반항적이고 불행해 보였다. 그리고 무엇보다도 그들의 얼굴은 서로 닮아 있었다.

이후 3년 동안, 뢰드-라르센은 율의 도움을 받아 가자를 여러 차례 방문하며 이스라엘 사람들과 팔레스타인 사람들을 만났다. 사회과학자로서 이어간 만남이었지만, 그는 학자로서의 소관을 훨씬 벗어나는 일을 시도해보기로 마음먹었다. 뢰드-라르센은 그들의 차이가 생각보다 크지 않다는 것을, 수십 년간의 분쟁 속에 굳어져버린 적대적인 이미지 때문에 서로의 진짜 모습을 보지 못하고 있다는 것을, 그리고 양편 모두 평화를 원하는 사람들이라는 것을 알게 되길 바랐다.

터무니없는 목표였지만, 뢰드-라르센은 완고한 낙관론자였다. BBC 기자 제인 코빈Jane Corbin은 뢰드-라르센에 대해 "할 가치가 있는 일은 반드시 이루어진다고 확신하는 사람"이라고 썼다. 스스로에 대해 확신을 갖고 있으면서도 교만하지 않고, 언제나 미소 지을 준비가 되어 있는 뢰드-라르센은 만나는 순간 바로 좋아하게 되는 사람, 만나는 모든 사람들에게 영감 넘치는 신뢰를 주는 사람이었다. "가끔은 불가능해 보이는 일을 하는 것이 가능한 일을 하는 것보다 쉽다"는 것이 그의 신조였다.

뢰드-라르센은 평화로 가는 길은 팔레스타인해방기구PLO가 이끌어야 한다고 믿었다. 이스라엘과 미국은 PLO를 테러 조직으로 규정해 공식 관계를 맺지 않았다. 1991년 워싱턴이 주도하는 평화 협상 회의가 시작되었을 때, 다른 팔레스타인 지도자들만 초대받았다. 베를린 장벽이 무너진 이후 새로운 국제 질서에 대한 낙관주의가 공기 중에 떠다녔지만 1993년이 되자 협상은 이미 실패하고 있었다. 미국은 공정한 중재자의 역할을 수행하지 못했다. 이스라엘과 동맹 관계에 있었고, 미국의 무력과 경제력 모두 강력하다는 사실도 도움이 되지 않았다. 팔레스타인은 미국을 신뢰하지 않았고, 이스라엘은 미국의 압박을 비난했다.

뢰드-라르센은 미국이 하지 못하는 일을 노르웨이가 할 수 있지 않을까 생각했다. 노르웨이는 작은 나라여서 다른 나라에게 이래라저래라 할 수 없었다. 분쟁의 양 당사국과 모두 좋은 관계를 유지하고 있었다. 석유 보유국이기 때문에 중동과 경제적 이해관계로 얽혀 있지도 않았다. 인구 400만 명이 조금 넘는 작은 나라라는 점은 또 다른 장점도 가지고 있었다. 영향력을 가진 소수의 사람들이 정치적 혁신을 시도할 수 있다는 것이었다.

사회과학자 출신인 외교부 차관 얀 에겔란드는 모나 율의 친구였다. 뢰드-라르센이 수행한 팔레스타인 연구의 공동 저자인 사회학자 마리안느 헤이베르그는 새로 외교부 장관이 된 요한 요르겐 홀스트와 부부 사이였다. 노르웨이 공직 사회는 유연하고 비공식적으로 움직였다. 거대하고 관료적이며 위계가 분명한 미국 정부와는 명백히 대조적이었다. 노르웨이에서 뢰드-라르센은 모든 사람을 알았고 모든 사람들은 그를 알았다. 그들 중 몇몇은 그의 미친 아이디어에 귀 기울일 준비가 되어 있었다.

뢰드-라르센은 워싱턴에서의 공식 협상과 별도로 오슬로 평화 협상을 열 것을 제안했다. 노르웨이 사람들이 이 협상의 호스트가 될 것이고, 협상은 비밀리에 진행될 터였다. 성대한 외교 행사나 기자회견, 리무진 행렬은 없을 것이었다. 그리고 무엇보다도 협상을 지켜볼

관중도 없을 것이었다. 뢰드-라르센은 워싱턴 평화 회의에 쏟아지는 대중의 관심 때문에 대화가 양극화되는 것을 지켜보았다. 이스라엘 사람들과 팔레스타인 사람들은 고국에서 지켜보는 관객의 존재를 의식하고 있었다. 체면을 지켜야 한다는 강한 압박이 있었다. 협상가들은 강력한 힘을 보여주어야 한다고 느꼈고, 그 결과 유연한 태도를 보여주기는 어려워졌다. 양쪽은 제대로 대화를 나누지 못했다. 자신의 입장을 정하고 그 입장만 고수했다. 이전 협상과 똑같은 뻔한 수를 두고 뻔하게 대응할 뿐이었다. 대본이 미리 정해져 있는 것이나 마찬가지였다.

## 인간다운 대화

갈등 해결을 연구하는 피터 콜먼Peter Coleman 교수는 컬럼비아대학에서 어려운 대화 실험실Difficult Conversations Laboratory을 운영한다. 콜먼과 그의 팀은 서로 반대되는 견해를 가진 사람들 사이에 이루어진 수백 번의 만남을 분석했다. 대화 속에서 감정이 어떻게 흐르고 어떻게 막혀버리는지 역학관계를 연구한 후, 이를 그래프로 나타냈다.

실험실에서는 관계학자들이 처음 사용한 방법론을 활용했다. 양극화된 주제에 대해 반대 견해를 가진 낯선 사람들이 서로 만나 이야기를 나누게 한 것이다. 그리고 나서 참여자들은 녹음된 대화를 들으면서 각 순간에 어떤 감정을 느꼈는지 답했다. 그 결과는 특정 생각과 행동에 대한 긍정적 감정과 부정적 감정으로 분류되어 기록되었다. 어떤 대화는 격렬해지기도 했고, 예정보다 일찍 마무리 지어야할 때도 있었다. 다른 대화들은 훨씬 나은 편이었다.

콜먼과 동료들은 파괴적인 대화와 건설적인 대화를 가름하는 중요한 요인을 밝혀냈다. 파괴적인 대화는 초반에 줄다리기 모드에 빠진 후 벗어나지 못하고 시간이 흐를수록 참여자들의 기분이 점점 더 나빠졌다. 어느 한편에 자신을 일치시키고, 상대편 때문에 세상의 모든 나쁜 일이 벌어진다고 비난했다. 건설적인 대화도 평화롭거나 예의 바르게 이루어지지는 않았다. 공격적인 언사나 거짓말이 등장하기도 하고 참여자들은 상처 받고 화가 났다는 감정을 보고했다. 그러나 어느 시점에서 참여자들은 역학관계에서 빠져나오거나 역학관계를 뒤집어놓을 줄 알았다. 즐거움, 공감, 통찰과 같은 긍정적인 감정이 잠깐씩이나마 등장했다. 보다 폭넓고 다양한 대화가 이루어졌다.

"건설적인 짝들은 해당 주제에 대해 보다 복잡하고 미묘하며 유연하게 사고했다." 콜먼이 보고서에서 지적했다. "이들은 토론하는 과정에서 긍정적인 감정과 부정적인 감정을 모두 포함하는 다양한 감정을 느꼈다. 그들의 행동도 좀 더 다양했다. 자신의 입장을 강하게 지지하면서도 동시에 열린 자세와 유연함, 호기심을 보였다."

콜먼의 팀이 각 대화에서 나타난 감정 데이터를 격자선 위에 그려넣자, 건설적이고 생산적인 대화는 전혀 다른 모양을 만들어냈다. 건설적인 대화에서 나온 감정은 말 그대로 온 사방에 널려 있었고 지저분한 별자리 모양을 그렸다. 파괴적인 대화에서 나온 감정은 바퀴자국처럼 일직선상에 위치했다. 파괴적인 대화의 참여자들이 감정을

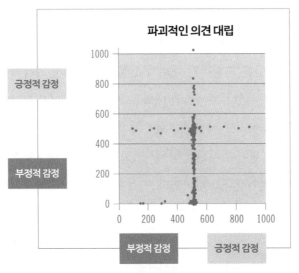

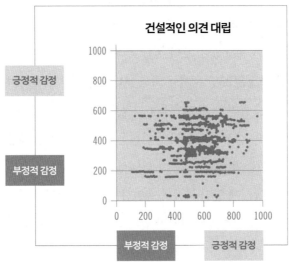

세션 1(파괴적)에서 점들은 두 개의 줄 위에 늘어서 있는데, 이는 논쟁에서 나타난 감정의 범위가 매우 좁은 것을 보여준다. 세션 2(건설적)의 점들을 보면 참여자들의 감정이 토론이 이어지는 동안 이리저리 변하고 있음을 알 수 있다. 콜먼은 감정과 함께 생각과 행동도 측정했다. 모든 차원에서 건설적인 대화는 파괴적인 대화보다 복잡한 모습을 보였다.

아주 좁은 범위 안으로 축소해놓은 것 같았다. 이는 완전히 예측 가능한 형태였다.

챗봇을 설계하는 소프트웨어 엔지니어들은 스테이트풀stateful과 스테이트리스stateless 대화를 구분한다. 스테이트풀 대화에 참여하는 사람은 이전 대화의 기억을 가지고 있다. 스테이트리스 대화에서는 대화 이력이 거의 남아 있지 않아서 매 발화는 바로 이전의 발화에 대한 반응으로만 이루어진다. 이전 대화에서의 맥락이 남아 있지 않은 저맥락 대화다.

스테이트리스 대화를 구사하는 챗봇을 설계하는 것이 훨씬 쉬운 이유는 명백하다. 하나의 큐에 대한 적절한 응답을 찾아내는 데 드는 프로세싱 파워가 대화의 흐름에 참여하는 데 드는 파워보다 훨씬 적기 때문이다. 대신, 프로그래머들은 스테이트리스 챗봇의 말이 무엇에 대한 대화인지도 모르고 미리 입력된 대본대로 답하는 로봇처럼 들린다는 단점을 받아들여야 한다. 하지만 이 단점은 생각보다 크지 않다. 인간이 나누는 많은 대화도 스테이트리스 대화처럼 흘러가기 때문이다.

아래와 같은 논쟁을 해본 적이 있는가?

A 이 책 정말 좋았어.

B 아, 정말? 엉망으로 쓴 책이던데.

A 너는 왜 내가 좋아하는 걸 깎아내려야 직성이 풀리는 건데?

B 너는 왜 항상 피해자인 척하는 건데?

A 어처구니가 없네. 항상 피해자인 척하는 건 너잖아.

B 너 오늘 기분이 별로구나.

A 지금 기분이 별로인 사람이 나라고?


이렇게 이어지는 대화에서, 각각의 발화는 바로 이전의 발화에 응답할 뿐이다. 대화 안에 쌓이는 기억은 없다. 어느 쪽도 상대의 말에서 무언가 배우지 못하고, 양쪽 모두 점점 더 기분이 나빠진다.

1989년, 더블린대학 학부에 재학 중이던 컴퓨터 프로그래머 마크 험프리스Mark Humphrys는 MGonz라는 챗봇 프로그램을 개발했다. MGonz는 뭐라고 답해야 할지 명확한 단서가 없을 때마다 모욕적인 말을 던졌다. "너는 정말 개자식이구나"라거나 "그래. 이게 끝이야. 더 이상 너랑은 말 안 해", 아니면 "뭐든 흥미로운 이야길 입력할게 아니면 닥치라고" 하는 식이었다. 이 프로그램을 대학의 컴퓨터 네트워크에 밤새 연결해두었다가 아침에 돌아온 험프리스는 누군가 한 시간 반 동안 MGonz와 논쟁을 벌였다는 사실을 발견했다. 그는 말상대가 사람이라고 믿고 있었던 것이 분명했다.

험프리스는 인간의 논쟁이 스테이트리스를 향하는 경향이 있다는 것을 발견했다. 무언가에 '대해' 논쟁하기 시작했다가도 논쟁을 벌이는 자신들에 대한 이야기로 흘러가고, 참여자들은 서로의 말에 부정적으로 응답하는 패턴에 빠져든다. 대화는 직선처럼 단순해진다.

스테이트리스 논쟁은 아무 의미 없이 영원히 이어질 수 있다. 해결하거나 결론 내릴 대상이 없기 때문이다. 논쟁이 이어질수록 점점 불쾌해진다. 논쟁은 물과 같아서 끓어오르면 증발해서 퍼져나간다. 그러나 그 결과 내뿜는 기체는 유독하다. 무엇에 대해 논쟁을 벌였는지는 잊어버리고, 그때 어떤 기분이었는지만 기억하게 될 것이다.

과학 저술가 브라이언 크리스티안Brian Christian은 "언어폭력은 다른 커뮤니케이션 방식에 비해 덜 복잡하다"라고 말했다. MGonz의 이름 모를 대화 상대는 챗봇의 모욕에 모욕으로 답했다. 그가 받아친 말이 얼마나 위트 있고 신랄했든, 챗봇이 응수하기 쉽게 만들어주었을 뿐이다. 질문을 몇 개만 던져보았어도 상대의 대화 범위가 한정적이라는 것을 금세 알아차렸을 것이다. 챗봇은 "그게 무슨 의미죠?"라거나 "어떻게 그렇게 되는데요?"라는 질문에 설득력 있게 답하지 못한다. 더 자세하게 설명하려면 맥락이 필요하기 때문이다. 이런 질문들은 바로 이전의 발화에서 힌트를 얻기보다는 대화를 넓혀 가게 하는 질문이다.

마찬가지로 로봇 같지 않고 인간다운 대화를 나누려면, 우리는 미리 준비된 대본대로 답할 수 없는 질문을 던져야 한다. 갈등 상황의 대화에서 공감, 호기심, 놀라움이 중요한 이유다. 멤피스에서 교육을 진행할 때, 돈 굴라는 경찰들에게 체포를 시도하는 순간의 영상을 보여주었다(이런 영상 클립은 온라인에도 많다. 보디캠이나 스마트폰으로 촬영한 것들이다). 조금 전 무장 강도로 침입했던 사람이 가게 앞마당에 서 있다. 경찰관들이 등을 돌린 그를 향해 총을 겨누고 있다. 범죄자의 총은 뒷주머니에 꽂혀 있다. 총을 뽑아들려 하거나 도망치려 하진 않지만, 무릎을 꿇으라는 경찰의 요구는 거부하고 있다.

경찰의 말이 요구에서 명령으로 바뀐다. 긴장도 점차 높아진다. "무릎 꿇어!" 경찰이 소리친다. "같은 말을 반복하지 않겠다!" 용의자가 거부하자, 경찰이 다시 말한다. 더 많은 경찰들이 현장에 도착하면서야 교착상태가 마무리된다. 영상을 보여준 굴라가 말한다. "이 경찰은 열두 가지 정도의 명령을 했죠. 효과가 없다는 걸 알아차렸어야 합니다. 실수를 하는 데 이미 많은 시간을 썼다고 해서 같은 실수를 이어가면 안 됩니다."

굴라는 이 교착상태의 심리를 자세히 설명했다. "강도가 당신에게 물러서라고 합니다. 당신의 에고는 이렇게 말할 겁니다. '싫어, 난 경찰이야.' 하지만 그게 무슨 상관입니까? 저 사람에게 여유를 만들어주세요. 이름을 물어볼 수도 있겠네요. 총을 내리고 담배를 한 대 줄 수도 있습니다. 스스로 질문해보세요. 왜 저 사람이 무릎을 꿇지 않으려고 할까? 모욕적이라고 느꼈기 때문일 수도 있습니다. 이렇게 말할 수도 있겠죠. '그럼 앉기라도 하겠소?'"

그가 말을 이어갔다. "가끔은 모드만 바꾸어주어도 됩니다." 굴라는 고속도로에서 용의자를 추격했던 경찰 이야기를 들려주었다. 달리는 그의 옆으로 차들이 굉음을 내며 지나쳐갔다. 숨이 턱까지 찬 경찰관에게 아이디어가 떠올랐다. 그는 멈춰 서서 소리쳤다. "이봐요, 나는 너무 살이 쪄서 더는 못 뛰어. 제발 멈춰요!" 도망치던 남자가 멈췄다. 그는 뒤돌아서서 투항했다. "멋진 순간이었죠." 굴라가 눈을 빛내며 말했다.

# 오슬로 협정

1993년 1월의 어느 눈 내리는 밤, 약간 멍해진 상태의 이스라엘 학자 두 명이 노르웨이의 별장에 도착했다. 공항에서 차를 타고 한참 달려온 길이었다. 론 푼닥Ron Pundak과 야이르 허슈펠드Yair Hirschfeld는 고국의 정치인들을 비밀리에 대표하고 있었다. 그들의 상대인 팔레스타인 대표 아부 알라Abu Ala와 마헤르 엘 쿠르드Maher El Kurd는 출입국사무소에 오래 붙잡혀 있느라 늦게 도착했고, 무척 짜증이 나 있었다. 노르웨이 기업가 한 명이 뢰드-라르센에게 보레가드라 불리는 별장과 그곳에서 일할 사람들을 내주었다. 국제 정치에 관련된 일이라는 것 외엔 더 이상의 설명도 요구하지 않고서였다.

다음 날 이스라엘 사람들과 팔레스타인 사람들이 응접실에 모였다. 예상대로 분위기는 어색했다. 이 만남이 어디로 흘러갈지는 아무도 알 수 없었다. 여기 와 있는 것이 옳은 일인지도 확신할 수 없었다. 뢰드-라르센이 짤막하게 연설했다. 그는 노르웨이인들이 미국인들과 달리 퍼실리테이터 역할만 할 것이라고 설명했다. "여러분이 공존할 수 있으려면, 여러분 사이의 문제를 해결해야만 합니다." 그는 우선 서로를 알아가는 시간을 가져보라고, 집과 아이들 이야기를 나누라고 조언했다. 점심식사가 끝난 후 벽난로에 불이 피워졌다. 이스라엘과 팔레스타인 대표들은 낮은 커피 테이블 양편에 놓인 붉은 벨벳 소파에 몸을 파묻고 이야기를 나누기 시작했다.

뢰드-라르센이 가진 비전의 중심에는 전통적인 외교가 간과했거나 무시한 것들이 있었다. 환경의 조성, 분위기, 각 개인들의 성격 같은 것들이었다. 그는 양측 협상가들이 잘 어울려 지내고 심지어 서로를 좋아하지 않아야 할 이유가 없다고 생각했다. 가자 지구 거리의 소년들이 서로 싸우는 대신 함께 놀지 못하는 이유를 이해할 수 없는 것처럼. 뢰드-라르센은 협상가들이 서로에 대해 알고 나면 덜 진부하고 더 창의적인 대화를 하게 될 거라고 믿었다. 그는 나에게 이렇게 말했다. "우리의 목표는 그들이 대본을 버리게 하는 것이었습니다." 그렇게 될 수 있는 환경을 만드는 것이 그가 해야 할 일이었다.

워싱턴에서는 양편이 각각 100명 이상의 대표단을 보냈다. 두 대표단은 서로 다른 호텔에 묵었고, 각기 별도의 기자 회견을 가진 후 거대한 테이블을 사이에 두고 만났다. 미국 측 중재자들은 양편의 제안과 반대 제안을 중개했다. 보레가드에서는 이스라엘과 팔레스타인 대표단들이 함께 머물고 함께 식사를 하며 휴식 시간도 함께 보냈다. 뢰드-라르센은 저녁식사 테이블의 자리 배치와 같은 세부 사항에 세심한 관심을 기울였다. 참여자들은 훈제 연어와 크림으로 구운 감자 같은 노르웨이 음식을 대접받았다. 와인과 위스키는 얼마든지 마실 수 있었다.

총 다섯 명의 협상가들은 맨션의 여러 장소에서 세션을 진행했고, 건물 밖으로 과감하게 나가 별빛 아래서 눈 쌓인 숲을 오랫동안 산책하며 논쟁하고 토론하기도 했다. 제인 코빈이 표현한 대로, "시골 별장에서 주말을 보내는 분위기였다. 맛있는 음식을 좋은 사람들과 나누어 먹으며 밤늦도록 흥미로운 토론을 이어가는 주말이었다." 협상가들은 각국 수도의 권력의 회랑에서 아주 멀리 떨어져 있다고 느꼈다. 신선한 환경 덕분에 감정적으로 마음을 터놓고 새로운 대화를 할수 있었다. 신뢰 관계가 빠르게 구축되었다.

뢰드-라르센은 드러나지 않게 자신의 역할을 수행했다. 그는 토론에는 참여하지 않았지만 협상가들 중 누군가 잠시 휴식을 취하러 방을 나오면 마음속 짐을 내려놓고 상대에 대한 짜증스러운 감정까지털어놓을 수 있도록 말을 건넸다. 뢰드-라르센은 경청하고, 방금 들은 이야기를 회고한 후, 이 대화가 유의미한 결실을 맺을 것이라고협상가들을 안심시켜주었다. 어느 협상가는 뢰드-라르센이 협상 내용에 대해서는 묻지 않고 기분이 어떤지만 묻는다는 걸 알아차렸다."주적을 만나보니 기분이 어떤가요?" 뢰드-라르센은 가볍게 묻곤 했다. "이렇게 만나게 될 거라고 상상이나 하셨나요?"

## 일관성과 복잡성

피터 콜먼에 따르면 인간의 심리에는 일관성coherence과 복잡성complexity 사이의 긴장관계가 존재한다. 그는 이 긴장관계를 우리 존재 본래의 법칙crude law이라고 불렀다. 우리에겐 해결하고 종결짓고자하는 마음과, 흥미롭고 새로운 것에 대한 욕구가 동시에 존재한다.우리는 질서를 추구하는 동시에 자유를 추구한다. 우리가 양편 중 어느 한 방향으로 너무 멀리 갈 때 문제가 생긴다. 질서가 지나치게 강한 사회는 숨 막히고 억압적인 곳이 된다. 일관성이 없는 사회는 불안하고 생경한 곳이 된다. 정신 건강의 문제는 질서를 너무 강하게 추구(강박증)하거나 카오스를 추구(정신분열증)할 때 생긴다.

불안하거나 위협을 느낄 때, 또는 그저 피곤할 때도 우리는 단순해지고 싶다는 강력한 욕구를 느낀다. 지름길을 택하거나 일관성을 추구하고 싶어지는 것이다. 누군가와 논쟁 중인 상황이라면 어떨까? 우리는 스트레스를 받고, 공격당한다고 느끼며 피로해진다. 단순한 답(그 여자는 멍청이야, 그 사람은 악마야)을 찾으려 하고, 그건 상대방도 마찬가지다. 콜먼에 따르면 어떤 종류든 갈등이 고조될 때는 양 당사자에게 일관성에 대한 압박이 생겨난다. 양측 모두가 점점 더 완고해지고 유연함을 잃는다. 뉘앙스나 역설, 타협이 사라지고 이진법의 대치만이 남는다. 선과 악, 멍청함과 영리함처럼. 상대방의 마음에 대한 호기심은 의심으로 바뀐다. 호기심을 갖게 되면 종결짓고 싶던 문제에 대해 질문하게 되기 때문이다. 공감 역시 사라진다. 상대방에게 공감하게 되면 우리의 도덕적 비전이 가진 선명성이 흐려질 수 있기 때문이다. 유일하게 허락되는 질문은 너는 어느 편이냐는 것이다.

이 역학관계에 균열을 내려면 측면 돌파가 필요하다. 콜먼은 갈등을 만든 이슈에 정면으로 대응하기보다 "말이 되는 주장을 그만하라"고 조언한다. 어떤 방법으로든 양편 사이에 긍정적인 감정이 생겨나도록 해야 한다. 사실은 이러한 시도가 합리적 설득에서 멀면 멀수록, 감정을 동요시키려는 뻔한 시도에서 멀면 멀수록 좋다. 협상가들은 분석하고 합리적으로 설명하도록 훈련받는다. 그리고 직선으로 생각한다. 하지만 직선이 문제라면, 그때는 상상력이 필요하다.

우리와 그들로 나뉜 역학관계에 창의적인 불협화음을 내는 데 제3
자가 필요한 경우가 있다. 오슬로 프로세스에서 이 역할을 수행한 것
이 노르웨이인들이었다. 2000년대 초반 라이베리아에서는 평범하
지만 대단히 용감한 여성들—엄마들, 고모들, 할머니들—이 여성국
제평화네트워크WIPN를 만들어 수십 년 동안 이어진 내전을 종식시
키는 데 기여했다. 유엔 평화유지군이 정글 속에서 대치하는 반군과
교착상태에 빠졌을 때, 그들은 WIPN에 도움을 요청했다. 흰 티셔츠
를 입고 머릿수건을 쓴 여성들이 현장에 도착했다. 그들은 손을 들고
춤추고 노래하며 정글에 들어섰다. WIPN의 중재 활동은 교착상태
에 놀라움과 새로운 변주, 그리고 긍정적인 감정을 불어넣었다. 이틀
후 WIPN의 여성들은 반군을 정글 밖으로 나오게 하는 데 성공했다.

첫 오슬로 회담은 3일 만에 마무리되었다. 2월이 되자 협상가들은
각자의 리더들에게 암묵적인 허락과 격려를 받고 보레가드에 다시
모였다. 외부에는 비밀에 부쳐진 오슬로 채널은 양측 모두에게 공식
회담의 진지한 대안으로 여겨졌다. 이후 수개월 동안 노르웨이의 여
러 시골 별장에서 회담이 열렸고, 참여자들은 혁명적인 합의를 향한
논쟁을 이어갔다.

사회과학자로서 뢰드-라르센은 집단 내 역학관계에 세심히 신경
썼다. 보레가드에는 작은 미시문화가 형성되었다. 그는 고위직 협상
가들이 새로 합류하더라도 이 미시문화의 유연성이 유지되고 딱딱
한 프로토콜로 변해버리지 않게 할 방법을 고심했다. 뢰드-라르센

은 팔레스타인 협상가 알라의 손을 잡고 이스라엘 협상가를 끌어당기며 말했다. "여러분의 공공의 적 1호를 만나보시죠!" 즉흥적인 것처럼 들렸지만, 뢰드-라르센이 세심하게 준비한 말이었다. 전통적인 외교 수사에서 한참 벗어나는 말이었지만, 이 농담은 이스라엘과 팔레스타인 양쪽에서 미소를 끌어냈다. 이후 이들은 숲속을 산책하며 격렬한 토론 사이사이 저속한 농담도 던지는 사이가 되었다.

8개월 동안 뢰드-라르센은 밤낮을 가리지 않고 양국의 협상팀, 그리고 튀니스와 텔아비브의 지도자들 사이를 중재하는 역할을 수행했다. 그는 그룹 안의 동지애—'우리 대 세상'이라는 감각—를 유지하기 위해 노력했다. 그는 이들 적대자 간의 기묘한 결속 안에서만 세상을 바라보는 새로운 관점이 만들어질 수 있다고 믿었다. 감정적으로도 육체적으로도 힘든 일이었지만, 뢰드-라르센은 서로의 주적들이 상대를 인간으로, 추방과 사별의 고통을 이해하는 개인이자 아이들을 위한 희망을 품고 있는 부모로, 나쁜 농담 취향을 공유하는 남자로 바라볼 수 있게 하는 환경을 만들어냈다.

오슬로 프로세스는 1993년 9월의 어느 아침에 열린 회의로 마무리되었다. 세계 각국의 지도자들이 참석한 백악관 잔디밭, 파란 하늘 아래서 두 남자가 서로를 마주 보았다. 한 명은 이스라엘의 총리 이츠하크 라빈이었다. 그는 이스라엘의 전직 장군으로 팔레스타인을 포함한 이웃 국가들과 피비린내 나는 전투를 치렀다. 다른 한 명은 PLO의 지도자 야세르 아라파트였다. 그는 이스라엘에 맞선 전쟁에서 40년 동안 싸워왔다.

뢰드-라르센이 첫 비밀 회담을 보레가드에서 개최한 이후 9개월이 채 지나지 않아, 두 지도자는 오슬로 협정이라 명명된 공동 선언에 서명하기 위해 한자리에 모인 것이었다. PLO와 이스라엘이 서로를 적법한 적대자로 인정한 최초의 순간이었다. 그전까지 대부분의 사람들이 이를 불가능한 일이라 여겼었다. 두 사람 사이에 미국 대통령 빌 클린턴이 서서 두 적대자가 악수를 하도록 했다. 아라파트가 먼저 손을 내밀었다. 라빈은 이것이 얼마나 어려운 일인지를 보여주려는 듯 망설였다. 그리고 둘은 악수를 했다.

악수를 한 지 얼마 지나지 않아, 협정의 세부 내용을 둘러싸고 협상은 난항에 빠졌다. 논의를 진전시킬 수 있을 만큼 이스라엘에서 존경받는 유일한 지도자였던 라빈 총리는 1995년에 암살당했다. 5년 후 오슬로 협정이 기틀을 잡은 평화 프로세스는 두 번째 팔레스타인 봉기(인티파다)로 팔레스타인과 이스라엘 간의 폭력사태가 격화되면서 완전히 막을 내렸다.

오슬로의 시도는 실패로 끝났지만 의미 있는 것이었다. 이 협정의 정신은 양국 간 평화적인 해결이라는 개념으로 이어졌다. 오슬로 채널의 이야기 또한 그렇다. 오슬로에 남은 작은 불씨는 어둠 속에서 희미하게 빛나고 있다. 불가능해 보이던 일이 한번 이루어졌다면, 다시 한번 이루어질 수도 있는 것이다.


피터 콜먼은 스무 건의 갈등 중 한 건은 아주 다루기 힘든 것이라는 연구 결과를 인용한다. 이는 외교적·정치적 충돌뿐만 아니라 일상에서 가족, 친구, 동료들과 겪는 충돌에도 적용되는 수치다. 다루기 힘든 분쟁은 흔치 않지만, 이에 참여하는 사람들과 주변 사람들의 에너지를 고갈시키고 적대감이 솟구치게 하며 강하게 영향을 미친다. 우리는 이러한 문제를 '복잡하다'고 말하지만, 어떤 의미에서는 우리가 앞서 본 바와 그 반대가 문제일 수 있다. 콜먼이 나에게 말했듯이, "갈등 상황에서 우리는 단순화하려는 경향이 있습니다. 그래서 감정, 생각과 행동의 복잡성을 더해서 균형을 잡아야 합니다."

친구나 친척들과의 논쟁에는 대개 일반적인 패턴이 있다. 논쟁이 시작되면, 우리는 앞으로 어떤 상황이 벌어질지 예측할 수 있다. 전문적인 체스 플레이어가 체스판을 한번 흘끗 보기만 해도 다음 여덟 수를 미리 예측할 수 있는 것처럼 말이다. 익숙한 대본이 펼쳐지면 우리는 거부할 길 없이 휩쓸려 들어가 진부한 드라마 안에서 맡은 역할을 연기하게 된다. 이를 막으려면 판을 뒤섞어야 한다. 상대가 예측하지 못한 말을 하고, 예상 못한 부분에 동의해주거나, 가끔 주제를 바꾸어보자. 말하는 내용뿐만 아니라 말하는 방식에도 변화를 줄 수 있다. 사용하는 언어나 말투를 바꾸는 것이다. 유머를 담은 농담이나 따뜻한 한마디, 아니면 말이 안 되는 무언가가 변주를 줄 수도 있다. 항상 논쟁이 벌어지는 곳이 부엌이나 사무실이라면, 다른 장소를 찾아서 솔직한 의견을 터놓고 나눠보자.

이런 시도는 새로운 방식으로 커뮤니케이션을 하기 위한 공간─물리적인 공간이든 비유적인 공간이든─을 만드는 일이다. 사실은 적대자와 소통할 비밀 통로를 여는 일이라고 생각해도 좋을 것이다.

규칙은 잘 보이게,

모두가 알 수 있게

서로 다른 의견을 풀어나갈 때,
합의된 규칙과 울타리는
각자의 생각을 표출하는 데 도움을 준다.
규칙이 자유를 만든다.

2013년 칼 턴불Kal Turnbull은 열일곱 살이었다. 스코틀랜드 네른의 고등학교 졸업반이었던 턴불은 친구들과 정치, 음악, TV 프로그램 등에 대한 생각이 비슷하다는 걸 깨달았다. 턴불은 다른 의견을 가진 사람들의 이야기는 어디서 들을 수 있을지 궁금해졌다.

생각보다 단순하지 않은 문제였다. 같은 곳에 오랫동안 산 사람들은 세상을 대략 비슷하게 바라보는 경향이 있다. 다른 의견을 강력하게 피력하는 대화 상대를 만나기란 쉽지 않은 일이다. 그런 사람이 존재한다고 해도, 상대의 의견에 동조해야 한다는 사회적 압박을 느낀다. 의견에 반대하는 것은 어색하고 유쾌하지 못한 일이기 때문이다. 물론 온라인에서 대화를 나눌 수도 있다. 하지만 턴불이 소셜 미디어에서 벌어지는 토론을 지켜보니 가식적이거나 공격적인 언사가 가득할 뿐, 제대로 된 대화는 거의 찾아볼 수 없었다. 포화에 휩싸인 것처럼 느끼지 않고 자신의 관점을 들여다보고 평가받을 수 있는 곳은 아닌 것 같았다. 그래서 턴불은 그런 곳을 만들기로 하고 레딧reddit.com에 체인지 마이 뷰Change My View라는 포럼을 열었다. 5년이 안 되어 구독자가 50만 명이 넘었다.

체인지 마이 뷰는 우리가 가진 의견의 한계를 들여다볼 수 있는 곳이다. 어떤 주제—나라를 어떻게 이끌어야 하는가, 신은 존재하는가, 올해 가장 과대평가된 영화는 무엇인가 등등—에 대해 의견을 갖고 있지만 아직 모든 각도에서 충분히 고려해보지 않은 것 같다면? 또는 뭔가 중요한 걸 놓치고 있는 것이 아닐까 싶다면? 체인지 마이 뷰에 의견을 올리면 사용자 커뮤니티가 예의 바르게 반대 의견을 내어 그 주제를 깊이 생각해볼 수 있게 도와준다. 의견을 바꾸게 되든 아니든, 다른 시각에서 주제를 바라볼 기회를 얻는 것이다.

## 규칙을 지키면 자유를 얻는다

다른 의견을 갖는 것의 가치를 칭송할 때 사람들은 표현의 자유를 강조한다. 그러나 소셜미디어 플랫폼을 보면, 원하는 대로 자신의 의견을 표출하다 보면 의견 대립이 악다구니와 모욕의 나락에 떨어질 뿐이라는 것을 알 수 있다. 체인지 마이 뷰는 무엇이든 할 수 있는 곳이 아니다. 턴불은 정기적으로 그룹에 기여해온 20명 이상의 사람들로 이루어진 모더레이터 팀을 통해 엄격한 행동 수칙을 유지하고 있다. 규칙을 어기는 사용자는 경고를 받고, 그래도 경고를 계속 무시할 경우 플랫폼에서 퇴출당한다. "우리는 행동을 제한하는 규칙을 가지고 있습니다. 하지만 그 규칙 덕분에 어떤 주제에 관해 대화를 나눌 수 있는 자유를 누리게 되지요." 턴불이 나에게 말했다. 이 규칙들은 처음부터 만들어진 것이 아니라, 턴불과 사용자 커뮤니티가 좋은 논쟁과 나쁜 논쟁의 요소를 점차 파악해나가면서 시간을 두고 진화시켜온 것이다.

체인지 마이 뷰는 이렇게 작동한다. 우선, 평가받고 싶은 의견을 제출한다. "동물원은 비윤리적이다", "헤로인을 합법화해야 한다", "라디오헤드는 역사상 최고의 밴드다" 등등. 어떤 신념을 내놓는가에 대한 제한은 없고 어떤 의견이든 올릴 수 있지만, 다만 올리는 의견은 자신의 신념이어야 한다. "내 친구가 이렇게 말하는데…"라고 해서는 안 된다. 또한 자신의 의견이 틀렸다는 것을 받아들일 자세가 되어 있어야 한다. 이 조건은 규칙으로 강제하기 어려운데, 마음속을 들여다볼 수는 없는 일이기 때문이다. 그러나 턴불과 팀은 진심이 아닌 경우를 잡아낼 수 있는 믿을 만한 힌트들을 찾아냈다. 자신의 의견에 대해 같은 근거를 계속해서 댄다거나, 코멘트를 남긴 사람들의 질문을 받아들이거나 생각해보지 않고 반복적으로 불만을 늘어놓는다거나, '일장연설 금지' 규칙을 어긴다거나 하는 것이다.

체인지 마이 뷰는 사용자들에게 토론이 아닌 대화를 나누겠다는 마음으로 입장해달라고 요청한다. 토론은 의견을 바꿀 생각이 없는 사람들이 배움이 아닌 승리를 목적으로 경쟁하는 것이기 때문이다. 여기에 자신의 의견을 제출한다는 것은 치료사를 찾아가는 사람처럼 양가적인 상태를 보여준다. 마음의 일부는 변화에 열려 있다는 것이다. 턴불은 체인지 마이 뷰가 클리닉처럼 느껴지길 바란다고, 사람들이 자신이 틀린 이유를 배우기 위해 찾는 곳이 되었으면 좋겠다고 말한다.

　질문을 제출할 때는 의견을 단도직입적으로 제시하는 대신 왜 그렇게 생각하게 되었는지를 요약해서 작성해달라고 요청한다. 논리적인 이유도 여기에 포함되겠지만, 턴불의 말에 따르면 그보다 더 가치 있는 정보는 어떻게 그런 생각을 하게 되었는가다. 개인적인 삶에, 당신이 자란 가정환경에, 아니면 특정 경험과 연관이 있는 것인가? 어느 철학자는 어떻게 그런 의견을 갖게 되었는지는 중요하지 않다고 주장할지도 모른다. 믿는 바가 옳은지 틀린지는 순수하게 논리와 사실에 근거해서 밝혀낼 수 있다고 말이다. 그러나 턴불과 체인지 마이 뷰 사용자들은 어떤 의견을 그 사람의 삶에 담아서 이해할 때 더 좋은 대화를 할 수 있다고 믿는다.

　의견을 제출한 사람의 맥락을 이해하면, 코멘트를 남기는 사람들은 질문이나 주장을 그 맥락에 맞추어 전달할 수 있다. 사람들이 생각을 바꾸도록 하는 데 가장 성공적인 사용자들은 누구에게나 할 수 있는 주장을 펴지 않고 의견을 낸 사람에게 맞춘 코멘트를 쓴다. 한 개인과 이야기하고 있다고 느낄 때 상대의 의견을 폄하하지 않게 되고 진심으로 귀 기울여 듣게 된다. 그리고 자신의 말을 누군가 경청한다고 느낄 때, 사람들은 생각을 바꾸는 데 열린 태도를 갖게 된다. "텍스트 기반의 포럼에서 경청은 어떤 모습으로 나타날까요?" 턴불이 묻는다. "제 생각엔, 다른 사람의 논거나 그 의견에 이르게 된 경로를 인용해주는 모습으로 나타나는 것 같습니다."

　대부분의 소셜미디어 포럼에서, 사람들은 상대의 의견을 이해하는 데 충분히 시간을 들이지 않고 바로 의견이 대립되는 지점으로 뛰어든다. 그 결과 깊이 들여다보지 못하고 주제의 표면만 건드리게 된다. 나는 이렇게 생각해! 나는 이렇게 생각해! "어떤 경우엔 시간을 들여서 의견이 다른 지점까지 짚어보는 것이 도움이 됩니다." 턴불이 말한다. "처음부터 시작해서 질문 주변을 돌아보고, 어디에 다다르는지 보는 거지요." 제출자들에게 자신의 입장을 정리해보게 하는 것에는 또 다른 장점이 있다. 자신의 입장이 가진 한계를 받아들이도록 마음을 여는 과정을 시작하게 된다는 것이다. 어떤 주제에 대해 자세히 이야기 나눌수록, 자신의 의견이 옳다고 확신할 수 없다는 사실을 발견하게 된다.

코멘터들은 제출된 의견에 반대해야 한다. 턴불은 사람들이 자신의 의견을 확인받는 곳을 만들고 싶지 않았다. 그럴 수 있는 곳은 이미 많으니까. 그러나 중요한 것은 반대 의견을 예의 바르게, 존중하며 표현해야 한다는 것이다. 사용자들이 동의해야 하는 첫 번째 규칙은 매우 단순하다. 무례하거나 적대적이어서는 안 된다는 것이다. 턴불의 모더레이터 팀은 무례하거나 적대적인 어떤 행동에도 경계를 늦추지 않는다. 적대적인 행동을 금지하는 것은 가장 중요한 일이다. "사람들이 이 규칙을 어기지 않도록 하는 것이 중요합니다. 규칙을 어길 경우 대화가 엉망이 되고, 그 시점 이후로는 게시물 작성자와 소통하기 어려워질 것입니다. 대화의 톤이 바뀌게 되는 거지요."

잠시 멈춰서 생각해볼 만한 지점이다. 톤은 사람들 사이에서 일어나는 상호작용의 부차적인 특성처럼 이야기되곤 한다("왜 톤을 걱정하죠? 대화 내용에 집중하세요"). 하지만 톤이 내용보다 더 중요하다. 언어보다 더 깊숙한 곳에 가 닿는 것이기 때문이다. 톤은 우리가 대화 상대와 어떤 관계를 맺길 바라는지 표출하는 매개다. 톤은 대화 상대와 견주어 스스로를 어떻게 생각하는지를 효과적으로 전해준다. 더 지적이라고 생각하는지 덜 지적이라고 생각하는지, 우월하다고 생각하는지 공손한 태도를 보여야 한다고 생각하는지, 그리고 상대를 진지하게 대하고 있는지 장난스럽게 대하고 있는지. 그리고 이전 내용에서 충분히 보아왔듯이, 서로가 합의한 관계를 정립하기 전까지 의견 대립은 부정적으로 흘러갈 수 있다.

턴불에 따르면, 체인지 마이 뷰 사용자들은 의도하지 않게 적대적 행동에 대한 규칙을 어기는 경우가 많으며, 따라서 곧바로 사과한다. "사용자들은 상대의 의견을 바꾸고 싶어 합니다. 무례하게 행동하는 것은 자신의 이해관계에 반하는 일입니다. 상대에게 가 닿기 어려워지니까요." 명백한 사실이지만, 사람들은 흥분한 순간에는 이 사실을 잊는다. 체인지 마이 뷰의 가장 독창적인 규칙은 사용자들이 이곳을 방문한 애초의 목적에 집중하도록 하는 것이다. 의견을 제출한 사람은 자신의 의견이 틀렸음을 보여준 코멘터에게 보상을 준다. 의견을 제출한 사람이 대화를 통해 의견을 바꾸기로 결정한 순간에 델타(물리와 수학에서 델타 기호는 변화를 의미한다)를 부여할 수 있다.

델타 점수가 높은 사람은 커뮤니티 안에서 지위를 얻는다. 다른 사람의 의견을 바꿀 수 있는 능력을 입증했기 때문이다. 어느 사용자가 체인지 마이 뷰를 고찰한 연구원에게 말했다. "처음 델타를 받았을 때, 대단한 일처럼 느껴졌어요." 코멘터들은 의견 제출자들과 좋은 관계를 유지할 강력한 동인을 갖는다. 좋은 관계를 유지하지 않고는 그 어떤 설득도 해낼 수 없기 때문이다.

## 새로운 시야

사이트 오픈 초기에 턴불과 동료 모더레이터들은 문제점을 발견했다. 대화 과정에서 의견이 흔들리기 시작한 사람들이 그 사실을 인정하지 않는 경향이 있다는 것이다. 시작할 때와는 입장이 달라졌으면서도 다른 사람들에게, 그리고 누구보다 스스로에게 처음부터 내내 같은 의견을 견지해온 척한다. 턴불은 사람들이 자신이 틀렸음을 솔직히 인정하길 바랐다. 부끄럽게 여기길 바라서가 아니라 정반대의 이유에서였다. 그는 틀렸다는 것에 찍히는 낙인을 벗고 싶었다. "틀리고 싶어 하는 사람은 아무도 없습니다. 기분이 좋지 않은 일이죠. 하지만 긍정적으로 받아들인다면 새로운 것을 배우고 통찰할 수 있는 기회, 몰랐던 사실을 깨우칠 수 있는 기회가 됩니다. 공격받았다고 느낄 필요가 없어요." 소크라테스가 아테네인들을 안심시키려고 한 지 2000년이 지났지만, 여전히 같은 메시지를 전해야 하는 셈이다.

'마음을 바꾸는 일'에 대해 이야기할 때 우리는 다마스쿠스 회심과 같은 극적인 전환을 떠올리는 경향이 있다. 문제는, 그렇게만 본다면 생각을 바꾸는 일이 어려운 일이 되어버린다는 것이다. 체인지 마이 뷰에서는 사용자들이 대화를 통해 해당 주제에 대해 더 깊이 알게 되었다고 느낄 때나 자신의 의견에 의문을 제기한 사람 덕분에 무언가를 배웠다고 생각될 때도 델타를 부여하도록 격려한다. "이렇게 하면 관점이라는 측면에서 생각하게 됩니다." 턴불이 말한다. "아주 조금만 움직여도, 새로운 시야를 갖게 되니까요."

턴불은 사람들의 생각을 바꾸는 데 아주 능한 이들—델타 점수가 높은 사용자들—이 생산적인 질문을 던질 줄도 안다는 것을 발견했다. 그들의 질문은 상대를 공격하기 위한 것("도대체 왜 그렇게 생각하는 거죠?")이 아니라 상대의 의견을 더 잘 이해하기 위한 것이다. 그들이 던진 질문 덕분에 의견 제출자가 자신의 입장의 핵심에 반하는 사실이 존재한다는 것이 밝혀지기도 하고, 그래서 다시 한번 생각해보게 되기도 한다(개인적으로 나는 누군가 내 관점을 요약하는 것을 듣는 순간 두려워진다). 이는 진짜 호기심에서 우러나온 질문일 경우에만 이루어지는 일이다. 수사하거나 심문하듯이 질문을 던지는 사람은 상대의 의견을 바꾸지 못한다. 턴불이 말하듯, "체인지 마이 뷰를 만든 취지에 완전히 반하는 말일 수 있지만, 누군가의 생각을 바꾸겠다는 의도로 시작할 경우엔 프로세스가 조금은 망가질 수 있습니다."

바로잡기 반사가 어떻게 역화 효과를 가져올 수 있는지 우리는 앞의 장에서 보았다. 누군가의 마음을 바꾸는 더 좋은 방법은 함께 알아가는 파트너가 되는 것이다. 델타 점수가 높은 사람들은 자신의 입장에 대해서도 확실하지 않다는 태도를 종종 보인다. 자신의 생각이 바뀔 가능성을 열어놓는 것과 다른 사람의 생각을 바꾸는 일은 그 출발점이 같다. 질문은 하는 사람과 받은 사람 모두를 향하기 때문이다.

　체인지 마이 뷰는 사람들이 어떻게, 왜 생각을 바꾸는가를 연구하는 학자들에게 풍성한 데이터의 원천이 된다. 코넬대학의 컴퓨터공학자들은 체인지 마이 뷰 플랫폼에 2년 동안 게시된 글들을 분석했다. 연구자들은 의견을 제출한 사람들의 3분의 1 정도가 생각을 바꾸었다는 것을 발견했다. 그리 높지 않은 수치로 보일 수도 있겠지만, 설득과 태도 변화에 관한 이전 연구에 비추어 보면 독보적으로 높은 수치다. 코넬대학 연구자들은 어떤 대화가 델타로 이어지고 어떤 대화가 델타로 이어지지 못하는지도 분석했다. 그들이 발견한 사실은 턴불이 관찰해온 내용을 확인하고 통찰을 더해주었다.

　예를 들면 의견을 바꾸도록 설득하는 데 가장 큰 영향을 미친 요인은 원래의 포스팅과 다른 표현을 사용하는 것이었다. 이는 흥미로운 발견이다. 관점을 바꾸려면 기존과 다른 표현을 사용해 주장의 프레임을 바꾸고 새로운 맥락에서 바라볼 수 있도록 해야 한다는 의미이기 때문이다. 이는 연구자들이 찾아낸 또 다른 요인과도 연결된다. 구체적인 예시나 사실, 통계를 제시하는 것이 의견을 바꾸는 데 효과적이라는 것이다. 최고의 레시피는 스토리텔링과 구체적 근거의 조합으로 이루어진다.

　긴 답변이 짧은 답변보다 효과적이었다(코멘터가 일장연설을 늘어놓는 경우는 제외하고). 한 사람의 의견은 어떤 강력한 논점에 의해 바뀌는 것이 아니라 대화를 나누는 과정에서 바뀔 가능성이 높았다. 그러나 다섯 번 의견을 주고받는 동안에도 바뀌지 않는다면, 그 의견은 절대 바뀌지 않을 가능성이 높았다(트위터상의 논쟁에서 언제 빠져나와야 하는지 아는 데 도움이 될 만한 사실이다).

연구자들은 '조심스러운 표현을 사용하는 것hedging'이 도움이 된다는 사실도 발견했다. '그럴 수도 있다'는 표현이 포함된 주장은 확신을 강력하게 전달하는 주장보다 설득력이 높았다. 코멘터가 자신도 완전히 확신하지 못한다는 것을 전달할 때 의견 제출자는 방어벽을 내렸다. 취약함의 힘이다.

## 명확히 정리된 규칙이 출구를 보여준다

교통 전문가들은 두세 명의 운전자가 하는 행동만으로도 고속도로에서 차량 흐름을 방해해 수백 대의 차가 정체될 수 있다는 사실을 알고 있다. 같은 원리가 온라인 토론에도 적용된다. 의도적으로 토론을 방해하거나 화가 나 있는 소수 참여자들이 모두의 관심을 주목시키나 싶더니 어느새 새로운 기준이 자리 잡고 성난 교착상태가 시작된다.

대부분의 사람들은 예의를 지키겠다는 집념을 갖지도, 그렇다고 무례하게 굴기로 마음먹고 행동하지도 않는다. 커뮤니케이션 환경에서 우리는 다른 사람들의 행동에서 신호를 얻는다. 가장 기본적인 두 사람의 관계에서도 마찬가지다. 이야기를 나누다 한 명이 아주 작은 적대감의 힌트라도 보이게 되면, 상대는 바로 알아차리고 똑같이 행동하고자 하는 충동을 느낀다. 온라인에서는 이 역학관계가 대규모로 이루어진다. 참여자들은 깊이 생각하지 않은 채 주위를 둘러보며 여기가 팩트 폭행을 하고 다녀도 되는 곳인지, 존중하는 자세로 토론에 임해야 하는 곳인지를 파악하려 한다. 따라서 우리 각 개인에게도 책임이 있다.

오늘날 우리는 우리가 하는 소비나 여행이 환경에 영향을 미친다는 생각에 익숙해져 있다. 우리가 하는 커뮤니케이션도 환경에 영향을 미친다. 우리가 던지는 한마디 한마디가 이 대화를 더 나은 것으로 만들지 엉망으로 오염시킬지 선택할 수 있다. 어떤 말을 하는가보다 어떻게 말하는가가 더 중요하다. 우리가 옳은지는 확신할 수 없지만, 어떤 선례를 만드는가는 확신하고 조정할 수 있는 부분이기 때문이다.

그러나 온라인에서 난무하는 의견 대립을 개선하는 책임이 개인들에게만 있는 것은 아니다. 체인지 마이 뷰가 보여주었듯이 잘 설계된 규칙은 차이를 만들어낸다. 사람들이 알고만 있다면 가장 단순한 규칙도 도움이 된다. 엄격한 규칙은 참여도나 자유로운 표현을 억제할 것이라고 우려하는 사람들도 있다. 2016년, 코넬대학 커뮤니케이션학 교수 네이선 마티아스Nathan Matias가 이를 연구했다. 그는 당시 1350만 명의 구독자를 보유한 레딧의 과학 토론 커뮤니티에서 연구를 진행했다. 마티아스는 특정 토론 스레드에서는 적대적인 언어 사용을 금지하는 커뮤니티 공지를 볼 수 있도록 했다. 이 공지가 보이지 않았던 토론의 참여자들과 비교하면, 처음으로 코멘트를 남기는 사람들은 규칙을 훨씬 잘 지켰다. 중요한 것은, 신규 사용자들의 참여 비율이 평균 70퍼센트 증가했다는 것이다. 그들은 규칙이 있다고 해서 위축되지 않았다. 온라인에서나 직장에서나 의사소통의 규칙이 눈에 잘 보이게 하는 것만으로도 모든 사람들의 대화가 개선된다. 특히 그 집단의 행동 양식을 서서히 흡수할 만큼 오랜 기간 집단에 몸담지 않았던 사람들에겐 더욱 효과적이다. 제약 사항을 공유하는 것은 더욱 활기차게 논쟁을 펼칠 수 있는 공간을 열어주는 일이다.

규칙이 중요한 이유는 사람들에게 이래라저래라 말해서가 아니다. 모두가 지킬 것으로 기대되는 규칙과 시스템 안에서 자신의 의견을 표출하는 것이 더 편안하기 때문이다. 논쟁이 걷잡을 수 없이 흘러가는 것은 사람들이 의도적으로 규칙을 어기거나, 애초에 규칙을 모르기 때문이다. 그러나 사람들은 복잡한 논쟁에 빠지면 탈출할 길을 찾고 싶어 하는 법이다. 명확히 정리된 규칙이 출구를 보여줄 수 있다.

인질 협상가들은 이 원칙을 이해하고 있다. 그들은 카오스 직전 상태를 진정시켜야 하는 상황에 종종 직면한다. 윌리엄 도너휴 교수는 인질범에게 자신의 의견을 표출할 수 있는 구조를 제공하라고 말한다. "협상가는 갈등이 고조되고 정체성이 걸려 있으며 좋지 않은 감정이 가득한 혼란의 제1열에 들어섭니다. 그리고 그 상황에 질서를 부여해야 합니다. 그들은 자신이 들은 이야기를 체계적으로 다시 전달합니다. '당신이 가장 우려하는 것은 이것, 두 번째는 이것이라고 하셨지요.'" 협상 전문가들은 이러한 대화를 이끌도록 훈련받지만, 도너휴에 따르면 커뮤니케이션에 능숙한 사람들은 이를 본능적으로 해낸다. "좋은 친구는 당신이 감정적으로 쏟아내는 비판을 잘 듣고, 그 비판을 정리할 수 있도록 도와줍니다. 엉망으로 뒤섞여 있는 것을 다뤄볼 만한 것으로 바꿔주는 거지요. 거기서부터 무언가 해볼 수 있도록 말입니다."

도너휴는 이 프로세스를 정치 제도에 비유한다. "민주주의는 여기서 시작되었습니다. 마그나 카르타는 그 순간의 기분에 따라 결정 내리는 변덕스러운 왕에게서 결정권을 되찾아온다는 아이디어에서 나왔습니다. 민주주의 사회에서는 모든 요구나 불만이 왕의 변덕이 아닌 정당한 법 절차에 의해 해결됩니다. 제가 수행한 연구에서도 같은 역학관계를 발견했습니다. 협상가와 중재자들은 당면한 문제의 지도를 그리고 문제를 해결하기 위한 프로세스를 제안합니다. 그 구조가 무너지면, 사람들이 권력을 잡고 자신의 뜻을 억지로 관철시키려고 하겠죠."

**Chapter 13**

가장 무서운 적은

자기 자신일 수도 있다

아무리 이론적으로 무장한다고 해도,
의견 대립 상황에서 겪게 될 감정적 경험에
완전히 대비할 수는 없다.
가끔은 우리 자신이 우리의 가장 무서운 적이 된다.

이 모든 이야기를 시작했던 지점으로 돌아가 보자. 겨울밤이고, 우리는 영국 시골에 위치한 이름 모를 호텔의 회의실에 있다. 내가 아는 사실은 이것이다. 지난주 일요일, 지하보도에서 젊은 여성이 강간당했다. 이 사건의 영상은 17명의 남자 운전사들이 일하는 지역 배달 업체 소유의 휴대전화를 통해 웹사이트에 유포되었다. 그 휴대전화에서 보낸 마지막 문자는 가정폭력 전과가 있는 프랭크 바넷의 집 근처 안테나에서 발신된 것이었다.

내가 바라보고 있는 남자는 사실 프랭크 바넷이 아니다. 강간 용의자도 아니다. 이 사람은 배우다. 로런스 앨리슨이, 그가 진행하는 경찰 조사관 교육의 핵심 부분인 역할극에 나를 초대해주었다. 로런스는 나를 '레슬리 경감님'이라고 부르면서 사건을 브리핑해주었다.

그런데 왜 내 뱃속이 뒤집혔던 걸까? 압박이 심한 모의 대화를 진행하는 것만으로도 신경 체계가 영향을 받기 때문이다. 이성적인 뇌가 이건 사실이 아니라고 아무리 열심히 알려준다 해도. 앨리슨은 역할극 속 인터뷰가 실제 상황처럼 느껴지는 경우가 종종 있다고 미리

주의를 주었다. 경험이 풍부한 경찰 조사관도 교육 과정의 모의 인터뷰에서 한계에 다다를 수 있다. 실제 상황에서는 전문 조사관도 집중적인 심문이 끝나면 상담 치료를 받아야 할 때가 있다.

이 짧고 강렬한 모의 경험에서 내가 배운 것은 이것이다. 의견 대립을 생산적인 것으로 만들려면 상대에게 영향을 미칠 수 있어야 하지만, 제일 먼저 영향을 미쳐야 하는 사람은 바로 나 자신이라는 것. 자신의 감정과 반응을 장악하는 기술이야말로 가장 어려운 기술이라는 것이다.

## 한 발짝 물러나기

**바넷** 다른 놈들한테는 관심 없다고. 왜 나한테, 프랭크 바넷한테 그런 걸 묻냐고? 왜 나냐고?

프랭크 바넷 역할을 맡은 사람은 앨리슨의 수업에 늘 등장하는 로이드 스미스다. 로이드는 세상 그 누구보다도 많은 경찰관들에게 심문받았다. 르완다 반군 지도자였고, 이슬람 테러리스트였으며, 브라질 폭력배였다. 살인자, 소아 성애자, 강간범이었다. 그는 때로 공격적이고 거의 폭력적이기까지 하다가, 때로는 매력적이고 회피하는 성향을 보이며, 때로는 고집스럽게 침묵을 지킨다. 각각의 상황에서 그는 앨리슨이 작성한 캐릭터 프로필과 그 캐릭터가 저지른 범죄 또는 다수 범죄에 대한 정보를 모두 흡수한다. 조사관이 최대한 어려움을 겪도록 하는 것이 그의 역할이다. 그리고 그는 엄청난 기술과 교활함을 발휘해 그 역할을 해낸다. 로이드는 학교에서 조사 기술을 공부하지는 않았지만, 너무나 다양한 조사관들과 너무나 많은 면담에 참여한 결과 면담에서 나타나는 역학관계를 깊이 이해하게 되었다.

그는 기막히게 훌륭한 배우이기도 하다. 그 방에 들어선 나에게 그는 로이드로 보이지 않았다. 그는 프랭크 바넷이었다. 나는 자신감 있게 들렸으면 하지만 뜻대로 되지 않는 목소리로, 그가 다니는 배달업체의 운전기사 몇 명을 조사하고 있다고 말했다.

**바넷** 그러니까 내가 강간범일 수도 있다고 생각하는구먼?

나는 어떻게 대답해야 할지 알 수 없었다. 어떻게 대답해야 하는 걸까? 나는 이전에 했던 말을 반복했다. 이번에는 좀 더 복잡하게 말했을 뿐이다. 그는 우리가 조사하고 있는 몇 명 중 한 명이라고. 나는 직구로 날아오는 질문을 피하는 정치인처럼 말하고 있었다.

**바넷** 예, 아니요를 묻는 질문이잖소. 내가 강간범일 수도 있다고 믿는 겁니까?

나는 마침내 그렇다고 말했다.

**바넷** 내가 당신네 사람들을 좋아하지 않는다는 건 알고 있겠지.

이언 어떤 사람들을 말하는 겁니까?

바넷 경찰들 말이오. 내가 꼬마였을 때부터 나를 괴롭히고 두들겨 팼으니까.

나는 일요일 오후에 뭘 하고 있었느냐는 원래 질문으로 돌아가려 했다. 하지만 바넷은 생각이 달랐다.

바넷 내가 비열한 놈이라고 생각하는 거요?

이언 아니요, 그렇지 않습니다.

바넷 강간범이 비열한 놈이 아니라고?

나는 그 질문을 무시하기로 했다. 나는 권위 있는 척하는 목소리로 일요일에 뭘 했느냐고 다시 물었다. 바넷은 내 왼손의 반지를 빤히 쳐다보았다.

바넷 결혼했구먼. 그렇지?

이언 그렇습니다.

바넷 내가 당신 마누라를 강간하면, 나를 비열한 놈으로 여길 거요?

이언 (놀라서 아무 말도 하지 못하다가) 아마도 그렇겠죠.

나는 이미 열이 올랐고 초조해졌으며 불편해 죽을 지경이었다. 그리고 화가 치밀어 올랐다. 감히 어떻게 내 아내를 강간한다는 생각을 할 수 있는가? 왜 나에게 질문을 하는 건가? 난 범죄 용의자가 아닌데 말이다. 이 상황을 지켜보던 로런스는 면담을 멈추고 나에게 지금 기분이 어떠냐고 물었다. 내가 대답하자, 그가 고개를 끄덕였다. 그는 나에게, 바넷이 만든 판에 끌려 들어가지 않는 것, 그가 원하는 대로 대화가 흘러가게 하지 않는 것이 어려운 과제라고 말했다. "지금 당신은 이렇게 생각하고 있을 겁니다. 맙소사, 이자가 개자식처럼 굴고 있네, 하고요. 하지만 훌륭한 조사관은 한 발짝 물러나서 생각합니다. '흠, 재미있군. 프랭크가 지금 개자식처럼 굴고 있잖아. 왜 저러는 거지?'"

잠시 배역에서 벗어난 로이드는 언제 틈을 내주어야 하는지 알아야 한다고 조언했다. "제가 쓰는 말, 제 언어를 똑같이 쓰는 걸 겁낼 필요 없습니다. 내가 일부러 놓고 있는 장애물이니까요. 그 단어들을 쓰지 않으려고 애쓰면, 나는 당신을 계속 몰아붙일 겁니다. 당신이 '그래요, 나는 비열한 자식이라고 생각해요'라고 해버리면 난 더 이상 할 말이 없어지죠. 내가 강간범일 수도 있다고 생각하느냐고 물었을 때도 그냥 그렇다고 하세요! 그럼 더 이상 몰아붙일 게 없어지니까요." 그는 또 조사관을 쓸데없는 논쟁으로 끌어들이기 위해 테이블 위에 발을 올려놓는 거라고 설명했다. 노련하지 못한 조사관이라면 권위를 위협받는다고 느껴서 대화가 경로에서 이탈했을 것이다. 영리한 조사관은 이를 무시한다. "조금 시간이 지나면 나도 불편해져서 발을 내리겠죠."

로런스는, 프랭크 바넷이 대화를 개인적으로 몰고 가서 나를 짜증나게 했을 때 그냥 부드럽게 원래 하려던 질문으로 돌아가면 된다고 조언해주었다. "'그래요, 난 당신을 비열한 놈이라고 생각해요. 하지만 당신에게 개인적 감정은 없어요. 난 지금 어린 여성이 강간당한 사건을 조사하기 위해 여기에 있는 것뿐입니다. 내가 할 일은 단지 그거예요'라고 말할 수도 있었을 겁니다."

그러나 로런스의 말에 따르면, 내가 저지른 가장 큰 실수는 왜 바넷이 그렇게 불쾌하게 행동하는가를 들여다보지 않았다는 점이다. 바넷이 경찰을 싫어한다고 말했을 때 나는 기회를 놓쳤다. "그 말을 짚고 갈 수 있었어요. '경찰이 당신을 괴롭혔나요?'라고 물어볼 수 있었다는 거죠." 로이드도 동의했다. "이건 한 사람의 경험에 대한 이야기입니다. 바넷의 인생의 진실이죠. 개인적으로 책임감을 느낄 필요는 없지만, 그의 경험을 인정해줄 수는 있습니다. '좋지 않은 경험이었겠네요'라고 말할 수도 있었겠죠." 그에게 물어봐 주었다면, 나는 면담 상대를 좀 더 이해할 기회를 얻었을 것이다. 그리고 다른 미묘한 좋은 점도 얻었을 것이다. "내 무의식에도 영향을 미쳤을 겁니다." 로이드가 말했다. "나는 이야기하는 모드가 되었을 거예요. 그전까지는 그저 대답을 툭툭 던지거나 도발적인 질문을 던지고 있었거든요."

그의 인생에 관심을 보여주었다면, 나는 그의 방어벽을 낮출 수 있었을 것이다. 그러나 화가 나 있을 때 호기심을 갖기란 어렵다. 사실은 이성적으로 생각하는 것도 어렵다.

# 감정적 관성

유니버시티칼리지 런던의 심리학자들은 이러한 주제를 실험하기 위해 두 명으로 이루어진 쌍들을 초대했다. 첫 번째 사람은 작은 기계에 연결되었고, 기계는 이 사람의 손가락을 약한 힘으로 누르게 되어 있었다. 피험자는 자신에게 가해진 것과 같은 강도로 두 번째 사람의 손가락을 누르도록 지시받았다. 핵심은 상대방은 이 사실을 모른다는 것이었다.

두 번째 사람은 첫 번째 사람의 손가락을 자신이 느낀 것과 같은 강도로 누르라는 지시를 받았다. 두 피험자는 자신이 느끼는 것과 똑같은 힘을 주어서 손가락으로 서로를 번갈아 눌렀다. 과학자들은 피험자들이 누르는 힘을 측정했다. 실험에 참가한 모든 쌍들에서 힘을 주는 강도가 빠르게 높아졌다. 두 사람은 처음 대비 스무 배의 힘으로 상대의 손가락을 누르고 있었다.

이 실험은 인간의 대응이 단계적으로 고조되는 역동을 보여주는 불길한 장면이다. 각 참여자는 자신이 상대와 똑같이 행동하고 있다고 생각하고 있으며, 누구도 의도적으로 문제를 키우고 있지 않지만 압력은 계속 상승한다. 그렇다면 여기서 질문이 생긴다. 왜 모든 갈등은 같은 방식으로 확대되지 않는 걸까?

한 가지 대답은 사람들이 상대에게 받는 감정적 신호에 천천히 대응한다는 것이다. 부부간의 커뮤니케이션을 고찰한 연구자들은 상대의 부정적인 언사를 똑같이 되갚는 부부는 불행할 가능성이 높다는 것을 발견했다(부정적인 의견을 표출하는 것이 관계에 도움이 된다는 것을 앞에서 본 바 있지만, 너무 많은 부정적인 감정은 분명 건강하지 못하다. 중요한 것은 시간이 쌓이는 동안 긍정적인 감정과 부정적인 감정의 비율을 어떻게 유지하느냐는 것이다). 더 놀라운 점은, 서로의 긍정적 언사를 모방하는 부부도 불행할 가능성이 높다는 것이다. 불행한 커플들은 감정이 과열되어 있다. 행복한 커플과 비교할 때 감정이 더 빠른 속도로 날아다닌다. 관계학자 존 가트맨은 부부들이 논쟁을 벌이는 것이 생리학적으로 어떤 영향을 주는지 알기 위해 심장 박동과 땀샘을 측정하고, 그 결과를 결혼이 유지되는 기간과 연관 지어 분석했다. 부부 중 어느 한쪽의 행동이 상대의 생리적 기능에 이러한 영향을 미친다면 그 결혼은 이혼으로 끝날 가능성이 높다는 식이었다.

'감정적 관성'을 가진 사람들, 어떤 일이 일어나든 같은 감정 상태를 유지하는 경향이 있는 사람들은 상황을 안정시키는 영향력을 발휘한다. 당신의 좋거나 나쁜 기분에 배우자가 빠르게 응답해주지 않아 짜증스럽다면, 오히려 감사해야 할 수도 있다. 어느 정도의 감정적 관성은 관계나 집단을 건강하게 해준다. 팀을 구성하거나 배우자를 선택할 때 이 렌즈를 통해 성격 조합을 고려해보는 것도 현명한 일일 것이다. 좋은 팀에는 열정적이고 창의적인 사람들이 필요하지만, 시니컬하고 쉽게 흥분하지 않는 사람들이 팀 안에 없다면 의견 대립 상황이 예측할 수 없는 방향으로 흘러갈 수 있다. 비틀스엔 링고 스타가 반드시 필요했었다.

다양한 성격 조합을 만드는 것도 중요하지만, 상황이 격화되는 것을 막는 또 하나의 방법은 우리 자신이 내면의 링고 스타 역할을 하는 것, 그래서 필요한 순간에 격한 반응을 하려는 스스로를 진정시키는 것이다. 손가락 누르기 실험의 참가자들은 관계학자 앨런 실라스가 '생각 없는 복제mindless reciprocation'라 부르는 방식으로 행동했다. 실험 참가자들은 본능적으로 상대의 행동에 곧바로 대응했으며, 아무도 어떻게 대응해야 할지 스스로 질문하지 않았다(명확히 하자면, 그 누구도 그들에게 질문하라고 하지 않았다). 그들에겐 성취해야 할 목표가 없었기 때문에, 스스로를 자제하지 않았다.

영업 기술과 협상 기술에 대한 교육을 제공하는 영국 회사 허스웨이트 인터내셔널Huthwaite International은 50년이 넘는 기간 동안 협상가들의 행동에 관한 데이터를 수집해왔다. 이들은 협상 현장을 직접 관찰하는 일관된 방법으로 여러 차례의 장기 연구를 수행했다. 연구 목적 중 하나는 역량이 탁월한 협상가들과 평균적인 협상가들이 보이는 행동의 차이를 발견하는 것이었다(탁월하다는 평가를 받는 협상가들은 협상의 양측에서 긍정적인 평가를 받고 있으며, 성공의 트랙 레코드를 보유하고 있는 사람들이었다).

허스웨이트의 연구가 발견한 주요 차이점 중 하나는 협상가들이 갈등에 대응하는 방식이었다. 협상가들도 다른 사람들처럼 대화 도중 화를 내기도 한다. 허스웨이트는 감정적으로 격화된 행동에 '방어적인/공격적인'이라는 용어를 사용했다. 협상가들이 상대방에게 공격적인 태도를 보이거나 스스로를 감정적으로 방어하는 행동을 보일 경우가 이에 해당했다. 연구자들은 이러한 행동이 나선형으로 점차 고조되는 경향을 보인다는 것을 발견했다. 한쪽이 공격을 하면 상대가 방어하려 하고, 이 방어 행동을 상대편은 다시 공격으로 인식한다. 그 결과 방어하려는 행동과 공격하려는 행동을 구분하기가 어려워진다.

평균적인 협상가들은 의견 대립 상황이나 암묵적으로 비난받는 상황에 처하면 "그 일로 저희를 비난하시면 안 됩니다"라거나 "우리 잘못이 아닙니다"와 같은 표현을 사용하며 방어적으로 대응했다. 그러면 상대가 날카로운 반응을 보이면서 나선형 상승이 시작되었다. 평균적인 협상가들은 탁월한 협상가들보다 세 배나 빈번한 방어-공격의 나선형 상승을 보였다. 이들은 관계학자들이 부부 싸움에서 공통적으로 찾아낸 갈등 고조의 패턴을 보였다. 처음에는 낮은 수준의 비난으로 시작해서 점점 공격 행동의 강도를 높여간다. 그러면 상대도 똑같이 행동해 결국 커다란 싸움으로 귀결되곤 했다.

탁월한 협상가들은 이런 상황을 다른 방식으로 다루었다. 적대감을 전혀 드러내지 않는 것은 아니지만 아주 드문 경우에만 드러냈고, 공격은 사전 경고 없이 강하게 했다. 즉 탁월한 협상가들은 그들의 공격성을 보다 의식적으로 조절했다. 그들이 뜨겁게 달아오르는 경우는 그 열을 목표를 이루기 위한 수단으로 사용하려고 할 때였다. 중요한 것이 무엇인지 전달하려고 할 때, 그리고 지루하게 반복되는 논쟁에서 벗어나고자 할 때도 마찬가지였다. 그들은 결코 대화에 끌려 다니지 않았다.

1998년 성 금요일 협정Good Friday Agreement을 이끌어낸 협상에서, 영국 측 대표 협상가였던 조너선 파월Jonathan Powell은 북아일랜드와의 갈등에 관련된 다양한 정치인, 관리들과 한없이 긴 시간을 보내고 참을성 있게 논쟁을 중재하며 분노와 비난을 묵묵히 받아냈다. 파월은 전형적인 외교관처럼 신중하고 침착한 성격이었지만, 그의 역할이 주는 압박은 결국 그에게도 타격을 주었다. 협상 경험을 담은 저서《거대한 증오를 다루는 법Great Hatred, Little Room》에서 그는 자신이 완전히 이성을 잃었던 순간을 묘사했다. 토니 블레어 총리가 참석한 회의에서, 파월은 영국의 신경을 긁으려 애쓰는 통합파Unionist 대표에게 분노를 터뜨렸다. 그의 멱살을 잡은 파월을 블레어 총리가 떼어놓았다. 파월은 자신이 실수를 저질렀다는 걸 알았다. 이후 블레어는 파월을 한쪽으로 데리고 가서 말했다. "실수로 분노를 터뜨려선 안 됩니다."

앨런 실라스에 따르면, 역량이 높은 커뮤니케이터는 우선 그것이 현명한 일인가를 충분히 생각해보기 전에는 상대의 행동을 그대로 되갚아준다는 보복 논리에 빠지지 않는다. 그들은 의도적으로 대화의 속도를 늦추고 자신이 가진 선택지를 가늠한다. 자신이 어떻게 행동하고 싶은지만을 생각하는 것이 아니라, 자신이 하려는 행동이 상대에게 어떤 영향을 줄지, 그리고 이 대화의 목적을 달성하기 위한 최선의 방법은 무엇인지를 생각한다. 분노나 두려움의 감정이 솟구쳐서 심장 박동이 빨라지는 순간, 충동적이거나 많은 경우 나쁜 결정을 내리기 쉬운 상황에서 이렇게 행동하는 것은 결코 만만한 일이 아니다. 그러나 내가 그렇게 반응하는 이유를 인지하는 것만으로도 상황을 다시 장악하는 데 도움이 된다.

# 분노의 도화선

폴리스 솔루션스의 돈 굴라는 나에게 엘리스 앰더Ellis Amdur와 대화를 나눠보라고 권했다. 앰더는 자기 자신과 타인의 분노에 관한 전문가다. 그는 업무상 분노로 가득한 만남을 다루어야 하는 경찰관 및 다른 전문가들과 함께 일한다. 펜실베이니아주 피츠버그의 중산층 가정에서 성장한 앰더는 존재의 취약성을 예민하게 감지하며 자랐다. "저는 유대인이고, 1950년대에 자랐습니다. 부모님은 저에게 절대로 기독교인을 믿지 말라고 가르치셨어요. 홀로코스트 상황이 닥치면 기독교인들은 동조하거나 우리에게 등을 돌릴 거라고요." 그는 아이들이 서로 주먹다짐을 하는 학교에 다녔다. 주먹질에서 엉망으로 진 후에, 앰더는 싸움의 기술을 배우기로 마음먹었다.

예일대학에서 심리학을 공부한 후, 앰더는 일본에서 14년 정도 지내며 여러 무술 학교를 거쳤다. 이후 미국으로 돌아와 현상학의 영향을 받은 정신요법의 한 분야를 공부했다. 우리가 무엇을 믿느냐에 따라 세상을 다르게 보게 된다는 사실을 깊이 탐구하는 요법이었다. "저는 미리 예측한 것들을 괄호 속에 넣어두어야 지금 눈앞에 펼쳐지는 것을 볼 수 있다는 사고방식에 끌렸어요. 훌륭한 경찰관은, 그리고 갈등을 다루는 데 유능한 사람들은 누군가를 만났을 때 핵심 정보를 파악하고 중요하지 않은 것은 걸러냅니다. 그러기 위해서는 우리 자신의 반응을 들여다보고 이를 인지할 수 있어야 합니다."

앰더에게 분노는 그저 분노가 아니었다. 그는 한 사람이 내보이는 분노를 상세하게 분류한 척도로 평가하는 방법, 그리고 그 분노를 다루는 법을 경찰관들에게 가르쳤다. "혼돈의 분노는 섬망을 가져옵니다. 두려움에 빠진 분노는 코너에 몰린 늑대와 같죠. 싸우고 싶지 않지만 싸우게 될 것입니다. 침착한 분노는 상대를 장악하고 있는 맹수의 분노입니다. 뜨거운 분노는 상대를 찢어발기려 하는 곰과 같죠. 상대를 조종하려 드는 분노는 미로 속에서 목표에 이르러야 하는 쥐와 같고, 기만적인 분노는 풀숲에 숨어 있는 뱀과 같습니다. 분노의 종류에 따라 다른 접근이 필요합니다."

앰더는 우리의 뇌에는 세 가지 수준이 있다고 설명한다. 인간의 뇌, 포유류의 뇌, 파충류의 뇌다("신경학적으로 정확하진 않지만, 공격성을 설명하기에 적절한 비유입니다"). 인간의 뇌 수준에서 "우리는 약간 흥분할수 있지만, 상대가 하려는 말에 관심을 보입니다. 윈-윈의 결과를 얻어내려 하기 때문입니다. 이 상황을 다른 말로 표현하면 대화가 되죠." 의견 대립이 격해지고 심장 박동이 빨라지면 포유류의 뇌가 작동하기 시작한다. "만남은 서로 우위를 차지하기 위한 다툼이 됩니다. 이 상태에서 지배적인 감정은 분노입니다. 네가 뭐라도 된다고 생각하는 거야? 여기서부터는 내가 무슨 말을 할지에 관심이 집중되고, 상대의 말에는 관심이 사라집니다. 그래서 이런 말을 듣게 되는 거죠. 너 지금 제대로 안 듣는구나. 내가 말할 기회를 좀 줘. 이해를 못하는구나." 파충류의 뇌는 또 다르다. "여기서부터는 분노가 상황을 장악하게 됩니다. 분노한 사람은 논쟁에서 이기는 데만 관심이 있죠. 이 목표가 진실과 일부 겹칠 수는 있지만—그들의 말이 맞을 수도 있으니까요—진실을 찾는 것이 목표가 되지는 않습니다. 분노한 사람과는 함께 문제를 해결할 수 없습니다." 분노한 사람에겐 질문조차 할 수 없다. 그들에겐 질문이 자신의 말을 제대로 듣지 않았다는 확증이 되어버리기 때문이다. "화나셨나요?"라고 물으면, "어떨 것 같아? 젠장!"이란 대답이 돌아올 것이다. 그보다는 "화가 나신 것 같군요"라고 말하는 편이 낫다. 파충류의 뇌 수준에서는 분노가 모든 것을 집어삼킨다.

앰더는 수강생들에게 자신의 심리적 '핫버튼'이 무엇인지 생각해보게 했다. 어떤 상황에서 분노가 치미는가? 그는 경찰관들에게 누군가 오늘 나의 핫버튼을 누를 수 있다는 가능성에 대비해야 한다고 조언한다. "당신에게 어떤 불안감이 있다고 합시다. 누군가 버튼을 누르기 전까지는 그 불안에 대해 생각하지 않죠. 내 버튼이 무엇인지 스스로 인지하고 있다면, 누가 버튼을 눌렀을 때 침착하게 대응할 가능성이 높아집니다. 격렬한 위협 반응은 보이지 않겠죠. 대비하고 있었으니까요."

멤피스에서 폴리스 솔루션스의 강사들은 압박이 심한 상황에서 자제해야 한다는 것을 자주 강조한다. 하지만 그와 동시에, 가끔은 동료들의 도움을 받아야 한다는 조언도 덧붙인다. "누구에게나 건드리면 터지는 분노의 도화선이 있죠." 마이크 오닐이 방 안의 교육생들에게 말했다. "제 경우엔 가정폭력 상황이 도화선입니다. 저희 부모님이 많이 싸우셨거든요. 가정폭력 상황을 다루어야 할 때면 저는 순식간에 폭발해버릴 수 있습니다. 제 파트너가 그걸 알고 있어요.

그래서 이렇게 말해주는 거죠. '내가 맡을게, 마이크.'"

멤피스 경찰관 중 한 명이 입을 열었다. "내 안에 있는 도화선은 어린이와 관련된 사건입니다. 어느 아파트에 갔는데, 꼴이 끔찍했어요. 버는 돈을 몽땅 술을 사는 데 탕진하는 작자란 걸 알겠더군요. 바퀴벌레가 온 사방에 기어 다니고 있었고, 작은 어린애가 소파에 앉아 있었죠. 저는 흥분하기 시작했어요. 파트너가 저를 데리고 나와야 했죠.'"

## 목표를 의식적으로 기억하자

프랭크 바넷과의 짧은 만남을 통해 나는 전문 조사관들의 일이 얼마나 말도 안 되게 어려운 것인지 알게 되었다. 적어도 세 레벨에서 동시에 뇌를 풀가동해야 하는 일이기 때문이다. 첫 번째 레벨에서는 인지적인 체스 게임을 해야 한다. 용의자에 대해 알고 있는 것과 당신이 알고 있는 것이 무엇인지 용의자가 아는 부분, 그리고 얻어내야 할 정보에 집중하면서 말이다. 두 번째 레벨에서는 당신을 밀어내려고 전력을 다하는 상대와 감정적인 라포르를 형성해야 한다. 세 번째 레벨에서는 자기 자신과의 싸움을 벌여야 한다.

나는 프랭크에게 화를 터뜨리거나 그의 도발에 반응하는 것이 좋은 생각이 아니라는 걸 알고 있었다. 그러나 안다고 해서 멈추는 것이 쉽지는 않다. 나 자신의 행동을 장악하지 못한다면, 내가 그의 행동에 영향을 미칠 가능성은 거의 없었다. 이 원칙은 경찰 조사실이나 군대에서 이루어지는 만남에만 적용되는 것은 아니다. 모든 격렬한 대화에서 다른 사람과 겪는 갈등은 우리 자신과 겪는 갈등과 뒤엉켜 있다.

이러한 내적 갈등을 서로 경쟁하는 목표들 사이의 다툼이라고 생각해보면 도움이 된다. 우리가 뭘 하든 이루고자 하는 목표가 존재한다. 그 목표를 완전히 인지하고 있든 아니든 말이다. 행동과학자 윌리엄 T. 파워스William T. Powers는 우리 마음을 목표에 의해 움직이는 시스템이 위계에 따라 쌓여 있는 것으로 보았다. 가장 낮은 층위의 시스템은 중추신경이나 근육처럼 우리의 몸을 움직인다. 가장 높은 층위의 시스템은 의식적 인지와 목적에 관한 것이다. 가장 낮은 층위에서는 생각하지 않고도 몸을 움직일 수 있다. 더 높은 층위에서 지시가 내려오기 때문이다. 모든 순간에 일일이 생각하지 않고 운전할 수 있는 이유는 차를 운전한다는 목표를 설정해두었기 때문이다. 그 목표는 더 높은 층위의 전략적인 목표—가구점에 간다—를 달성하기 위한 것이다. 파워스의 말에 따르면, 시스템 사이에 갈등이 생길 때 문제가 발생한다. 예를 들자면 몸은 소파에 붙어 있으라는 목표를 제시하는데 더 높은 층위의 시스템은 소파를 바꿔야 하니 가구점에 가라고 요구한다. 그럴 때 우리는 둘 중 어느 한편이 이길 때까지 불안하고 불행한 상태가 된다.

배우자, 동료, 또는 낯선 사람과 부딪치는 갈등 상황에서 우리는 이러한 내적 충돌을 겪곤 한다. 낮은 층위의 본능적인 시스템은 눈앞의 논쟁에서 이기라는 목표를 제시한다. 반면 더 높은 층위의 시스템은 상대와 좋은 관계를 유지하라는 목표를 준다. 경쟁은 항상 동등하게 일어나지 않는다. 낮은 층위의 시스템은 강력한 것이라서 우리를 괴롭힐 수 있다. 논쟁에서 이긴다거나 상대를 누르고 우리의 우월한 지성과 재치를 과시하려는 눈앞의 목표에 집중한 나머지 더 높은 층위의 목표는 완전히 잊어버리게 되는 것이다. 논쟁으로 스트레스를 받고 고통스러울 때, 무언가 잘못되었다는 신호가 큰 소리로 명확하게 울려대도 우리는 눈가리개를 한 채 힘차게 달려 나간다.

누군가 우리에게 무례하거나 적대적으로 행동한다면, 똑같이 되갚아주라는 초대장을 받는 것이나 마찬가지다. 우리의 일부는 자연스럽게 그 초대를 받아들이고 맹렬히 공격하려 한다. 그럴 때 우리는 우리가 목표를 선택할 수 있다는 것을 잊고 우리를 초대한 그 시스템이 우리의 반응을 장악하도록 내버려둔다. 상대방의 마음을 비참하게 만드는 것, 상대를 모욕하는 것이 목표가 된다. 우리는 관계의 다리를 불태워버리는 것쯤은 개의치 않을지도 모른다. 그렇다면 달려 나가라. 그 목표를 의식적으로 추구하라.

그러나 많은 경우엔 그 초대장을 거절하고 스스로의 태도를 선택하는 편이 낫다. 앞으로도 좋은 관계를 이어가고 싶은 사람과 이야기하고 있다면, 낮은 층위의 싸움터로 따라 내려가는 것은 양편에게 좋지 않은 선택이 된다. 그럴 때 가장 좋은 대응은 잠시 물러나 속도를 늦추고 내가 갈 길을 의식적으로 선택하는 것이다. 따라오라고 초대받은 길을 무조건 따라가는 대신에.

윌리엄 파워스는 이에 대한 유용한 방법을 제시했다. 내적 충돌이 일어날 때 언제나 다음 층위로 문제를 밀어 올리라는 것이다. 책임져야 할 사안을 상사에게 올리는 직원처럼 말이다. 다르게 말하면, 우리의 행동에 좀 더 다양한 관점을 갖고, 우리의 목표를 보다 명확히 바라보아야 한다는 것이다. 구체적으로, 우리는 왜와 어떻게라는 질문을 던져볼 수 있다. 어떻게라는 질문은 우리의 낮은 층위 행동에 불빛을 비춘다. 그렇기에 불쾌한 논쟁 중이라면 잠시 심리적으로 한 발 물러나 질문을 던져볼 수 있을 것이다. 이 논쟁에서 나는 어떻게 행동하고 있나? 화가 나 있고 빈정대며 공격적인 사람으로 처신하고 있나? 왜라는 질문은 더 높은 층위의 목표로 불빛을 비추어준다. 지금 나는 왜 이렇게 다투고 있는가? 목적이 무엇이며, 어떤 의미가 있는가? 왜에 대한 대답을 알고 있다면, 어떻게 풀어갈 것인가도 결정할 수 있게 된다. 톤을 바꿔서 좀 더 따뜻하거나 한결 재미있는 사람이 될 수도 있다. 아니면, 그 순간의 필요에 따라서는 보다 공격적일 수도 있다. 협상가들이 필요하다고 판단한 순간에 보여준 모습처럼.

층위를 올라간다고 해서 상대방도 우리와 같은 자세로 대화에 응하리라고는 확신할 수 없다. 우리가 좀 더 따뜻한 태도로 말을 건넨다 해도 오히려 더욱 공격적인 대답이 돌아올 수도 있다. 그러나 최소한 그 결정 덕분에 우리는 한층 품위를 지킬 수 있고, 그 순간에서 벗어날 수 있다. 당장 논쟁에서 이기는 것이 더 이상 그리 중요하게 여겨지지 않는다. 설령 상대방과는 화해에 이르지 못했다 하더라도, 적어도 나 자신과는 화해하게 될 것이기 때문이다.

모든 원칙 위에

황금률이 있다

모든 규칙 위에 황금률이 있다.
진실한 인간적 유대를 만들라.

다시 방으로 돌아와 보자. 2라운드를 시작할 시간이다. 같은 사건, 같은 용의자다. 다만 이번 라운드에서는 프랭크 바넷의 성격이 다르다. 나는 로런스와 로이드에게 경찰 조사관이 겪는 다양한 고충을 맛보게 해달라고 부탁했었다.

이번에 내 앞에 마주 앉은 바넷은 의심스럽게 나를 빤히 쳐다보지도, 테이블에 발을 올려놓지도 않는다. 그는 눈을 마주치기 싫은 듯이 바닥만 쳐다보고 있다. 말을 할 때는 작고 망설이는 목소리를 낸다. 나는 사건이 있던 날 무엇을 하고 있었느냐고 물었다. 그는 대답을 하는가 싶더니 목소리가 점점 작아진다. 그가 묻는다. "그 여자아이는 괜찮은가요?"

나는 대충 대답하고는 사건 당일에 그가 뭘 했는지 다시 한번 묻는다. 한참의 침묵 뒤에 그가 작은 목소리로 말한다. "도움이 되어드리고 싶지만, 혼란스럽네요. 저는 그런 일을 할 사람이 아닙니다. 경찰들이 학교 앞에서 나를 체포했어요. 애들이랑 같이 있었는데 말입니다." 나는 참 난처했겠다고 말하고는 다시 질문을 이어갔다.

로런스는 면담을 멈추게 하고 나에게 어떻게 진행되고 있는 것 같으냐고 물었다. 나는 이번에는 훨씬 자신감이 든다고, 상황을 좀 더 장악하고 있는 것 같다고 대답했다. 로런스는 얼굴을 찌푸렸다. "제가 보기엔 당신이 이상하게 공감하지 못하고 있는 것 같았는데요. 대화의 톤이 첫 번째 인터뷰 때와 똑같았어요. 조금 덜 초조해 보이긴 하지만요. 상대에 맞춰 조절하는 모습이 전혀 안 보여요."

그의 말이 맞았다. 나는 레슬리 경감처럼 권위 있게 상황을 장악하는 모습을 보이는 데만 신경 쓰느라 내 앞에 앉아 있는 사람에게 톤을 맞추어야 한다는 걸 잊고 있었다. 로이드도 말을 보탰다. "'참 난처했겠네요'라고 말하면서 거기에 맞는 감정이 전해지지 않으면, 그 말은 할 가치가 없어요."

중요한 깨달음을 얻은 순간이었다. 감정이 담기지 않은 공감은 아예 공감하지 않는 것보다 못하다. "내가 겪은 일에 대해 진심으로 걱정하는 것처럼 느껴지지 않으면, 나는 프로세스의 한 부분일 뿐이고 당신은 나를 프로세스 위로 굴리고 있다는 느낌이 들 겁니다."

로이드는 설득할 수 있는 대상처럼 보이는 것이 중요하다고 말을 이었다. "경찰관이 마음이 열려 있는 사람, 판단하지 않는 사람처럼 보인다면 나는 말을 할 겁니다. 당신을 속일 수 있을 거라 생각해서일 수도 있겠죠. 그런 경우라 해도, 당신이 이미 마음을 정해뒀다는 인상을 준다면 나로선 더 이상 말할 이유가 없는 겁니다."

그러니까 가장 우수한 조사관은 열린 마음을 가진 것처럼 보이는 능력을 가진 사람들이란 말인가? 로런스가 말했다. "능력이라기보다는 진실을 알아내는 데 진심으로 관심을 기울이는 태도일 겁니다."

## 인간적인 신뢰와 유대

영국 경찰관 제이크 롤닉Jake Rollnick(그의 아버지 스티븐은 앞에서 만났던 MI의 공동 창시자다)은 필요한 행동(체포하거나, 안전한 장소로 옮겨주는 것 등)을 취하기 전에 얼마나 참을성 있게 위기 상황에 처한 사람들과 라포르를 형성하는지 나에게 들려주었다. 그러나 대화를 마무리하기 전에, 제이크는 한 가지 더 이야기해줄 것이 있다고 했다.

라포르는 중요하지만, 라포르를 형성하는 방법에는 여러 가지가 있습니다. 저와 같이 일하는 경사는 덩치 큰 녀석이에요. 럭비 선수고, 진짜 카디프* 남자죠. 항상 대립적으로 나가는데, 그 방식이 또 항상 효과가 있어요. 한번은 어떤 젊은 남자가 자살하려고 손목을 긋고 약을 과다 복용했어요. 나는 한참 동안 옆에 앉아서 병원에 데려다주겠다고 설득하고 있었는데, 사지Sarge가 걸어 들어오더니 고함을 지르기 시작하더군요.

"내가 어떻게 해주면 좋겠어? 병원에 데려다줘, 말아? 내가 당신 문제를 해결해줄 수는 없다고. 나도 할 일이 많아. 병원에 가고 싶으면 데려다줄게. 아니면 여기 그냥 앉아서 죽던가!"

---

* 영국 웨일스의 수도이자 가장 큰 도시.

"전부 다 잘못된 말들이었죠." 제이크가 말했다. "저는 그 자리에 앉아서, 내가 기껏 잘해놓은 일을 다 망쳐놨다고 생각했어요. 그런데 그 젊은이가 우리와 같이 병원에 가더군요. 경사가 그런 식으로 일을 처리하는 걸 이후로도 자주 봤어요. 결국은 유대를 만들어내더라고요. 규칙이란 건 없는 거지요."

원칙에 대해 이야기하는 책에서 이렇게 쓴다면 좀 이상하겠지만, 제이크의 말이 맞는다. 어떤 경우에도 변하지 않는 규칙은 없다. 뭐, 거의 없다고 해두자. 이 책을 쓰기 위해 만났던 사람들과의 대화에 공통적으로 흐르는 황금률이 하나 있었다. 인간적인 신뢰와 유대를 만들어내지 못한다면 의견 대립과 갈등을 성공적으로 다룰 수 없다는 것이다. 이 원칙을 지킨다면, 다른 모든 규칙은 필요 없는 것이 된다. 이 원칙을 지키지 못한다면, 우리가 구사하는 전략과 기술들은 오히려 역효과를 가져올 것이다.

## 결국, 진심이 필요하다

다윗교 신도들과 대치하는 상황에서 FBI가 펼친 다양한 설득 전략은 서툴고 비생산적인 것들이었다. 그들의 설득 전략에는 진정한 공감과 호기심이 결여되어 있었기 때문이다. 협상 교과서에서 가르치는 전략 중 하나는 라포르를 형성하기 위해 서로의 공통분모를 찾아보라는 것이다. 괜찮은 원칙이지만 서툴게 사용하면 진정성 없고 냉소적으로 들릴 수 있다. 예를 들면, 어떤 협상가는 코레시에게 계획을 제안하는 과정에서 이 계획이 '독실한 기독교인'인 자신의 상사가 '우리 모두가 그러듯' 하나님께 기도한 후에 승인을 받아낸 것이라고 말했다. 라포르를 형성하고 싶었겠지만, 코레시는 별 인상을 받지 못했다. FBI가 사용한 또 다른 전략은 풀려난 어린이들의 사진과 영상, 어린이들이 쓴 메시지를 들여보내는 것이었는데, 그렇게 하면 부모들이 아이들을 만나기 위해 밖으로 나오지 않을까 해서였다. 그러나 다윗교도들은 자신들을 조종하려는 노골적인 시도에 분노했다. 놀랍지 않은 일이었다.

당신이 당신보다 지적이지 못하다(언제나 위험한 가정이다)고 생각하는 사람들도 당신이 보내는 관계의 신호를 감지하는 섬세한 촉을 가지고 있을 수 있다. 폴리스 솔루션스의 강사 돈 굴라는 경찰관들에게 동정하는 척하지 말라고 강조한다. 상대가 누구든 속임수를 꿰뚫어 볼 만큼 영리하다고 가정해야 한다는 것이다. "정신적으로 병이 있는 사람들은 똑똑합니다. 그저 병이 있을 뿐이에요. 당신이 거짓말을 하면 그들도 압니다. 당신이 아닌 누군가인 척하지 마세요. 진짜 당신의 모습을 보이십시오."

로런스 앨리슨이 자주 반복하는 말은 '진심이어야 한다'는 것이다. 조사관은 호기심을 거짓으로 꾸며내선 안 된다. 호기심은 진짜여야 한다. 로런스는 '속임수'에 기대는 것의 위험성을 반복해서 경고한다. 누군가를 조종하려는 기술을 사용한다면 조사관 스스로는 자신이 똑똑하다고 느낄지 몰라도, 상대는 이를 꿰뚫어보기 마련이다. 속임수가 매력적으로 다가오는 이유는 영리하다는 기분, 상황을 장악하고 있다는 기분 때문인데, 속임수는 기대만큼 효과적이지 못할뿐더러 후폭풍도 불러온다. 남아프리카공화국의 전직 정보원이자 만델라의 석방을 중재하는 데 참여했던 니엘 바너드Niël Barnard는 경험에 기반한 협상의 제1원칙을 가지고 있다. "교활하게 행동하는 것은 어리석다"는 것이다.

앨프리드 윌슨이 견인차 기사에게 그의 삶에 대해 물었을 때, 그는 속임수를 쓰고 있지 않았다. 그는 정말로 관심이 있었다. 샬런 네메스는 악마의 변호인을 활용하는 게임이 효과적이려면, 변호인이 자신의 견해를 진심으로 믿고 있어야 한다는 것을 발견했다. 미리엄 우스팅가가 만난 인질 협상가들은 사과는 진심일 때만 효과가 있다는 것을 강조했다. 빌욘은 만델라가 아프리카너들이 얼마나 자신을 괴롭혔는지 이야기할 때 그가 진심이라는 것을 믿었다.

폴리스 솔루션스의 창립자 조너선 웬더는 경찰관으로 일하던 시절 가장 어려웠던 것은 그가 '관료제의 역설'이라 부르는 부분이었다고 말한다. 제복을 입은 경찰관으로서 사람들의 삶에 끼어들 자격을 얻지만, 동시에 그의 역할을 넘어설 때에만 사람들의 삶에 영향을 미칠 수 있다는 것이다. "경찰관으로서 해야 할 일은 신뢰 관계를 쌓는 것인데, 완고한 관료로 행동하면 그 일을 해낼 수 없습니다. 법의 기술적인 렌즈를 통해서만 사건을 바라보면 사람들에게 오래 지속되는 영향을 미칠 수 없어요. 인간으로서 진정한 나 자신이 되어야만 가능합니다."

웬더는 뉴저지주의 책과 아이디어가 가득한 집에서 자랐다. "지적인 활동에 끌리는 아이였어요." 그의 부모는 독립서점을 운영했고, 할아버지는 역사학 교수였다. 그는 시애틀 근교에서 경찰관이 되기 전에 대학에서 철학과 중동어학을 공부했다. 경찰관이 된 지 6년이 지났을 때, 웬더는 박사 과정을 시작했다. 독일 철학자 마르틴 하이데거의 작업을 법률 집행의 영역에 적용하는 연구였다. 그의 논문은 이후《경찰 활동과 일상의 시학Policing and the Poetics of Everyday Life》이라는 책으로 발간되었다.

웬더와 대화를 나누는 것은 가장 효과적인 결박 기술을 구사할 줄 아는 유럽 철학자의 이야기를 듣는 것과 같다. 나는 그에게 경찰 업무의 어떤 부분이 가장 흥미로웠느냐고 물었다. "사람들은 경찰 활동이 공격적인 일이라고 생각합니다. 하지만 저에게 경찰 업무는 친밀감에 관한 일입니다. 가장 취약한 상황에 처한 사람들을 계속 만나고 소통하는 일이죠. 사람이 태어나는 모습도, 목숨을 잃는 순간도 보게 됩니다. 왜 결혼이 깨졌는지, 왜 스스로 목숨을 끊으려 했는지에 대해 이야기 나누게 되고요. 가장 날것의 인간 본성을 만나는 일입니다."

그의 이야기는 종종 그렇듯 철학으로 돌아왔다. "인간은 나무나 돌이 아닙니다. 우리는 의미를 만들어냅니다. 하늘을 가로지르는 제트기는 비행운을 남기고, 물 위를 지나는 배는 항적을 남깁니다. 그러지 않고 움직일 수 있는 방법은 없어요. 인간도 마찬가지입니다. 우리가 방 안에 들어설 때, 별이 빛을 발하듯 우리는 의미를 내뿜습니다." 그가 잠시 말을 멈추었다. "그렇다면 다른 사람들과 긍정적인 상호작용을 하는 것은 좋은 목적을 갖는 일이 됩니다. 어느 누구도 대상으로 취급해서는 안 됩니다. 그들에게는 영혼이 있고, 우리에게도 영혼이 있다는 사실을 이해해야 합니다."

Conflicted

Part
3

---

자리를
떠나지 말 것

끝나지 않는

무한 게임

생산적인 의견 대립은
예의 바른 것과는 다르다.
그러나 계속해서 다른 의견을 나눌 수 있으려면
최소한의 예의는 갖춰야 한다.

배우고자 하는 욕구가 크다면

필연적으로 많은 논쟁이 있을 것이다.

—존 밀턴


1962년, 철학자이자 자유주의의 옹호자인 버트런드 러셀은 영국
파시스트 연합의 전 리더 오스왈드 모슬리Oswald Mosley로부터 여러 통
의 편지를 받았다. 모슬리는 파시즘의 도덕성에 대해 러셀과 토론하
고 싶어 했다. 마침내 구순이 다 된 러셀이 답장을 썼다. 짧막한 편지
에서 러셀은 자신이 모슬리와 토론할 수 없는 이유를 다음과 같이 설
명했다.


낯선 정신, 솔직히 말해 혐오스러운 정신을 가진 사람에게 답하는 것은
언제나 어려운 일입니다. 당신의 전반적인 주장에 이의를 제기하겠다는
것이 아닙니다. 파시즘의 철학과 행태가 보여주는 잔인한 편견과 강박적
인 폭력, 사디스트적인 박해를 적극적으로 반대하는 데 나의 에너지를 전

부 써왔다는 것입니다.

우리가 살고 있는 감정적 우주는 너무나 다르며 깊이 반대되는 것이라는 것, 그래서 우리 사이에서는 그 어떤 유용하고 진실한 것도 나올 수 없다는 것을 말씀드려야만 할 것 같습니다.


이 책의 대전제에 나 스스로 반대해본다면, 이렇게 시작할 것이다. 생산적인 의견 대립은 좋은 것이지만, 어떤 사람들은 그걸 누릴 자격이 없는 것이 사실이라고. 우리의 반대자들로부터 배울 수는 있지만, 반대자 전부가 뭔가 가르쳐줄 만한 것을 가지고 있는 건 아니라고 말이다. 물론 우리는 반대자들과 대화를 나누려고 노력해야 하지만, 관심을 쏟을 가치조차 없는 관점을 가진 사람들은 예외다. 어떤 적은 무시하거나 이겨야만 하는 것이다. 싸우거나 혹은 도망치거나, 양자택일해야 하는 경우도 있다. 그럴 때 그렇지 않다고 생각하는 것은 위험할 만큼 순진한 것이다.

그러나 그런 사람들을 미리 알아보는 것은 어렵다. 서로 오갈 수 없을 만큼 까마득하게 벌어진 신념의 격차 때문에 갈라서는 사람들은 극소수다. 진보주의자들과 백인 우월주의자들? 그럼 만델라가 빌욘과, 그리고 생각해보면 남아프리카공화국 정부와도 협상하지 말았어야 한다는 뜻인가? 그래야만 해서, 얻어내야 하는 것이 있어서 협상했을 뿐이라고 말할 수도 있을 것이다. 하지만 그것이 핵심이다. 우리는 혐오스러운 관점을 가진 사람들로부터 종종 무언가—공정한 대우나 평화로운 공존 같은 것뿐일지라도—를 얻어내야 한다. 외교관들은 지구상에서 가장 끔찍한 사람들과도 성공적으로 협상을 해내고 분쟁을 중재해왔다. 조사관들 역시 끔찍한 범죄를 저질렀거나 용납할 수 없는 신념을 가진 사람들과 관계를 맺고 생산적인 대화를 해내야만 한다. 러셀은 모슬리와 관계를 맺을 필요가 없었다. 모슬리는 이미 힘이 빠져 영향력이 없는 자였으며, 러셀은 자신에게 얼마 남지 않은 시간이 귀했다.

관점의 차이 때문에 관계를 맺을 수 없는 사람들이 있다고 생각하지 않는다. 그러나 다른 의견을 내놓는 방식 때문에 관계를 맺을 수 없는 사람들이 있다고는 생각한다. 고집스럽게 마음을 닫아걸고 공격적이며 비열한 사람들, 언제나 진실하지 못한 태도를 취하고, 과장되게 꾸미며 남의 말은 절대 듣지 않는 사람들이다. 이념이 아니라 감수성과 태도의 문제다. 이런 부류의 사람들을 정치에서만이 아니라 모든 곳에서 볼 수 있다. 관계에서, 가족 안에서, 직장에서, 우리는 그 누구의 규칙에도 맞추지 않고 마음대로 행동하려고 하는 사람들을 만나게 된다. 생산적으로 논쟁하는 척하지만 우리를 무의미한 싸움으로 끌어내리기만 하는 사람들이다. 러셀이 모슬리의 '감정적 우주'가 자신과 너무 다르다고 말했던 것에 주목하길 바란다.

그렇게 말은 했지만, 우리는 이러한 사람들의 수를 습관적으로 과대평가하는 경향이 있다. 특히 잠이 모자랄 때 그런 경향이 심해진다. 우리의 뇌는 언제나 에너지를 아낄 방법을 찾고 있는데, 관심을 쏟을 만한 사람과 관심을 가질 만한 관점의 수를 줄이는 것도 하나의 방법이란 얘기다. 그래서 우리는 사람들에게 인종차별주의자, 한심한 자들, 멍청이라는 딱지를 붙여서 스스로에게 핑계를 준다. 상대할 가치가 없는 사람이라고 누군가를 무시해버릴 때 갑자기 확신이 강하게 솟구친다면, 그것은 우리가 옳다는 신호가 아니라 해야 할 일을 내팽개치고 빠져나갈 때의 만족감에 가까울 것이다. 우리가 시간 낭비라고 재빨리 결론 내렸던 사람들 중엔 관계를 맺을 가치가 있는 사람이 많다. 우리에게 무언가를 가르쳐줄 수 있는 사람일 수도 있고, 보기보다 양가감정을 갖고 있는 열린 사람일 수도 있다. 앨프리드 윌슨은 남부연합기를 단 남자에게 노력을 들일 가치가 없다고 무시해버릴 수도 있었다. 그러지 않아서 기뻤을 것이다.

## 적당한 예의

여전히, 이 모든 것은 합리적인 이야기들이다. 그렇지 않나? 이 책은 대단히 합리적인 책이다. 다른 사람의 의견을 듣고, 주의 깊게 경청하고, 상대의 관점을 보는 일에 관한 책이다. 무척이나… 예의 바른 책이다.

나는 예의를 가치 있는 것이라고 생각한다. 그러나 나는 편안한 삶을 누리고 있으며 상대적으로 두려워할 일도 없다. 절망과 두려움에 빠진 사람들, 남들이 자신을 속였다고 생각하는 사람들은 예의 바른 대화가 아닌 다른 어떤 것을 바랄지도 모른다. 그들의 입장에선 생산적인 의견 대립이라는 개념 자체가 고급 가구 같은 것으로 보일런지도 모른다. 지붕이 무너져 내리는데 고급 가구가 무슨 소용인가? 게

다가 어떤 일들은 분노할 가치가, 비합리적일 만큼 뜨겁게 분노할 가치가 있다. 예의가 솔직함에 방해가 될 때도 있다. 나 역시, 모두가 항상 다른 사람의 기분에 신경 써야 하는 세상에 살고 싶진 않다. 어떤 사람들의 관점은, 그리고 어떤 사람들은 손쓸 길 없이 끔찍하다. 지랄하고 있네, 라는 말에 통쾌한 진실이 담겨 있을 수도 있는 것이다.

예의를 지키라는 요구는 현상 유지를 위한 방편이 되기도 한다. 1960년대 민권 운동가들에게 고상한 남부 백인들이 뭐라고 했었나? 무례한 사람들이니 논쟁은 고사하고 그들의 말을 들을 필요조차 없다고 했다. '버밍엄 감옥으로부터의 편지'에서 마틴 루서 킹은 그의 이상은 지지하지만 직접 행동은 지지할 수 없다고 말하는 미국 백인들을 참을 수 없다고 썼다. 이들 백인 온건파는 "정의보다는 '질서'를 중요하게 여긴다"라고.

변화는 불편한 것이며, 변화로 잃을 것이 있는 사람들에겐 고통스러울 수도 있다. 예의를 강조하는 것은 변화를 지연하는 방법이 될 수 있다. 기업 이사회 회의실에서는 자신의 의견을 표현하는 특정한 규칙을 따르는 사람만 진지하게 받아들여진다. 격식을 차리는 고맥락의 조직문화 안에서는 더욱 그렇다. 벌떡 일어나서 '당장 변화하지 않으면 우리는 완전 망할 겁니다!'라고 소리치는 일은 현실적으로 불가능한 일이 되어버렸다. 누군가 그럴 수 있었다면 수많은 파산과 재앙에 가까운 의사결정을 막을 수 있었을지도 모른다.

예의를 강조하는 것은 대화를 원하는 대로 끌고 가기 위한 수단, 일종의 권력 행동이 되기도 한다. 예의는 복잡한 암호로 발전할 수 있다. 암호란 그것을 아는 사람에게만 혜택을 주는 법이다. 영국의 계급 제도에는 여전히 어떻게 말해야 하는가에 대한 세밀한 분류가 가득하며, 이를 통해 케케묵은 체계를 유지한다. 극단적인 형태로 사용될 경우엔 정치적 올바름도 유사한 역할을 하게 된다. 내부인과 외부인을 구분하고, 잘 배운 엘리트가 권위를 지킬 수 있도록 하는 언어적 기술로 사용되는 것이다. 불편한 이야기를 꺼내려는 사람들은 대화에서 배제된다. "그 사람은 너무 공격적이야", "그 여자는 지나치게 감정적이야"라는 식이다.

의견 대립이 유혈 스포츠가 될 필요는 없지만, 피를 전혀 묻히지 않는 방식으로 이루어져서도 안 된다. 모든 공공의 논의가 디너파티에서의 대화처럼 매끄럽게만 흘러간다면, 고통스러운 비명과 분노의 외침은 듣지 못하게 될 것이다. 가끔은 어떤 규칙을 어기고 있는지, 누구의 감수성을 다치게 하는지에 대해 너무 많이 생각하지 않고 논쟁에 뛰어들어야 할 때가 있다. 그러나 여기서 어려운 질문에 마주하게 된다. 올바름과 무례함, 사람들의 면전에서 진실을 이야기하는 것과 사람들을 모욕하는 것 사이의 차이는 무엇일까?

온라인 정치 논쟁이 유난스럽게 악다구니로 넘친다고 생각한다면, 500년 전의 종교 논쟁을 참조하길 바란다. 마르틴 루터가 교황에 대한 생각을 밝힌 글을 보자.

당신은 대책 없는 최악의 악당, 지구상에서 제일 악한 자들 중에서도 제일가는 인간쓰레기요. 지옥에서 온 악마 중에서도 제일 고약한 것들로 가득 차 있는 자요. 당신이 하는 일이라고는 악마를 토하고 던지고 내뿜는 것밖에 없지!

루터의 무례한 태도(그는 악마의 항문이나 핥는 '멍청이 꼬마 교황'에 대한 글도 썼다)는 전략적인 것이었다. 그는 로마 가톨릭교회에 만연한 기괴한 부패상을 예의 바르게 지적하는 건 불가능하다고 생각했다. 예의를 지키려다가는 분노의 힘을 제대로 쓸 수 없을 터였다. 효과적으로 저항하기 위해 루터와 추종자들은 교회가 하는 말의 내용뿐만이 아니라 말하는 방식도 흔들어놓아야 했다. 섬세한 감수성을 공격해야 할 도덕적 의무가 있었던 것이다.

옥스퍼드대학의 정치철학자 테레사 베얀Teresa Bejan은 루터의 종교개혁 이후 오랜 기간에 걸쳐 벌어진 종교적·정치적 논란 속에서 예의civility라는 근대적 아이디어가 만들어진 과정을 연구했다. 유럽인들과 신대륙 사람들은 '관용'이라는 새로운 문제와 씨름해야 했다. 자신이 경멸하는 믿음을 가진 사람들과 공존할 수 있는가, 어떻게 공존할 수 있는가의 문제였다. 베얀은 미국 식민지에서 벌어졌던 논쟁이 오늘날의 논쟁과 공통점이 있다는 것을 발견했다. 시민 의식이 떨어지는 것에 대한 절망이었다. 영국 성공회 교도들은 무신론자들의 주장에 대응하지 않고 그들의 관점이 얼마나 공격적인지 설교를 늘어놓았다. 퀘이커교도들은 모자를 들어 인사를 하지 않고 악수를 하는 역겨운 습관 때문에 배척받았다. 예의도 모르는 자들이라면 박해

받아 마땅하지 않겠는가?

베얀은 '예의'란 권력을 가진 자들이 반대파들과 그들에 맞서는 의견을 억누르기 위한 도구였다고 주장하는 책을 쓰기 시작했다. 그러나 조사 과정에서 마음을 바꿨다. 예의가 필요한 진짜 이유는 불편한, 또는 심지어 격렬한 의견 대립이 일어날 수 있는 공간을 만들어주기 위해서라고 누군가 그녀를 설득했기 때문이다. 그 누군가는 1603년에 태어난 영국인이었다.

## 윌리엄스가 생각한 시민성

1636년 1월 로저 윌리엄스Roger Williams는 두툼한 코트를 입고 말린 옥수수 반죽을 주머니 가득 채워 넣은 채 집을 떠나 추운 뉴잉글랜드 밤거리로 나섰다. 윌리엄스는 어디로 갈지는 몰랐지만, 가야만 한다는 것은 알았다. 보스턴에서 병사들이 그를 체포하러 오는 길이었다. 그를 배에 태워 영국으로 돌려보내라는 명령을 받은 병사들이었다. 영국에 도착하면 그는 감옥에 처넣어질 터였다.

비상식량으로 옥수수 반죽을 갖고 다니는 것은 지난 몇 년간 알고 지내온 아메리카 인디언 부족들에게서 배운 것이었다. 그에겐 반드시 필요한 소중한 식량이었다. 35여 년이 흐른 후에 윌리엄스가 "아직도 그때의 눈을 느낄 수 있다"라고 쓸 만큼 끔찍하게 추운 겨울이었다. 그는 갈 곳이 없었다. 이후 14주 동안 그는 "빵이나 잠자리가 무엇인지 모르는" 날들을 보냈다. 토착 인디언 부족들이 받아주지 않았더라면 살아남지 못했을 것이다.

윌리엄스는 남다른 에너지와 자신감, 매력을 가진 사람이었다. 논쟁을 맹렬하게 좋아하는 사람이기도 했다. 런던에서 재단사의 아들로 태어난 그는 왕권에 맞서 시민권을 옹호한 일로 유명해진 변호사이자 판사인 에드워드 코크 경의 눈에 들었다. 젊은이에게서 가능성을 본 코크는 그를 집안의 비서로 채용했고, 윌리엄스는 영국의 엘리트로 도약했다. 차터하우스 스쿨에서 공부한 후 케임브리지대학에 진학한 그는 시인 존 밀턴과 친구가 되었다.

밀턴과 마찬가지로 윌리엄스는 세상에 대한 강렬한 호기심을 품고 있었으며, 종교적 열정으로 터질 듯했다. 두 남자는 청교도주의라 불리는 혁명적이고 반체제적인 개신교 운동에 끌렸다. 대학을 졸업한 윌리엄스는 목사가 되어 어느 청교도 귀족의 개인 사제가 되었다. 그러나 찰스 1세가 통치하던 영국 정부는 체제에 순응하지 않는 골칫거리들을 없애버릴 작정이었다. 윌리엄스는 매사추세츠만 식민지에 합류하기 위해 뉴잉글랜드로 향하는 배에 올랐다.

청교도들의 기준으로 보아도 윌리엄스는 엄격한 사람이었다. 스물여덟 살의 윌리엄스는 미국에 도착해 배에서 내리자마자 보스턴 교회의 신학자로 초대받았다. 새로운 사회를 만드는 과정을 이끌 수 있는 명예로운 자리였다. 일생에 한번 올까 말까 한 기회였지만 그는 거절했다. 그는 그 지역의 청교도들이 독실하지 못하다고 선언했다. 신도들이 성공회를 믿는 자들과 어울리는 것을 허용한다는 이유였다. 그는 또한 이 지역 리더들이 가진 권한의 범위에도 반대했다. 윌리엄스는 정부가 종교의 영역에 관여해선 안 된다고 믿었다. 분개한 리더들은 윌리엄스를 더 이상 환영하지 않겠다는 뜻을 분명히 밝혔다. 윌리엄스는 보다 순수한 기독교인들의 사회를 찾아 세일럼으로 떠났다. 불행히도 그는 세일럼에서도 가는 곳마다 잘못된 점을 발견하고서는 이를 요란하게 선언했고, 이웃들은 분노했다.

이즈음 윌리엄스는 왐파노아그족과 나라간세트족을 방문해 거래 관계를 트고 친구가 되었다. 그는 이들 부족의 언어를 배웠는데, 종교 논쟁을 하고 싶어서이기도 하고, 이들이 살아가는 방식이 궁금해서이기도 했다. 그는 이 부족들이 어떻게 사냥하는지, 어떻게 아이를 키우는지, 어떻게 스스로를 다스리는지, 어떻게 신을 숭배하는지 알고 싶었다. 그가 살았던 시대를 감안하면 놀랍게도 윌리엄스는 인디언 문화를 유럽 문화보다 열등한 것으로 여기지 않았다. 그는 인디언이 지옥 불에 타죽게 될 이교도라고 생각했지만, "유럽인들과 미국인들은 피도, 태어나는 방식도, 몸도 다르지 않다는 걸 대자연은 알고 있다"라고 말하며 이들을 동등하게 대했다. 그는 더 나아가 식민지 개척자들이 원주민들의 땅을 훔쳤다고 공공연하게 비난했으며, 미국 프로젝트 전체가 사기극이라고 선언했다.

인디언 부족들을 미개인 취급하던 그의 청교도 동지들은 격분했다. 입을 다물 줄 모르는 골칫덩어리를 더 이상 견딜 수 없어진 매사추세츠 정부는 투표를 통해 윌리엄스를 식민지에서 추방할 것을 결의했다. 그는 6개월 내에 떠나지 않으면 투옥되거나 그보다 험한 일을 당하게 될 거라는 통보를 받았다. 그렇게 병사들이 파견되었고,

한밤의 탈출이 이루어졌다.

거친 황무지를 헤매던 윌리엄스에게 왐파노아그족이, 그리고 이후 나라간세트족이 잠자리와 음식을 내주었다. 그는 이들이 베풀어준 친절을 결코 잊지 않았다. 이들과 쌓은 우정은 그가 가장 위대한 행동을 하도록 문을 열어주었다.

살고 싶지 않은 사회에서 추방당한 윌리엄스는 어떤 사회에서 살고 싶은가를 생각했다. 모든 사람이 원하는 방식으로 예배를 드릴 수 있어야 한다는 것은 분명했다. 그러나 분명히 해두자면, 윌리엄스가 우리가 오늘날 생각하는 방식으로 열린 마음을 가진 사람이어서 그렇게 생각했던 것은 아니다. 윌리엄스는 종교 근본주의자였다. 그에 따르면, 예배에 대한 그의 엄격한 기준에 맞추지 못하는 사람들—거의 대부분의 사람들이 여기에 해당되었다—은 지옥에 떨어질 터였다. 테레사 베얀은 이렇게 썼다. "말년에 그는 단 두 명이서 예배를 드렸다. 그와 그의 아내였다. 그는 아내에 대해서는 완전히 확신하지는 못했을지도 모른다." 그러나 그는 모든 사람들이 개인적 양심에 진실해야 한다는 생각을 강하게 지지했다. 사람들이 각자의 방식으로 지옥에 갈 수 있어야 한다고 믿은 것이다. 그가 그린 이상 사회는 모든 사람이 서로를 전도하려고 애쓰되 그 누구에게도 강요할 수는 없는 사회였다.

나라간세트족의 추장은 윌리엄스에게 작은 만의 땅 약간을 주었고, 윌리엄스는 그곳에 정착지를 열었다. 그는 이후에 "고통 중에 있

는 나에게 주님께서 베푸신 자비로운 섭리라는 의미로 이 땅을 프로
비던스providence(신의 섭리)라 부르니, 이 땅이 자신의 양심으로 인해 고
통 받는 모든 사람들을 위한 안식처가 되길 바란다"라고 썼다. 그의
가족과 세일럼에서 그를 따라온 열두 명 정도의 사람들이 여기에 합
류했다. 윌리엄스는 땅에 대한 자신의 소유권을 폐지하고 공동의 소
유권으로 변경했다. 그는 헌법 초안도 만들었는데, 매사추세츠나 미
국의 다른 유럽 식민지들의 설립 문서와는 달리 종교에 대한 언급이
없었다. 그 누구보다 독실한 신자였던 윌리엄스는 정부와 같은 세속
적인 일에 주님을 언급하는 것은 부끄러울 만큼 교만한 일이라고 생
각했다.

로드아일랜드주의 프로비던스는 이렇게 해서 뉴잉글랜드의 급진
주의자들과 이단자들, 사고뭉치들과 반대자들을 자석처럼 끌어당기
게 되었다. 양심의 고통을 받는 자들, 강압적인 이웃 식민지의 교리
에서 벗어나고 싶은 사람들이 프로비던스로 향했다. 이들 중에는 퀘
이커교도, 유대교인, 가톨릭교도도 있었다. 자신도 모르는 사이에 청
교도주의 선동가 로저 윌리엄스는 이 세상에서 전례 없이 가장 관용
적인 사회를 만들게 된 것이다.


1643년 윌리엄스는 영국으로 돌아가는 배를 탔다. 그가 막 연 식
민지의 허가증을 받는 위험한 미션을 수행하기 위한 여행이었다. 영
국에 머무는 동안 그는 그가 쓴 글 중 가장 중요한 전설이 될 글을 썼
다. 런던에서 그는 밀턴을 만났고, 밀턴은 그를 출판업자에게 소개해

주었다.《양심을 원인으로 한 피비린내 나는 박해의 가르침The Bloudy Tenent of Persecution for Cause of Conscience》은 1644년에 출판되었다. 영국은 내란 중이었고 정부는 정통이 아닌 의견을 퍼뜨리는 문건과 책을 엄중히 단속하고 있었다.

그의 책은 개신교 교파들에게만이 아니라 아메리카 인디언, 유대교인, 무슬림과 '반기독교인'이라 불리던 가톨릭교도들에게까지 관용을 베풀어야 한다고 강력하게 주장했다. 이전의 그 누구보다도 과감한 주장이었기에, 그 책은 선동적인 책으로 지목되었다. 영국 의회는 책을 불태우라고 명령했다. 이미 허가증을 쥐고 미국으로 돌아가는 배에 오르지 않았더라면 윌리엄스도 체포되었을지 모른다.

윌리엄스가 주장한 관용은 누구나 자기에게 맞는 방식으로 살도록 마지못해 동의하는 것이 아니다. 그는 자신이 믿는 버전의 기독교만이 유일하게 진정한 종교라고 분명히 믿었지만, 믿음이 없는 자들도 영혼을 구원받기 위해 시민의 대화civill converse and conversation에 적극적으로 참여할 수 있어야 한다고 생각했다. 그에게 대화란 정말로 의견을 주고받는 대화를 의미했다. 그는 인디언들에게 아담과 이브 이야기를 들려준 후에, 인디언들의 창조 설화를 들었다. 인디언들과의 논쟁에 더 잘 대비하기 위해서라고 할지언정 귀 기울여 들었다.

윌리엄스가 그의 식민지를 설립할 무렵 윌리엄 펜William Penn은 또 다른 반대자 집단을 이끌고 펜실베이니아에 정착했다. 초기 퀘이커 교도들은 굽히지 않는 사회적 급진주의자들로, 벌거벗고 거리에 나서거나 예배 중인 교회에 들어가 냄비를 요란하게 두드리며 목사에게 고함을 지르는 등의 공격적인 행동을 했다. 윌리엄스는 이런 행동을 싫어했다. "자신들을 제외한 다른 사람들은 존중할 필요가 없다"는 의도를 보이는 것이었기 때문이다. 그는 잘 기능하는 관용적 사회는 시민성의 연대Bond of Civility에 달려 있다고 말했다. 여기서 시민성이란 우리가 종종 연관 짓는 점잖음이나 예의 같은 단어를 의미하지 않는다. 이제까지의 이야기에서 짐작했겠지만, 윌리엄스는 점잖은 사람은 아니었다. 그가 의미한 것은 누구나 자신의 생각을 말할 수 있도록 하는 그 어떤 것이었다. 윌리엄스는 사람들이 스스로 중요하게 생각하는 일에 대해 열정적으로, 당당하게 의견을 내놓길 바랐다. 그렇게 하지 않는 것은 양심에 어긋나는 일이라고 생각했다. 관용에는 목소리를 낼 자유가 필요했다. 사람들이 서로를 전향시키기 위해 경쟁하고, 서로를 설득하려고 노력할 수 있어야 하기 때문이다. '말의 전쟁'이 일어난다는 것은 그 사회가 정직한 사회라는 증거였다.

윌리엄스에게 인생에서 가장 중요한 사안에 대해 의견이 다른 사람들과 함께 산다는 것은 긴장되는 일, 불쾌하고 화가 치미는 일일 수 있었지만, 동의하는 척하는 사람들과 함께 사는 것보다는 나은 일이었다. 조화를 이루려고 하거나 침묵을 지키는 것이 아니라 중요한 사안에 대해 계속 반대 의견을 내는 것이 모든 사람들의 의무였다. 그가 생각하기에 시민성이란 암호가 아닌 원칙이었다. 반대자가 대꾸할 수 있게 격려하는 데 필요한 최소한의 행동 기준이었다.

로저 윌리엄스는 테레사 베얀이 시민의식을 에티켓이나 예의범절이 아니라 불편한 대화에 참여하는 사람들이 서로를 방 안에 붙잡아

두기 위해 해야 하는 행동으로 정의하는 데 영감을 주었다. 여기서 방은 네 개의 벽으로 둘러싸인 공간일 수도 있고, 사회 전체를 의미할 수도 있다. 거기에서는 시민의식을 가장 혹독하게 비판하는 사람일지라도 논쟁 상대에게 최소한의 시민의식을 기대할 수 있다. 그 반대는 아예 논쟁하지 않는 것이 될 것이다.

18세기를 지나면서 산업 사회가 형성되고, 서로 다른 배경을 가진 사람들이 보다 빈번하게 교류하면서 종교적인 분열은 희미해졌다. 영국 귀족은 유대인 상인에게서 물자를 사들였다. 영국 성공회 교인들은 가톨릭교도들과 상업 거래를 했다. 여러 문화 사이의 복잡한 군무를 부드럽게 해준 것이 정중함이었다. 계몽주의 철학자 앤서니 애슐리-쿠퍼는 근대적 의미의 '정중함politeness'이라는 단어를 처음으로 사용한 사람이었다. 그는 이 단어를 보석—잘 닦은 보석—에 견주어 사용하며 사회적 덕성의 문제로 끌어올렸다. "우리는 우호적인 충돌을 통해 서로를 빛나게 하고, 자기 자신의 모난 부분과 거친 표면을 문질러 부드럽게 한다." 계급을 드러내는 예의범절과 달리, 정중함은 민주적인 것이었다. 프랑스 소설가 스퀴데리 부인Mademoiselle de Scudéry은 정중함을 "대화의 폭군이 되지 않길 바라는 마음"이라고 묘사했다.

정중함은 표피적인 것이나 겉치레가 아니다. 공통의 규칙을 지킨다는 것은 칼 턴불의 실험이 보여주었던 것처럼 잘 모르는 사람들 사이에 자유롭게 대화가 흐르도록 열어주는 것이다. 언어학자 로빈 레이코프Robin Lakoff(1장에서 인용한 적이 있는 조지 레이코프와 한때 부부였다)는 정중하게 행동하는 세 가지 원칙을 다음과 같이 정리했다. 강요하지 말 것. 선택지를 줄 것. 상대방을 기분 좋게 할 것. 나는 이 가이드라인의 간결함이 마음에 든다. 독자 여러분도 알아차렸겠지만, 레이코프의 규칙은 이 책에서 여러 차례 반복하며 자세히 설명해온 내용과 같은 것이다. 그러나 모든 규칙들은 보조 지팡이나 가이드레일의 역할만을 할 뿐, 관계가 튼튼하다면 필요 없는 것들이다. 우리는 잘 모르는 사람들에겐 정중하게 대해야 한다. 그리고 정중하게 대하려는 노력이 더 이상 필요하지 않을 만큼 서로 잘 알게 되는 것을 목표로 삼아야 한다.

## 대화는 계속되어야 한다

최근 몇 년간 설득에 관한—상대의 완고한 저항을 극복하고 합리적인 주장을 펴는 법에 관한—책과 글들이 쏟아져 나왔다. 이러한 글들이 답하려 하는 질문은 이런 것이다. '어떻게 우리—깨우친 사람들, 합리적이고 잘 아는 사람들—가 그들—편견에 사로잡히고 퇴행적이며 무리 지어 행동하는 사람들—을 설득할 것인가?' 저자와 그들이 상정한 독자들은 일반적인 사람들이 나누는 엉망진창의 대화에서 벗어나 있거나 그보다 높은 수준에 머무르면서 냉정하게 문제를 분석하고 있는 것처럼 들린다.

온라인에서 사람들은 서로를 박살내고 깨부수고 없애버리는 걸 좋아한다. 말은 하지 않지만 목표는 의견 대립 자체를 없애버리는 것이다. 같은 충동이 설득에 관한 글 속에 숨어 있다. 설득의 대상이 될 상대방이 완고하고 심술궂을 만큼 저항이 심한 것은 당연한 일이다. 나도 그런 사람이었다. 이래라저래라 하는 말을 듣기 싫어서 고집을 부렸다. 상대방이 나에겐 마음을 열라고 하면서 자신은 고집스럽게 마음을 닫건 채 힘겨루기를 하고 있다는 걸 알 때 우리는 기존의 입장을 완강하게 고수하게 된다.

의견 대립은 사각지대의 문제와 우리 모두 가지고 있는 현실 회피의 문제를 극복하기 위해 서로를 돕는 것이어야 한다. 그러나 설득에만 집중한다면, 우리는 상대의 말을 제대로 듣지 않을 것이다. 내가 생각을 바꿀 수 있다는 가능성은 접어두기 때문이다. 상대의 말을 듣는 것이 그저 작전에 지나지 않는다면, 경청은 일어나지 않는다. '어떻게 설득할 수 있을까?'보다 좋은 질문은 "어떻게 하면 이 의견 대립이 의미 있는 것이 될 수 있을까?"일 것이다.

《유한 게임과 무한 게임Finite and Infinite Games》이라는 책에서 제임스 카스James Carse는 심오한 분류를 제시했다. "유한 게임의 목적은 이기는 것이고, 무한 게임의 목적은 게임을 계속 이어가는 것이다." 유한 게임—예를 들자면 체스나 축구—은 명확히 정의된 시작과 끝이 있다. 한쪽이 이기고 상대편이 지거나, 서로 합의한 시간이 지나면 경기는 끝난다. 무한 게임은 정의된 끝이 없으며, 명백한 승리도 패배도 없다. 경기의 어느 시점에서 이기기도 하고 지기도 하지만, 승리도 패배도 무한히 이어지는 경기의 한순간일 뿐이다. 축구 경기는 유한 게임이다. 축구라는 스포츠는 무한 게임이다.

유한 게임에서는 누가 이겼는지에 합의하기 위해, 그리고 경기를 종료시키기 위해 규칙이 존재한다. 무한 게임에서는 어느 한편이 완전히 이기는 것을 막기 위해서 규칙이 존재한다. 무한 게임에 참여하는 선수들은 언제나 경기를 더 길게 이어갈 수 있는 방법을 찾는다. 어느 한편이 완전히 이겨버릴 위험이 생기면, 이를 막기 위해 규칙이 변경된다. 중요한 것은 게임이 계속되도록 하는 것, 그리고 가능한 한 많은 사람들을 게임에 참여시키는 것이다. 고대 아테네에서 소크라테스는 토론을 유한 게임에서 무한 게임으로 바꾸어놓았다.

아테네는 민주주의가 태동한 곳이다. 민주주의는 그 자체가 무한 게임이다. 균형 상태를 유지하기 위한 규칙이 설계되어 있다. 경쟁하는 이해관계와 권력 사이의 균형을 맞추며, 갈등을 억지하되 완전히 없애지는 않기 위한 것이다. 이 규칙에는 선거가 포함된다. 선거는 유한 게임이고 승자와 패자가 존재한다. 선거 기간 동안에는 치열한 싸움이 벌어지지만, 그 어떤 정당이나 인물도 무한 게임보다 클 수 없다는 것을 모두가 인식하고 있거나, 인식해야만 한다. 필요에 따라 민주주의의 규칙은 바뀔 수 있다. 한 정당이 영원히 권력을 독식하지 못하도록 만들어진 규칙이기 때문이다. 더 많은 사람들이 이 경기에 참여하고자 할 때 더 많은 재능이 발현될 것이고, 더 많은 아이디어가 생겨날 것이며, 더 많은 진보가 이루어질 것이다. 민주주의의 목적은 더 많은 민주주의다.

사람들 사이에서 일어나는 모든 수준의 협력도 마찬가지다. 회의나 결혼은 참여자들이 의견 대립을 무한 게임의 일부로 인식할 때 더 좋은 결과를 낸다. 부부간의 다툼은 더 튼튼한 관계가 되도록 관계를 조정하는 것이 목표가 되어야 한다. 일터에서 벌어지는 논쟁의 목적은 조직의 더 나은 미래를 만드는 것이 되어야 한다. 가끔 우리는 이기고 싶은 마음이 앞선 나머지 이를 잊는다. 민주주의가 작동되도록 하는 규칙을 어기거나 파괴하는 부도덕한 정치인, 자신의 이해관계를 팀의 이해관계보다 먼저 챙기는 기업 임원, 서로에게 상처가 되는 말을 던지고 관계를 위태롭게 하는 부부처럼 말이다. 무한 게임에서 우리는 누군가의 의견에 격렬히 반대한다 해도 여전히 그와 유대를 맺고 그의 의견에서 무언가를 배우려 할 것이다. 대화가 계속 이어지길 바라기 때문이다. 여기서의 목표는 의견 대립을 할 수 있는 새로운 방식을 찾는 것이다. 되돌려 보낼 수 없는 발리 공격을 네트 너머로 꽂아 넣는 테니스 경기와는 다르다. 친구들이 함께 비치볼을 계속 공중에 띄워놓는 것과 더 비슷하다.

1장에서, 저녁 식탁에서 종교나 정치 이야기를 하지 않는 관습을 언급했었다. 모든 관습이 그렇듯, 이 관습도 세계 공통으로 적용되는 것은 아니다. 내가 이 관습을 프랑스 작가 클레망틴 골잘Clementine Goldszal에게 이야기하니 그녀는 어안이 벙벙해했다. 저녁식사의 가장 재미있는 부분을 왜 놓치려고 하죠? 저녁 식탁에서 논쟁을 벌이는 것이 프랑스의 전통이라는 것이다. "우리는 정치에 대해서도 논쟁을 벌여요. 모든 것에 대해 논쟁하죠. 가족 저녁식사가 정치 이야기로 싸우는 자리가 되어버리는 건 우리 전통이에요." 클레망틴이 설명하기를, 저녁식사가 시작되면 초반에는 기대감이 감돈다고 했다. 누가 오늘의 논쟁거리를 던질 것인가? 마침내 누군가 수류탄을 던지고 펑! "다들 '좋아, 얘기해보자!' 하고 뛰어드는 거죠. 흥미진진해요."

나와 독자 여러분은 따지기 좋아하는 문화에 살고 있지 않을 수도 있다. 그러나 여전히, 논쟁이 위협적이고 스트레스를 주는 일이 아니라 자양분이 되고 정신을 확장시키는 일이라는 비전을 추구할 수는 있을 것이다. 의견 대립을 승자는 의기양양하게 걸어 나가고 패자는 수치스러워하는 유한 게임으로 보지 않고 무한 게임 도중 이루어지는 한 수 정도로 생각한다면 훨씬 재미있게 느껴질 것이다.

우리는 잘 못하는데 프랑스 사람들은 잘하는 일이 있다. 클레망틴은 "사람과 논쟁에서 취하는 입장을 분리해서 바라볼 수 있어야 해요"라고 말했다. 그렇게 되면 지나치게 개인적으로 받아들이거나 방어-공격의 악순환에 빠져드는 것을 막을 수 있다. "대화를 나누는 과정에서 생각이 발전하게 돼요. 그래서 논쟁을 다음 단계로 이어가기 위해 사실은 그렇게 믿지 않는 말을 하기도 하죠. 저는 자주 그렇게 해요." 어떤 경우엔 우리의 주장이 강렬하게 개인적인 것일 수 있다. 개인의 경험이나 깊은 신념에 뿌리박고 있는 것이라면. 그러나 당신과 당신이 취하는 입장 사이에 약간만 거리를 둔다면, 식탁 곳곳에서 더 좋은 주장들을 얻어낼 수 있을 것이다.

모든 사람이 당신이 그렇게 행동하고 있다는 걸 안다면, 즉 대화를 나누는 사람들이 논쟁을 진전시키기 위해 아직 확신하지 않는 주장을 펼 수 있다는 것을 암묵적으로 받아들이고 있다면 도움이 될 것이다. 그러나 이는 참여하는 사람들 모두가 서로를 자극하거나 일부러

화를 북돋는 말을 하지 않을 것이라고 신뢰할 수 있어야 한다는 의미이기도 하다. 공동의 모험에 함께 참여하는 사이라는 것을 인식해야 한다. 그 모험이 커피가 나올 때까지만 이어진다고 해도 말이다. 이러한 맥락 안에서라면 의견에 동의하지 않는 사람이 되는 것은 좋은 일이다. 참여하고 있다는 의미이기 때문이다.

## 갈등의 본질

차이를 우리를 갈라놓는 것으로 본다면, 우리는 차이를 싫어하게 될 것이다. 차이를 우리를 묶어주는 것으로 본다면 우리는 차이를 소중하게 여기게 될 것이다. ─메리 파커 폴릿

1부에서 우리는 의견 대립이 혁신과 새로운 아이디어의 동력이 된다는 것을 보았다. 하지만 의견 대립 자체가 창의적인 행동이기도 하다. 제대로 한다면 말이다. 목적을 가진 의견 대립은 2와 2를 더해 5를 만들어낸다. 무엇이 무의미한 의견 대립을 만드는 걸까? 나는 새로운 것을 만들어내는 데 관심이 없다면 의견 대립이 무의미해진다고 생각한다.

이러한 면을 가장 명확히 보게 해준 사상가는 메리 파커 폴릿Mary Parker Follett이다. 경영학자들의 존경을 받고 있기는 하지만 오늘날 상대적으로 잘 알려지지 않은 사람이다. 19세기 말 보스턴 명문가에서 태어난 메리 파커 폴릿은 하버드와 케임브리지대학에서 철학과 심

리학을 공부한 후 사회운동에 헌신했다. 폴릿은 이후 수십 년 동안 보스턴의 가장 빈곤한 커뮤니티에서 일하며 젊은이들에게 사회성 기술을 키워주고 직업이 없는 사람들이 직업을 찾도록 도와주었다.

매사추세츠 최저임금위원회의 위원으로 일하던 시절, 폴릿은 갈등의 본질에 대해 생각하기 시작했다. 노사 간 충돌이 자주 일어나던 시대였다. 어떤 사업가들은 노조와 싸우고 반대자들을 눌러 이기는 것만이 유일한 선택지라고 생각했다. 좀 더 사려 깊은 사업가들은 어떤 종류의 협력에 열려 있었다. 1924년 폴릿은 사업가들의 클럽에서 갈등을 다루는 법에 대한 강의를 몇 차례에 걸쳐 진행했다. 이후 그녀는 컨설턴트로 와달라는 요청을 여러 곳에서 받게 되었다.

폴릿은 사업가들에게 일반적으로 사람들이 갈등에 대응하는 방법은 두 가지인데, 두 가지 모두 잘못된 것이라고 설명했다. 하나는 이기려고 하는 것, 상대를 장악하려 하는 것이다. 경쟁 상황에서는 괜찮을 수도 있지만 함께 일해야 하는 상황에서는 효과가 없는 대응 방식이다. 또 하나의 실책은 타협하는 것이다. 폴릿은 협상을 통해 중간쯤에서 만나는 것을 믿지 않았다. 두 아이디어가 충돌했을 때 최적의 해결책은 제3의 안을 만들어내는 것이라고 믿었다. "두 사람이 공통의 결정을 내리게 된다면, 그 결정이 통합적인 것일 때만 양쪽 모두를 만족시킬 수 있습니다." 폴릿은 다원주의가 강한 영향을 미치던 시기에 글을 썼다. 그녀에게 서로 다른 관점 간의 충돌은 발생과 변이의 문제와도 같았다.

폴릿은 사람들이 가진 모든 차이를 소중하게 여겼다. 다양성이라는 말이 유행하기 오래전에, 폴릿은 이미 미국의 전례 없는 다양성을 흥미롭게 생각했다. 매년 수백만 명의 이민자들이 미국의 해안에 도착하고 있었고, 국가의 정체성에 대한 격렬한 논쟁이 벌어지고 있었다. 폴릿은 '융합시키다', '녹아들게 하다', '동화시키다'와 같은 단어들을 탐탁하게 여기지 않았다. 사람들이 고유의 정체성을 포기해야 한다는 의미를 담고 있기 때문이다. 관용 정도로는 충분치 않았다. 그녀는 서로 다른 문화가 충돌할 때 "양쪽 모두 가지고 있지 못한 새로운 것"이 만들어지길 바랐다.

폴릿에게 다른 의견이란 새로운 생각을 낳고 진보를 만들어내야 하는 것이었다. 그럴 수 있으려면 다른 사람들의 의견에 귀 기울이면서도 자신의 의견을 자랑스럽게 유지할 수 있어야 했다. 그녀는 이렇게 말했다.

친구가 이렇게 묻더군요. "열린 마음이 제일 중요하지, 그렇지 않니?" 라고요. 아니요. 그렇지 않습니다. 다른 사람들의 의견을 존중한다면 그만큼 우리 자신의 관점도 강하게 존중해야 하고, 완전히 납득하기 전까지는 우리 자신의 의견을 단단히 붙들고 있어야 합니다. 이러한 과정에서 물렁한 사람들은 완고한 사람들보다 나을 것이 없습니다.

그녀는, 양쪽 모두 목적을 달성할 수 있게 하는 새로운 해결 방안을 찾는 것은 기본적으로 창의적인 업무이며 '탁월한 발명정신'을 요구하는 일이라고 말했다. 이 주제에 대한 폴릿의 말이 얼마나 현대적으로 들리는가는 놀라울 정도다. 다른 의견들을 제대로 통합해내기 위해서는 "카드를 테이블 위에 내려놓고 진짜 중요한 이슈를 다루며 갈등을 드러내고 모든 것들을 공개된 곳으로 가져와야 한다." "제대로 표현하지 못한 이기심"—스스로도 거의 인정하지 못하고 있으며 우리가 앞으로 도화선이라고 부르게 될 것—도 드러내야 한다. 폴릿의 말에 따르면, 상대의 의견을 진심으로 경청해서 말로 전달되는 메시지와 말로는 전달되지 않는 메시지를 모두 파악해야 한다. 이 모든 일에는 감정적인 솔직함이 필요하다. 1920년대는 고사하고 오늘날의 관리자들도 어려워하는 부분이다.

폴릿의 갈등에 대한 관점을 읽었을 때, 나와 공명의 화음이 울렸다. 그녀가 보여준 바에 따르면, 최고의 의견 대립은 차이를 강화하지도 없애지도 않고 새로운 것을 만들어낸다. 설득은 고매하고 필요한 기술이지만, 그리고 나 역시 다른 사람이 나로 인해 다시 한번 생각해보게 되기를 바라지만, 나의 궁극적인 목적은 당신이 나에게 동의하도록 하는 것이 아니다. 나는 당신의 사고가 나의 사고를 발전시켜주기를 바란다. 당신의 경험이 나의 경험을 바꾸어놓고 풍성하게 해주길 바란다. 나는 우리가 창의적으로 의견 대립을 이끌어가길 바란다. 우리의 다양한 의견 사이에서 새롭고 더 나은 무언가가, 혼자서는 만들 수 없었을 것이 만들어지길 바란다. 그렇게 된다면 우리 둘 다 승자가 될 것이다.

지금 이 글을 쓰는 동안, 세계는 팬데믹에 휩쓸려 있다. 팬데믹을 겪으며 일상적인 의견 대립 중 많은 것들을 겸허한 눈으로 바라보게 되었고, 우리가 헛된 논쟁에 얼마나 많은 에너지를 낭비해왔는지를 깨닫게 되었다. 팬데믹에 대해 가장 긍정적으로 말할 수 있는 점이 있다면 그동안 잘 작동하지 않는데도 견고하게 굳어져 있던 습관과 행동을 바꾸고 리셋할 수 있는 기회를 상징한다는 것이다. 그 리셋의 대상에 우리가 의견 대립을 이끌어가는 방식도 포함되었으면 좋겠다.

인류가 존재의 위협을 물리치고 낙관주의를 정당화할 만한 미래를 마주할 수 있으려면 서로의 차이는 한켠에 밀쳐놓아야 한다는 말을 종종 듣는다. 나는 그게 맞는지 잘 모르겠다. 그렇다. 같이 헤엄치거나 같이 가라앉을 운명이라는 걸 깨닫는 것은 반드시 필요한 일이다. 그러나 우리의 차이가 작동할 수 있도록 해야 한다. 탄탄하고 창의적인 의견 대립 없이는 진보를 이룬다 해도 너무 느릴 것이고 결속을 만들어낸다 해도 피상적일 것이다.

결국은, 내가 독자 여러분을 설득하고 싶은 무언가가 있기는 한 모양이다.

**Chapter**
**16**

생산적인 대화를 위한

핵심 원칙—요약

• 먼저, 유대를 만들라

의견 대립의 내용을 다루기 전에, 먼저 신뢰 관계를 쌓으라.

• 줄을 놓아주라

서로 다른 의견을 잘 나눌 수 있으려면 상대가 어떻게 생각하고 느끼는지 조종하려 하지 말아야 한다.

• 체면을 세워주라

의견 대립이 지위 다툼이 되면 유해한 것이 된다. 노련하게 의견 대립을 풀어가는 사람은 상대방이 자신에 대해 기분 좋게 느낄 수 있도록 가능한 모든 노력을 다한다.

• 나의 이상한 점을 먼저 보라

의견 대립 뒤에는 서로에게 이상해 보이는 문화의 충돌이 존재한다. 내가 정상이라고 생각해선 안 된다.

- 호기심을 가지라

급하게 판단하려고 들면 경청하고 배울 수 없게 된다. 논쟁에서 이기려고 하는 대신에 흥미를 가져보라. 그리고 상대에게도 흥미로운 존재가 되어라.

- 실수를 기회로 만들라

빠르게, 그리고 진심으로 사과한다면 실수는 긍정적인 계기가 될 수 있다. 실수했을 때 당신의 겸손한 모습을 보여줄 수 있다면, 관계가 돈독해지고 대화가 보다 수월하게 풀릴 것이다.

- 대본에서 벗어나라

적대적인 논쟁은 단순하고 예측 가능한 패턴에 갇혀버리곤 한다. 의견 대립이 생산적인 것이 되려면 새로움과 변주가 필요하다. 의외의 놀라움을 주라.

- 제약 조건을 공유하라

서로 합의한 규칙과 범위가 있을 때 자신의 생각을 잘 표현할 수 있고, 이는 의견 대립을 풀어가는 데 도움이 된다. 규칙이 자유를 준다.

- 목적 없이 화내지 마라

아무리 이론적으로 무장한다 해도 의견 대립의 감정적 경험에 완벽하게 대비할 수는 없다. 가끔 우리의 가장 큰 적은 우리 자신이다.

• 황금률: 진심으로 행동하라

모든 규칙은 황금률의 아래에 존재한다. 솔직한 인간적 유대를 만들라.

더 나은 대화를 위한

생각 도구

• 의견 대립을 정의하라. 놀랍게도 의견 대립은 사실 의견 대립이 아니라 오해나 숨겨진 반감인 경우가 많다. 비생산적인 의견 대립이 이어진다면 잠시 뒤로 물러나서 질문해보라. 정확히 무엇에 대해 의견 대립을 하고 있는 건가(그 무엇이 존재한다면 말이다)?

• 의견 대립의 좋은 상대를 찾으라. 종종 나와 다른 관점을 가진 사람들에게 마음을 열고 소셜미디어 담벼락도 열라는 조언을 받는다. 이론적으론 맞는 말이지만 실제론 비생산적인 일이 될 수도 있다. 가장 중요한 것은 반대할 만한 내용을 말하되 내가 그 사람을 존중하고 좋아할 수 있는 방식으로 말하는 상대를 찾는 것이다.

• 뜨겁게 데어보라. 타고난 본성이 대립각을 세우기 어려운 사람들은 갈등에서 항상 도망치고 싶은 충동을 느낀다. 그러나 운동을 하고 난 뒤의 근육통이 점점 강해지고 있다는 신호가 되듯이, 의견 대립의 불편함을 흔쾌히 받아들이는 법도 배울 수 있다.

• 상대를 긍정적인 프레임으로 바라보라. 처음엔 그런 척해야 할지도 모르지만, 상대를 좋아하고 존중하는 것—그리고 상대가 그것을 느끼는 것—은 모든 대화를 풀어가는 데 도움이 된다. 전직 경찰관 조지 톰슨은 이렇게 말하곤 했다. "당신이 그 사람들을 싫어한다는 걸 느끼는 순간, 그들은 당신의 말을 무시할 겁니다."

• 강철을 느끼라. 반대 의견의 가장 강력한 근거에 맞서 논쟁을 벌일 수 있어야 한다는 말을 듣는다. 허수아비를 세우지 말고 '강철 인간'을 만들라. 하지만 이는 인지적인 부분에만 해당하는 것이 아니다. 상대 입장의 감정적인 힘도 느껴보라. 그리고 부분적이거나 아주 잠시라도 그 감정 안에 살아보라.

• 심리적 저항에 유의하라. 사람들은 자신의 이익을 보호하고 자율성을 지키는 것을 매우 중요하게 생각한다. 긴장도 높은 대화 도중 상대를 바로잡으려 한다면, 그 어떤 시도든 저항을 불러올 수 있다. 심리학자들은 이를 리액턴스reactance(저항)라 부른다. 바로잡기 반사가 생산적이지 못하고, 오히려 역화 효과를 불러오는 이유다. 위협을 받는다고 느끼면 사람들은 관계의 신호에 집중하고 내용엔 관심을 기울이지 않는다. 당신의 목소리를 전달하려면, 올바른 신호를 보내기 위해 노력해야 한다.

• 의견 대립을 미리 알리라. 상대의 위협 모드가 가동되지 않게 하

려면, 의견 대립으로 뛰어들기 전에 반대 의견을 낼 것임을 미리 알려주라. 내가 틀리고 상대가 맞을 수도 있다는 것을 인정하라. 상대가 당신의 이야기를 듣기 전에 심리적 적응을 할 기회를 주라(이는 나보다 힘이 센 사람의 의견에 반대할 때 특히 유용할 수 있다).

• 똑같이 되돌려주려는 마음을 누르라. 상대가 우리에게 공격적이거나 적대적이거나 비아냥거리는 태도를 보일 때, 우리는 본능적으로 똑같이 되돌려주려 한다. 생산적인 대화를 할 수 있는 기회를 지키려면, 누군가 이 순환고리를 끊어주어야 한다.

• 긍정적인 논쟁 문화를 만들라. 일터에서건, 스포츠 팀에서건, 부부 사이에서건, 의사결정에 의문을 던지고, 의심스러운 부분에 대해 목소리를 내고, 짜증스러운 부분을 다루는 것이 모두에게 자연스러운 일이 되도록 하라. 이런 식으로 작은 문제들을 해결해나가다 보면, 커다란 문제가 생긴다 해도 팀이 와해될 우려가 적다.

• 반대하는 사람들에게 보상하라. 회의 때 다른 목소리를 내는 사람들은 종종 미묘한 방식으로라도 불이익을 받게 된다. 리더는 지배적 의견에 반대 의견을 내는 것을 진정 소중하게 여긴다는 것을 보여주기 위해 노력해야 한다. 그 반대 의견에 동의하지 않거나 받아들이지 않을 경우라도 말이다.

- 무엇을 하라거나 어떻게 느끼라고 말하지 마라. 인류 역사상 "철 좀 들어라"라는 명령에 긍정적으로 화답한 경우는 없었다. 다른 명령("이성적으로 생각해", "진정해")도 마찬가지로 그저 짜증을 돋울 뿐이다. 사람들에게 어떻게 행동하라고 하는 것은 거의 언제나 역효과만 가져온다. 어떻게 느끼라고 하는 것은 더 나쁘다. 다른 사람의 관점 뒤에 무엇이 있는지 유의하라. 상대의 입장과 논쟁을 벌이고 있는가, 아니면 상대의 감정과 논쟁을 벌이고 있는가? 만약 후자라면, 아무리 영리한 논거를 가져다댄들 교착상태에서 벗어날 수 없을 것이다. 아마도 그 아래 깔린 감정부터 인정해야 할 것이다.

- '당신'이라는 말을 조심하라. 논쟁 중에 '당신'이라는 말을 쓰는 순간 상대는 정체성에 위협을 받는다고 느끼게 될 것이다("당신이 이 렇게 했지요. 당신이 이렇게 생각하는 것 같은데…"). 항상 피할 수는 없더라도, 긴장감이 고조된 대화를 나눌 때는 '당신'이라는 말을 가급적 덜 사용하는 것이 좋다.

- '그러나'라는 말을 피하라. '당신'과 마찬가지로, 이 말을 전혀 사용하지 않을 수는 없을 것이다. 그러나—들어보라—'그러나'라는 말은 상대로 하여금 방어벽을 치게 만든다. '그런데' 정도의 말로 바꾸기만 해도 문장이 덜 뾰족해질 것이다.

- 뜨거운 감자를 건드려라. 일터에서 아무도 건드리고 싶어 하지

않는 주제가 있으면 갈등을 회피하게 된다. 그러나 갈등이 곪을 뿐이다. 리더는 갈등을 인정하는 것을 부끄러워하지 않아야 한다. 갈등을 드러내기 위한 회의를 열 수도 있다. 아마도 맥주를 곁들여서.

• 약점을 드러내며 리드하라. 종종 상대방은 당신이 군림하려 들거나 당신이 우월하다는 걸 입증하려 한다고 느낀다(솔직해지자. 당신은 실제로 종종 그런다). 그러한 의심을 누그러뜨리려면 당신의 취약함을 보여주고 불안을 인정하고 불확실성을 고백하라. 당신이 권한을 가진 자리에 있더라도, 그렇다면 더더욱 그렇게 하라. 당신이 먼저 무장을 해제하는 것은 상대의 방어벽을 낮출 수 있는 최고의 기회가 될 것이다.

• 이해한 내용을 확인하라. "제가 제대로 이해했다면, 지금 이런 (…) 말씀을 하시는 거지요." 상대의 말을 이렇게 확인하는 것은 상대에게도, 우리에게도 도움이 된다. 우리는 명확함을 얻게 되고, 상대는 우리가 잘 듣고 있다는 것을 확인하게 되기 때문이다. 정직한 태도로 확인한다면, 열린 대화를 할 수 있다.

• 감정의 극성을 뒤집으라. 의견 대립 도중 감정을 직접적으로 설명하는 것은 좋은 일일 수 있다. 하지만 감정이 고조되는 것을 막으려면 차분하고 침착한 톤으로 이야기해야 한다. 반대로, 사실과 정보를 놓고 논의할 때는 생기와 열정을 조금 더해보라. 지적 우월성의

차가운 고원에서 내려다보며 장황한 말을 늘어놓는 사람처럼 보이지 않게 해줄 것이다.

• 상대의 실수에서 진실을 발견하라. 망상 환자를 대하는 치료사들은 많은 경우 망상 안에 일말의 진실이 존재한다고 말한다. 그 진실이 감정적인 것일지라도, 치료사는 그 진실을 찾아 그게 무엇인지 밝혀낸다. 논쟁에서도, 우리가 강하게 반대하는 관점을 마주할 때 상대의 말 속에서 진실의 씨앗 한 알을 찾으려는 노력을 기울이라. 최소한 대화 상대를 존중하는 데 도움이 될 것이다.

• 항상 옳은 사람이 되려고 하지 마라. 물론 우리는 옳은 사람이 되고 싶어 한다. 그러나 무언가에 대해서나 어떤 사람에 대해 배울 수 있는 기회와 비교한다면 값싼 만족감일 뿐이며, 배움의 과정을 가로막기도 한다. 논쟁에서 이기려는 충동이 대화에 임하는 태도를 결정하지 않도록 노력하라. 반대로, 자신이 틀렸다는 말을 듣고 싶어 하는 사람은 아무도 없다. 그들이 어느 부분에서는 옳다는 이야기를 먼저 전한다면, 당신의 관점에 마음을 열 가능성이 높아질 것이다. 결국 내가 옳은 게 중요한 게 아니라 우리가 옳은 것이 중요하다.

• 전문성을 인정하라. 전문가들도 틀릴 수 있기에, 항상 전문가에게 기대선 안 된다. 그러나 상대가 해당 주제에 대해 당신보다 많이 배웠거나 경험해서 안다면 상대의 지적 권위를 인정해주며 한 수 접

고 시작하는 것이 현명하다. 그렇게 할 때 당신이 무언가 배우게 될 가능성도, 상대가 들으려 할 가능성도 높아진다.

• 지는 연습을 하라. 뉴욕 세인트존스대학의 수사학 부교수인 스티븐 래노Stephen Llano보다 더 훌륭하게 설명할 수 없을 것 같다. "논쟁에서 지는 것은 아주 중요한 민주주의의 기술인데도, 우리는 절대 연습하지 않는다. 설득에 실패하면서 살아가는 법을 배우는 것은 반드시 필요한 일이다. 대단한 비법은 없다. 그저 연습이 필요하다. 가벼운 주제부터 시작해서 논쟁하는 데 시간을 많이 들일수록, 더 진지하게 다루어야 할 사안에 직면했을 때 잘 준비된 상태가 될 것이다."

• 덜 믿어라. 종교적 믿음을 제외하고는, 믿음은 그 자체가 목적이 아니다. 무언가를 믿는 것을 좋아하는 사람들은 왜 그렇게 믿는가를 숙고해보지 않는 경향이 있다. 그들은 다른 관점에 귀 기울이는 능력을 잃는 경향도 보인다. 신성시하는 믿음이 적을수록, 더 많은 인지적 자유와 공감 능력을 얻게 될 것이다.

• 내가 속한 집단에게 회의적이 되어라. 우리 대부분은 공식적 집단이든 비공식적 집단이든 비슷한 의견을 가진 사람들이 모인 집단에 소속감을 느낀다. 그 자체가 잘못된 일은 아니지만, 집단이 가진 대본에만 충실하게 따른다면 당신이 스스로 생각하는 능력 중 일부를 헌납하게 될 것이다. 이는 당신에게 좋지 않은 일이고, 결국은 당

신이 속한 편의 집단 지성에도 좋은 일이 아니다. 반대편뿐만 아니라 당신의 편이 믿는 것들을 검토해보는 데 반대의 기술을 사용하라.

• 바로잡는 데서 멈추지 마라―새로운 것을 만들라. 메리 파커 폴 릿의 말처럼, 당신의 관점을 강요하지 말고, 타협에도 만족하지 마라. 대신, 융합의 길을 모색하라. 서로 다른 관점이 충돌해 새로운 것을 만들어내는 연금술 반응을 찾으라. 언제나 가능한 일은 아니지만, 이루어낸다면 소중한 일이 될 것이다.

# | 주 |

인용한 내용에 대한 대부분의 출처는 본문에서 언급했고, 참고 문헌에도 제시했다. 여기에는 직접 언급하지 않은 내용들과 추가 의견을 정리했다.

## Part 1

## 다른 의견을 말하고 들어야 하는 이유

### Chapter 1 | 극단적으로 다른 사람들이 모여 사는 세상

BBC 포럼의 토론 타래 연구는 크미엘Chmiel 등이 진행했다. 에드워드 홀은 1976년 출간한 저서 《문화를 넘어서Beyond Culture》에서 고맥락 문화와 저맥락 문화라는 개념을 소개했다. 교토의 전통 음식 부부즈케 예시는 니시무라Nishimura 등의 저서에서 인용되었다(원출처는 교토관광진흥청의 문건이다). '끊임없는, 때로는 영원히 끝나지 않는 언어의 사용'이라는 표현 또한 니시무라의 저서에서 인용한 것이다. 이 주제에 대해서는 크루처Croucher와 김Kim의 논문도 참조했다. 뉴스 다이어트의 다양성에 관한 연구는 니먼랩NiemanLab의 플레처Fletcher 등이 작성한 로이터 연구소 디지털 뉴스 리포트Reuters Institute Digital News Report다. 컬럼비아대학의 연구는 선Sun과 슬레피언Slepian의 연구를 뜻한다. 하버드 경영대학원 연구는 노엄 왓서맨Noam Wasserman이 수행한 것이다. 분노가 사람들의 인식과 의사결정에 미치는 영향에 대한 근거는 드스테노DeSteno의 연구를 참조하길 바란다.

심리학에서 '부정적 감정'으로 분류하고 있기 때문에 슬픔과 분노는 종종 함께 연구의 대상이 된다. 이 두 감정은 우리의 사고에 반대의 영향을 미치는 것으로 밝혀졌다. 리트박Litvak 등의 연구에서 각각 슬픔과 분노를 느낀다고 답한 대학생들은 감정이 격해지는 상황을 상상해보라는 요청을 받았다(예를 들면, 로맨틱한 관계로 발전할 희망을 품고 얼마 전 만난 남자를 파티에 초대했는데, 그가 여자 친구와 같이 나타나는 바람에 당황스러워진 상황이라거나). 슬픔을 느끼는 사람들은 이 상황을 숙고하고 분석하려 할 가능성이 높다. 분노를 느끼는 사람들은 빠르게 비난할 대상을 찾고 누구의 잘못인지를 가려낼 것이다.

본문에서 언급한 부모와 자녀 간의 갈등에 대한 연구는 브렛 로젠Brett Laursen의 연구(《부모와의 서너 가지 갈등three or four conflicts with parents》)와 라이언 애덤스Ryan Adams와 로젠이 공동 수행한 연구(2007)다.

## Chapter 2 | 조용한 것은 가짜 평화이다

윌리엄 이케스의 실험은 그의 저서 《마음 읽기Everyday Mind Reading》에서 가져온 것이다. 페니와 남편 간의 대화는 실라스 등이 〈사고의 흐름에 끼어들기: 부부 갈등 중의 인지 Stepping into the stream of thought: Cognition during marital conflict〉에 기록한 것이다. 앨런 실라스와 내가 나눈 대화는 관계와 의견 대립의 내용 사이의 구분을 포함한 이 장의 모든 내용에 중요한 영향을 미쳤다. 일터에서의 갈등에 대한 내용에서는 카르스텐Carsten 등의 메타분석과 드 위트의 연구로부터 도움을 받았다. '남성이든 여성이든 고위 임원들은 지배적인 규범에 따르라는 기대를 받는다'라는 문장은 마틴Martin과 메이어슨Meyerson을 인용한 것이다.

## Chapter 3 | 혼자서는 깨달을 수 없는 것들

'심리학자들은 사람들이 자신이 믿는 바를 확인해주는 증거만을 신경 쓰고 고려하며 반대 의견이 맞는다고 제안하는 증거는 무시한다는 것을 분명한 사실로 정립했다.' 확증 편향에 대한 리뷰는 니커슨의 연구를 참조하라. '지적이고 잘 교육받은 사람은 자신을 합리화하는 주장을 만들어내는 기술이 뛰어나 자신을 설득하는 데 더 능할 뿐이다'라는 주장의 증거는 리처드 웨스트Richard West 등의 논문에서 찾을 수 있다. 존 유드킨의 이야기는 내가 《가디언》에 기고한 글 〈설탕의 음모The Sugar Conspiracy〉에 기반하고 있다.

## Chapter 4 | 격렬한 논쟁이 영감의 원천이라면

라이트 형제의 논쟁에 대한 내용을 쓰기 위해, 마크 에플러Mark Eppler의 뛰어난 저서 《우리는 반드시 날아오를 것이다》의 도움을 받았다. 에플러는 논쟁을 통해 문제를 해결해나가는 라이트 형제의 방식을 '단조forging'라고 불렀다. 록밴드들의 사례와 인터 뷰는 대부분 내가 《1843 매거진》에 기고했던 글 〈로커의 경영 가이드A Rocker's Guide To Management〉에 기반한다. 비틀스의 일화는 마크 루이손Mark Lewisohn이 비틀스 초기 역사 에 대해 완벽하게 쓴 책 《튠 인Tune in》에서 인용했다. 보먼의 이론Bormann's theory은 도넬 슨 포사이스Donelson Forsyth의 책 《집단역학Group Dynamics》에 기술되어 있다. 크릭과 왓슨 의 이야기는 조슈아 울프 솅크Joshua Wolf Shenk의 뛰어난 저서 《둘의 힘》에서 인용한 것 이다.

Part 2

## 생산적 의견 대립을 위한 원칙

### Chapter 5 | 받은 만큼 되돌려주고 싶어 하는 본능

수전 브로가 딸 헤더 헤이어를 위한 추도 연설의 영상과 일부 원고는 아래 링크에서 찾을 수 있다. https://www.buzzfeednews.com/article/coralewis/heres-heather-heyers-mothers-eulogy-they-wanted-to-shut-her. 헤더의 죽음에 관한 이야기는, 발행된 기사 그리고 수전 브로와 앨프리드 윌슨이 나눈 대화를 바탕으로 한 것이다. 수전은 헤더 가 죽기 직전에 찍힌 영상 이야기를 들려주었다. 헤더는 젊은 네오나치 여성에게 다 가가 대화를 나눠보려고 하고 있었다. "이 시위에 왜 나왔는지 말해주실 수 있나요? 어떻게 당신의 신념을 갖게 되었는지 말해주시겠어요?" 여성은 단순히 '노코멘트'라 는 말만 반복했다. 헤더 헤이어 재단 웹사이트를 방문해보시길 바란다. 이 재단은 사 회 변화에 열정을 가진 젊은이들에게 재정 지원을 제공하는 장학금 프로그램을 설립 했다.

　전화 통화를 시작할 때 잠시 멈추는 것의 중요성은 엘리자베스 스토코Elizabeth Stokoe 가 쓴 근사한 책 《이야기: 대화의 과학Talk: The Science of Conversation》에 기술되어 있다. 엘리 패리저의 의견은 《와이어드WIRED》와의 인터뷰에 실렸던 것이다. 인터뷰어는 제시 헴 펠Jessi Hempel이다.

### Chapter 6 | 진정하라는 말이 분노를 부추긴다

내가 보았던 면담 비디오 그리고 앨리슨 부부와 스티븐 롤닉, 스티븐 클라인먼과의 인터뷰는 2017년 내가 리서치하고 《가디언》에 기고했던 기사에 기반한 것이다(윌리엄 밀러William Miller와의 인터뷰에서도 정보를 얻었다). 인터뷰 대상자의 이름 등 상세한 내용은 바꾸어 썼지만, 면담에서 인용한 말들은 그대로 옮긴 것이다. 기사를 작성하는 동안 테이프를 볼 수 있도록 허가받기 위해 영국 대테러 경찰국과 논의를 거쳤다.

칼리 레온은 2018년 세이디 위트코프스키Sadie Witkowski가《보이스 오브 아메리카 뉴스Voice of America News》에 쓴 기사에서 인용했다.

'공중보건 공무원들'과 에마 와그너의 사례는 잰 호프먼Jan Hoffman의《뉴욕타임스》기사에서 가져온 것이다. 2011년의 테라피 연구는 프레다 맥마너스Freda McManus 등이 진행한 연구이며, 독일 연구는 짐Ziem과 호이어Hoyer의 연구다.

## Chapter 7 | 퇴로 없는 논쟁에서는 아무도 원하는 것을 얻지 못한다

만델라 이야기는 존 칼린이 쓴 놀라운 전기,《만델라 알기Knowing Mandela》의 도움을 받았다. 읽어보시라, 강력 추천하는 책이다. 트위터에 대한 연구는 주Zhu와 러먼Lerman의 연구다. 로라 체이신의 이야기는 피터 콜먼의 책《5퍼센트The Five Percent》에서 가져왔다. 오카시오-코르테즈가 의견 대립에 대해 발언한 전문과 동영상은 아래 링크에서 찾아볼 수 있다. https://theintercept.com/2019/03/09/alexandria-ocasio-cortez-aoc-sxsw.

## Chapter 8 | 자신을 연구하는 인류학자가 되어보기

웨이코 사건에 대해 쓰기 위해 여러 출처를 참조했다. 티보도Thibodeau와 레비스Reavis의 책을 참조했고, 협상 과정에 대한 제인 도처티의 박식하고 예리한 분석이 담긴《웨이코 사건으로부터 배워야 할 것들Learning Lessons from Waco》에서 가장 큰 도움을 받았다(그녀의 후속 인터뷰도 큰 도움이 되었는데, 이 인터뷰는 출처로 인용했다). 말콤 글래드웰Malcolm Gladwell이《뉴요커》에 쓴 뛰어난 기고문에도 빚을 졌다. '완전히 가학적인'이라는 말은 대니 쿨슨Danny Coulson이 FBI 인질 구출팀에서 일했던 경험을 담은 회고록에서 가져왔다. 조 헨리치의 연구에 대한 이야기는 이선 왓터스Ethan Watters가《퍼시픽 스탠더드Pacific Standard》에 실렸던 인터뷰 내용을 참조했다. 리처드 루이스가 협상의 문화적 차이를 분석한 내용을 더 알아보려면 그의 저서《지구촌 비즈니스 문화》를 읽어보길 바란다.

## Chapter 10 | 언제 어떻게 실수를 인정할 것인가

인질 협상 과정에서의 사과에 대한 미리엄 우스팅가의 연구를 인용하는 데는 폴 테일러의 도움을 받았다. 팟캐스트 〈괴짜 경제학Freakonomics〉에서 사과에 관한 에피소드를 들은 후 벤저민 호의 연구와 연결 지을 수 있었다(이 팟캐스트의 진행자는 스티븐 더브너 Stephen Dubner다).

값비싼 신호는 여러 형태로 다가온다. 18세기, 해적들이 해골이 그려진 깃발을 내걸었던 건 감히 다른 누구도 그럴 수 없었기 때문이다. 해적은 불법이었고 사형에 처해질 수 있었다. 해적 깃발을 본 희생자들은 저항하지 않고 항복할 공산이 높았다. 무모하고 대담한 악당들이라는 걸 알았기 때문이다.

## Chapter 11 | 뻔한 질문은 나쁜 질문이다

오슬로 협상 이야기를 쓰기 위해, 제인 코빈의 흥미롭고 권위 있는 저서와 테르예 뢰드-라르센과 주고받은 이메일을 참조했다. 내가 이 이야기를 처음 접하게 된 것은 J. T. 로저스의 뛰어난 연극 〈오슬로〉를 보면서였다. 피터 콜먼은 '다루기 힘든 갈등 연구소Intractable Conflicts Lab'도 운영하고 있다. 갈등의 역학에 대해 더 알아보고 싶다면 콜먼의 탁월한 저서《5퍼센트》를 읽어보길 추천한다.

## Chapter 12 | 규칙은 잘 보이게, 모두가 알 수 있게

체인지 마이 뷰 포럼은 여전히 레딧 사이트에서 운영되고 있지만, 칼 턴불은 '사격중지ceasefire.net'라는 새로운 독립 웹사이트와 앱을 만들어 운영하고 있다. 이 사이트에 들어가 보시길, 그리고 여러분이 가지고 있는 신념 몇 가지를 시험해보시길 권한다. 체인지 마이 뷰에서의 토론에 대한 코넬대학의 연구는 천하오 탄Chenhao Tan 등이 진행했다. 긴 답변이 짧은 답변보다 설득력 있다는 연구 결과는 트위터가 2017년 140자 제한을 280자로 늘렸던 것과 궤를 같이한다.《커뮤니케이션 저널Journal of Communication》에 실린 통계 분석(자이드커Jaidker 등)에 따르면 이 변화로 인해 트위터에서의 정치적 대화는 보다 예의 바르고 분석적이며 건설적인 것이 되었다.

## Chapter 13 | 가장 무서운 적은 자기 자신일 수도 있다

유니버시티칼리지 런던의 연구는 셔길Shergill 등이 진행한 것이다.

엘리스 앰더는 일본에서 400년 전통을 가진 무술 아라키류araki-ryu를 연구했다. 처음 3개월 동안 그가 수련한 기술은 딱 하나였는데, 의중을 드러내지 않고 스승에게 사케를 대접하는 것이었다. 전통적인 나무 쟁반인 산포에 사케를 담되, 눈높이에 맞춰

들어야 한다. 차를 대접하는 순간, 숨겨두었던 (오크나무로 만든) 가짜 칼을 꺼내 암살을 시도한다. 공격의 낌새를 조금이라도 알아차릴 경우, 스승은 나무 무기를 꺼내 제자를 치거나 찌른다. 많은 경우에 제자에겐 상처가 남는다.

허스웨이트 연구에서 발견한 내용은 회사 창립자 닐 랙컴Neil Rackham이 〈성공적인 협상가들의 행동〉이라는 논문으로 정리한 바 있다.

## Part 3

# 자리를 떠나지 말 것

### Chapter 15 | 끝나지 않는 무한 게임

버트런드 러셀의 편지는 로널드 클라크Ronald Clark가 쓴 러셀의 전기에 담겨 있다.

로저 윌리엄스의 삶에 대한 이야기는 테레사 베얀의 저서와 존 배리John Barry가 쓴 탁월한 전기에서 가져온 것이다. 《양심을 원인으로 한 피비린내 나는 박해의 가르침》이 발행된 같은 해에 윌리엄스의 친구 존 밀턴도 언론의 자유를 강렬하게 옹호하는 글인 《아레오파기티카Areopagitica》를 펴냈다. "배우고자 하는 욕구가 크다면 필연적으로 많은 논쟁, 많은 글, 많은 의견이 있을 것이다. 훌륭한 사람들의 의견이란 지식이 만들어지는 과정이기 때문이다."

민주주의를 무한의 게임으로 바라보는 관점은 사회가 언제나 균형을 이루되 결론은 나지 않는 갈등 위에 만들어져야 한다는 데이비드 흄David Hume의 주장으로부터 영향을 받았다. "모든 정부는 권위와 자유 사이에서 영속적인 내부 갈등을 겪는다. 때로는 공개적으로, 때로는 은밀하게 이루어지는 갈등이다. 양편 중 어느 한편도 완전히 승리하지는 못한다."

논쟁을 대하는 프랑스 문화에 대해서는 다음과 같은 내용을 참고했다. 1944년 노르망디 상륙작전을 감행하기 전, 영국군은 프랑스 주민들의 문화적 습관에 대한 매뉴얼을 군대 내에 배포했다. 이 매뉴얼에는 아래와 같은 경고도 포함되어 있었다. "프랑스인들은 영국인보다 지적인 논쟁을 즐기는 편이다. 프랑스인 두 명이 격렬하게 다투는 것 같지만 알고 보면 관념적인 문제에 대해 논쟁을 벌이고 있는 경우가 종종 있다."

수전 브로는 존중하는 태도를 무척이나 강조했지만, 예의만으로는 충분하지 않다고 나에게 말했다. "모두에게 예의 바르게 이야기하는 것은 효과가 없을 거예요. 당신이 얼마나 분노하고 있는지 이해하지 못할 것이기 때문입니다. 격렬하게 이야기해야

합니다. 하지만 당신은 여전히 다른 사람의 의견을 들으려고 노력해야 해요. 그들의
의견에 결코 동의하지 않더라도 말이죠."

나는 피터 콜먼의 책《5퍼센트》에서 메리 파커 폴릿에 대해 처음 알게 되었다. 안드
레아 가보Andrea Gabor의 책《자본주의 철학자들》에도 그녀가 등장한다. 게리 넬슨Gary
Nelson과 주디 휩스Judy Whipps의 논문도 참조했다(휩스는 논문에서 폴릿의 멋진 말을 인용하
고 있다. "진리는 다름에서 나옵니다. (…) 우리 일상의 셀 수 없이 많은 다름에서").

### Chapter 17 | 더 나은 대화를 위한 생각 도구

조지 톰슨이 한 말은 그의 저서《말 잘하는 즐거움》에 실린 것이다. 이 책에는 다이아
몬드처럼 빛나는 경구들("모욕은 저항만을 키우지만 예의 바른 태도는 저항을 약하게 만든
다." "다른 사람들처럼 생각하는 것을 멈추는 순간, 다른 사람들에게 미칠 수 있는 영향력을 잃게
된다.")과 갈등을 다루는 풍부한 지혜가 담겨 있다.

Adams, Ryan E., and Laursen, Brett, 'The Correlates of Conflict: Disagreement is Not Necessarily Detrimental', *Journal of Family Psychology*, 21 (3), September 2007

Agne, Robert R., 'Reframing Practices in Moral Conflict: Interaction Problems in the Negotiation Standoff at Waco', *Discourse and Society*, 18 (5), 2007

Arnold, K., and Vakhrusheva, J., 'Resist the negation reflex: minimising reactance in psychotherapy of delusions', *Psychosis*, 8 (2), 2015

Ayoko, O., Ashkanasy, N., Jehn, K., *Handbook of Conflict Management Research*, Edward Elgar Publishing, 2014

Azoulay, P., et al., 'Does Science Advance One Funeral at a Time?', *American Economic Review*, 109 (8), August 2019

Barry, John, *Roger Williams and the Creation of the American Soul: Church, State and the Birth of Liberty*, Duckworth Overlook, 2012

Bejan, Teresa, *Mere Civility: Disagreement and the Limits of Toleration*, Harvard University Press, 2017

Bradbury, T. N., and Cohan, C. L., 'Negative Life Events, Marital Interaction, and the Longitudinal Course of Newlywed Marriage', *Journal of Personal and Social Psychology*, 73 (1), August 1997

Brady, William, et al., 'Emotion shapes the diffusion of moralised content in social networks', *Proceedings of the National Academy of Sciences*, 114 (28), 2017

Budiansky, Stephen, 'Truth Extraction', *The Atlantic*, June 2005

Buffett, Warren, 'Letter to Shareholders', *Berkshire Hathaway Annual Report*, 2009

Canary, Daniel J., Lakey, Sandra G., and Sillars, Alan L., 'Managing Conflict in a Competent Manner: A Mindful Look at Events that Matter', in *The SAGE Handbook of Conflict Communication*, ed. Oetzel and Ting-Toomey

Carlin, John, *Knowing Mandela*, Atlantic Books, 2014

Carnevale, P. J., https://www.researchgate.net/publication/228255884_Creativity_in_ the_Outcomes_of_Conflict

Carse, James P., *Finite and Infinite Games: A Vision of Life as Play and Possibility*, Simon & Schuster, 1986

Chmiel, Anna, et al., 'Negative Emotions Boost Users' Activity at BBC Forum', *Physica A: Statistical Mechanics and its Applications*, 390 (16), 2011

Christian, Brian, *The Most Human Human: What Artificial Intelligence Teaches Us about Being Alive*, Penguin, 2012

Clark, Ronald, *The Life of Bertrand Russell*, Bloomsbury Reader, 2012

Coleman, Peter, *The Five Percent*, PublicAffairs, 2011

Corbin, Jane, *Gaza First: The Secret Norway Channel to Peace between Israel and the PLO*, Bloomsbury, 1994

Coulson, Danny, and Shannon, Elaine, *No Heroes: Inside the FBI's Secret Counter-Terror Force*, Pocket Books, 1999

Crockett, M. J., 'Moral outrage in the digital age', *Nature Human Behaviour*, 1, 2017

Crouch, Tom, *The Bishop's Boys: A Life of Wilbur and Orville Wright*, W. W. Norton & Co., 1991

Croucher, Stephen M., et al., 'Conflict Styles and High–Low Context Cultures, A Cross-Cultural Extension', *Communication Research Reports*, 29 (1), 2012

Cusk, Rachel, *Coventry: Essays*, Faber & Faber, 2019

De Dreu, K. W., and Weingart, L. R., 'Task Versus Relationship Conflict, Team Performance, and Team Member Satisfaction: A Meta-Analysis', *Journal of Applied Psychology*, 88 (4), 2003

DeSteno, David, et al., 'Prejudice from thin air: the effect of emotion on automatic intergroup attitudes', *Psychological Science*, 15 (5), June 2004

De Wit, Frank R. C., et al., 'The paradox of intragroup conflict: a meta-analysis', *Journal of Applied Psychology*, 97 (2), 2012

Docherty, Jayne, *Learning Lessons from Waco: When the Parties Bring Their Gods to the Negotiation Table*, Syracuse University Press, 2001

——, interview retrieved from https://www.beyondintractability.org/audiodisplay/docherty-j

Donohue, W. A., and Taylor, P. J., 'Role Effects in Negotiation: The one-down phenomenon', *Negotiation Journal*, 23 (3), 2007

Druckman, Daniel, 'Stages, Turning Points, and Crises: Negotiating Military Base Rights, Spain and the United States', *Dans Négociations*, 2 (28), 2017

Dutilh Novaes, C., 'What is logic?', *Aeon magazine*, 2017, retrieved from https://aeon.co/essays/the-rise-and-fall-and-rise-of-logic

Eppler, Mark, *The Wright Way: Seven Problem-Solving Principles from the Wright Brothers That Can Make Your Business Soar*, Amacom, 2003

Faber, Adele, and Mazlish, Elaine, *How to Talk so Kids Will Listen and Listen so Kids Will Talk*, 3rd edn, Piccadilly Press, 2013

Fletcher, Richard, and Nielsen, Rasmus Kleis, 'Using Social Media Appears to Diversify Your News Diet, Not Narrow It', *NiemanLab* report on 2017 Reuters Institute Digital News Report

Forsyth, Donelson, *Group Dynamics*, Wadsworth Publishing, 1980

Gabor, Andrea, *Capitalist Philosophers: The Geniuses of Modern Business–Their Lives, Times, and Ideas*, John Wiley & Sons, 2020

Galef, Julia, Rationally Speaking podcast, episode 206, April 2018, interview with Kal Turnbull of ChangeMyView

Gallagher, Brian, interview with James Evans and Misha Teplitskiy, 'Wikipedia and the Wisdom of Polarised Crowds', *Nautilus*, 14 March 2019

Gallo, Amy, 'How to Disagree with Someone More Powerful Than You', *Harvard Business Review*, 17 March 2016

Gawande, Atul, commencement speech to UCLA Medical School, published in the *New Yorker*, 2 June 2018

Gelfand, M., Harrington J., Leslie, L., 'Conflict cultures: a new frontier for conflict management and practice', in Ayoko et al.

Gittell, Jody Hoffer, *The Southwest Airlines Way: Using the Power of Relationships to Achieve High Performance*, McGraw-Hill Education, 2005

Gladwell, Malcolm, 'Sacred and Profane: How Not to Negotiate with Believers', New Yorker, 31 March 2014

Goffman, Erving, *The Presentation of Self in Everyday Life*, Penguin, 1990

Goldberger, Ary L., 'Fractal Variability versus Pathologic Periodicity: Complexity Loss and Stereotypy in Disease', *Perspectives in Biology and Medicine*, 40 (4), 1997

Gottman, John, *The Relationship Cure*, Crown Publications, 2002

Gottman, John, Swanson, Catherine, and Swanson, Kristin, 'A General Systems Theory of Marriage: Nonlinear Difference Equation Modeling of Marital Interaction', *Personality and Social Psychology Review*, 6 (4), 2002

Graham, Paul, *How to Disagree*, March 2008, http://www.paulgraham.com/disagree.html

Greene, Joshua, *Moral Tribes*, Atlantic Books (UK), 2014

Grossman, Lev, 'Mark Zuckerberg, Person of the Year 2010', *Time*, 15 December 2010

Grubb, Amy Rose, 'Modern-day hostage [crisis] negotiation: the evolution of an art form within the policing arena', *Aggression and Violent Behaviour*, 15 (5), 2010

Haidt, J., et al., 'The Moral Stereotypes of Liberals and Conservatives: Exaggeration of Differences across the Political Spectrum', *PLoS ONE*, 7 (12), 2012, https://doi.org/10.1371/journal.pone.0050092

Hall, Edward T., *Beyond Culture*, Anchor, 1976

Halperin, Basil, Ho, Benjamin, List, John A., Muir, Ian, 'Towards an understanding of the economics of apologies: evidence from a large-scale natural field experiment', NBER Working Paper No. 25676, March 2019

Hempel, Jessi, 'Eli Pariser Predicted the Future. Now He Can't Escape It', *Wired*, 24 May 2017

Hendrick, Carl, 'The Growth Mindset Problem', *Aeon*, 11 March 2019

Henrich, J, Heine, S. J., Norenzayan, A., 'The Weirdest People in the World?', *Behavioral and Brain Science*, 33 (2–3), June 2010, https://doi.org/10.1017/

S0140525X0999152X

Herman, Arthur, *The Scottish Enlightenment: The Scots' Invention of the Modern World*, Fourth Estate, 2003

Ho, Benjamin, and Liu, Elaine, 'Does Sorry Work? The Impact of Apology Laws on Medical Malpractice', *Journal of Risk and Uncertainty*, 43 (2), June 201

Hoffman, Jan, 'How Anti-Vaccine Sentiment Took Hold in the United States', *New York Times*, 23 September 2019

Horowitz, Ben, *The Hard Thing about Hard Things*, HarperCollins USA, 2014

Hughes, Bettany, *The Hemlock Cup: Socrates, Athens, and the Search for the Good Life*, Vintage 2011

Huthwaite International, *The Behaviour of Successful Negotiators*

Ickes, William, *Everyday Mind Reading: Understanding What Other People Think and Feel*, Prometheus Books, 2006

Jacobs, Alan, *How To Think: A Guide for the Perplexed*, Profile, 2017

Jaidker, K., Zhou, A., Lelkes, Y., 'Brevity is the soul of Twitter: The constraint affordance and political discussion', *Journal of Communication*, 69 (4), August 2019

Janis, Irving L., *Victims of Groupthink: A Psychological Study of Foreign-Policy Decisions and Fiascoes*, Houghton Mifflin, 1972

Jhaver, S., Vora, P., Bruckman, A., 'Designing for Civil Conversations: Lessons Learned from ChangeMyView', GVU Technical Report, December 2017

Kahan, Dan, 'Ideology, motivated reasoning and cognitive reflection', *Judgement and Decision-Making*, 8 (4), July 2013

Kahan, Dan, et al., 'Science Curiosity and Political Information Processing', *Advances in Political Psychology*, 38 (S1), February 2017

Kahneman, Daniel, *Thinking, Fast and Slow*, Penguin 2012

Kaplan, Jonas T., Gimbel, Sarah I., Harris, Sam, 'Neural correlates of maintaining one's political beliefs in the face of counterevidence', *Scientific Reports* 6 (1), 2016, https://doi.org/10.1038.srep39589

Kim, D., Pan, Y., Park, H. S., 'High-context versus low-context culture: a comparison of Chinese, Korean and American cultures', *Psychology and Marketing*, 15 (6), 1998

Klar, Samara, and Krupnikov, Yanna, *Independent Politics: How American Disdain for Parties Leads to Political Inaction*, Cambridge University Press, 2016

Klein, Kristi, and Hodges, Sara D., 'Gender Differences, Motivation, and Empathic Accuracy: When It Pays to Understand', *Personality and Social Psychology Bulletin*, 27 (6), June 2001

Kolb, Deborah, et al., *When Talk Works: Profiles of Mediators*, Jossey Bass, 1994 (interview with Patrick Phear conducted by Austin Sarat)

Kramer, R., and Neale, M., *Power and Influence in Organizations*, SAGE, 1998

Lakoff, G., and Johnson, M., *Metaphors We Live By*, University of Chicago Press, 1980

Lakoff, R. T., *Language and Woman's Place*, Oxford University Press, 2004

Laursen B., and Collins, W. A., 'Interpersonal conflict during adolescence', *Psychological Bulletin*, 115 (2), 1994

Lee, Fiona, et al., 'Mea Culpa: Predicting Stock Prices from Organizational Attributions', *Personality and Social Psychology Bulletin*, 30 (12), 2004

Leslie, Ian, 'A Rocker's Guide to Management', *The Economist/1843*, 14 November 2018

——, 'The Scientists Persuading Terrorists to Spill Their Secrets', *The Guardian*, 13 October 2017

——, 'The Sugar Conspiracy', *The Guardian*, 7 April 2016

Lewis, Richard D., *When Cultures Collide*, 3rd edn, Nicholas Brealey Publishing, 2005

Lewisohn, Mark, *The Beatles–All These Years*, Volume One: Tune In, Little, Brown, 2013

Litvak, Paul M., et al., 'Fuel in the Fire: How Anger Impacts Judgment and Decision-Making', in M Potegal et al., *International Handbook of Anger*, Springer, 2010

Llano, Stephen, letter published in *The Atlantic*, 30 April 2019, retrieved from https://www.theatlantic.com/letters/archive/2019/04/how-argue-letters-erisology/588265/

Macduff, Ian, 'Here, There and Everywhere: Taking mediation online', *Kluwer Mediation Blog*, 28 March 2014; http://mediationblog.kluwerarbitration.com/2014/03/28/here-there-and-everywhere-taking-mediation-online/

Marken, Richard T., and Carey, Timothy A., *Controlling People: The Paradoxical Nature of Being Human*, Australian Academic Press, 2015

Martin, J. and Meyerson, D., 'Women in Power: Conformity, Resistance, and Disorganized Coaction', in Kramer and Neale, *Power and Influence in Organizations*

Matias, J. N., 'Preventing harrassment and increasing group participation through social norms in 2,190 online science discussions', *Proceedings of the National Academy of Sciences of the United States of America*, 116 (20), April 2019, https://doi.org/10.1073/pnas.1813486116

McManus, Freda, et al., 'An investigation of the accuracy of therapists' self-assessment of cognitive-behaviour therapy skills', *British Journal of Clinical Psychology*, 51 (3), September 2012

McNulty, James K., 'When Positive Processes Hurt Relationships', *Current Directions in Psychological Science*, 19 (3), 2010

McNulty, James K., and Russell, V. Michelle, 'When "Negative" Behaviors Are Positive: A Contextual Analysis of the Long Term Effects of Problem-Solving Behaviours on Changes in Relationship Satisfaction', *Journal of Personality and Social Psychology*, 98 (4), 2010

Mercier, Hugo, and Sperber, Dan, *The Enigma of Reason: A New Theory of Human Understanding*, Penguin 2018

Miller, William, and Rollnick, Stephen, *Motivational Interviewing: Helping People Change*, 3rd edn, Guilford Press, 2012

Montaigne, Michel de, *Essays*, trans. Charles Cotton, via Project Gutenberg

Morrill, Calvin, *The Executive Way*, University of Chicago Press, 1995

Moshman, David, and Gell, Molly, 'Collaborative Reasoning: Evidence for Collective Rationality', *Thinking and Reasoning*, 4 (3), July 1998

Nelson, Gary M., 'Mary Parker Follett–Creativity and Democracy', *Human Service Organizations: Management, Leadership and Governance*, 41 (2), 2017

Nemeth, Charlan, *No! The Power of Disagreement in a World that Wants to Get Along*, Atlantic Books (UK), 2019

Nemeth, Charlan, Brown, K., Rogers, J., 'Devil's Advocate versus Authentic Dissent:

Stimulating Quantity and Quality', *European Journal of Social Psychology*, 31 (6), 2001

Nemeth, Charlan, et al., 'The liberating role of conflict in group creativity: a study in two countries', *European Journal of Social Psychology*, 34 (4), 2004

Nickerson, Raymond S., 'Confirmation Bias: A Ubiquitous Phenomenon in Many Guises', *Review of General Psychology*, 2 (2), June 1998

Nishimura, Shoji, Nevgi, Anne, Tello, Seppa, 'Communication Style and Cultural Features in High/Low Context Communication Cultures: A Case Study of Finland, Japan, and India', University of Helsinki Department of Applied Sciences of Education, Research Report 299, 2008

Nissen-Lie, Helene A., 'Humility and self-doubt are hallmarks of a good therapist', *Aeon*, 5 February 2020

Nyhan, B., and Reifler, J., 'When corrections fail: The persistence of political misperceptions', *Political Behavior*, 32 (2), 2010

Oostinga, M., 'Breaking [the] ice: communication error management in law enforcement interactions', PhD thesis, University of Twente, 2018

Overall, Nickola, 'Does Partners' Negative-Direct Communication During Conflict Help Sustain Perceived Commitment and Relationship Quality Across Time?' *Social Psychological and Personality Science*, 9 (4), 2018

Overall, Nickola C., et al., 'Regulating Partners in Intimate Relationships: the costs and benefits of different communication strategies', *Journal of Personal Social Psychology*, 96 (3), 2009

Overall, N. C., and McNulty, J. K., 'What type of communication during conflict is beneficial for intimate relationships?', *Current Opinion in Psychology*, 13, 2017

Perlow, Leslie, *When You Say Yes but You Mean No*, Crown Business, 2003

Plato, *Complete Works*, ed. Cooper, John M., Hackett, 1997

Powell, Jonathan, *Great Hatred, Little Room: Making Peace in Northern Ireland*, Vintage, 2009

——, *Talking To Terrorists: How to End Armed Conflicts*, Vintage, 2015

Rackham, Neil, 'The Behaviour of Successful Negotiators', in *Negotiation: Readings,*

*Exercises and Classes*, ed. Lewicki, Litterer, Saunders, and Minton, McGraw Hill, 2014

Rackham, Neil, and Morgan, Terry, *Behaviour Analysis in Training*, McGraw-Hill UK, 1977

Reavis, Dick J., *The Ashes of Waco: An Investigation*, Simon & Schuster, 1995

Resnick, Brian, 'There may be an antidote to politically motivated reasoning. And it's wonderfully simple', *Vox*, 7 February 2017

Richards, Keith, *Life: Keith Richards*, Weidenfeld & Nicolson, 2011

Rozenblit, L., and Keil, F., 'The misunderstood limits of folk science: an illusion of explanatory depth', *Cognitive Science*, 26 (5), 2002

Shergill, S. S., Bays, P. M., et al., 'Two eyes for an eye: the neuroscience of force escalation', *Science* 301 (5630), 2003

Shi, F., et al., 'The Wisdom of Polarised Crowds', *Nature Human Behaviour* (4), 2019

Sillars, Alan, et al., 'Cognition and Communication during Marital Conflict: How Alcohol Affects Subjective Coding of Interaction in Aggressive and Nonaggressive Couples', in P. Noller and J. A. Feeney (eds), *Understanding marriage: Developments in the study of couple interaction*, Cambridge University Press, 2002

Sillars, Alan, et al., 'Stepping into the stream of thought: Cognition during marital conflict', in V. Manusov and J. H. Harvey (eds), *Attribution, Communication Behavior, and Close Relationships*, Cambridge University Press, 2001

Sloman, Steven, and Fernbach, Philip, *The Knowledge Illusion: the myth of individual thought and the power of collective wisdom*, Pan, 2018

Smith, Dana, interview with James Evans: 'The Wisdom of Crowds Requires the Political Left and Right to Work Together', *Scientific American*, 8 March 2019

Sobo, Elisa, 'Theorising (Vaccine) Refusal: Through the Looking Glass', *Cultural Anthropology*, 31 (3), 2016

Stokoe, Elizabeth, *Talk: The Science of Conversation*, Little Brown, 2018

Sun, Katherine Q., and Slepian, Michael L., 'The conversations we seek to avoid', *Organizational Behaviour and Human Decision Processes*, 60, September 2020

Talhelm, Thomas, et al., 'Liberals Think More Analytically (More "WEIRD") Than

Conservatives', *Personality and Social Psychology Bulletin*, 41 (2), 24 December 2014

Tan, Chenhao, et al., 'Winning Arguments: Interaction Dynamics and Persuasion Strategies in Good-faith Online Discussions', *Proceedings of the 25th International World Wide Web Conference*, 2016

Tesser, Abraham, et al., 'Conflict: the role of calm and angry parent–child discussion in adolescent adjustment', *Journal of Social and Clinical Psychology*, 8 (3), 1989

Thibodeau, David, and Whiteson, Leon, *A Place Called Waco*, PublicAffairs, 1999

Thompson, George, *Verbal Judo: The Gentle Art of Persuasion*, HarperCollins USA, 2014

Tiedens, Larissa Z., 'Anger and Advancement versus Sadness and Subjugation: The Effect of Negative Emotion Expressions on Social Status Conferral', *Journal of Personality and Social Psychology*, 80 (1), 2001

Trevors, Gregory, et al., 'Identity and Epistemic Emotions During Knowledge Revision: A Potential Account for the Backfire Effect', *Discourse Processes*, 53 (5), January 2016

Wallace, David Foster, 'Tense Present: Democracy, English, and the Wars over Usage', in *Consider the Lobster and Other Essays*, Little Brown 2006

Wasserman, Noam, *The Founder's Dilemmas*, Princeton University Press, 2013

Watters, Ethan, 'We Aren't the World', *Pacific Standard*, 25 February 2013

Wender, Jonathan, *Policing and the Poetics of Everyday Life*, University of Illinois Press, 2009

West, Richard F., et al., 'Cognitive Sophistication Does Not Attenuate the Bias Blind Spot', *Journal of Personality and Social Psychology*, 103 (3), 2012

Whipps, Judy D., 'A Pragmatist Reading of Mary Parker Follett's Integrative Process', *Faculty Peer Reviewed Articles*, 8, 2014, https://scholarworks.gvso.edu/lib-articles/8

Witkowski, Sadie, 'Psychology Researchers Explore How Vaccine Beliefs Are Formed', *Voice of America News*, 16 August 2018

Wolf Shenk, Joshua, *Powers of Two: Finding the Essence of Innovation in Creative Pairs*, John Murray, 2014

Zanes, Warren, *Petty: The Biography*, Macmillan USA, 2015

Zartman, I. W., and Aurik, J., 'Power Strategies in De-escalation', in L. Kriesberg and J. Thomson (eds), *Timing the De-escalation of International Conflicts*, Syracuse University Press, 1991

Zhu, Linhong, and Lerman, Kristina, 'Attention Inequality in Social Media', *ArXiv*, 2016, abs/1601.07200

Ziem, M., and Hoyer, J., 'Modest, yet progressive: Effective therapists tend to rate therapeutic change less positively than their patients', *Psychotherapy Research*, 30 (4), 2020

# Conflicted

# 다른 의견

초판 1쇄 발행 2021년 10월 27일
초판 5쇄 발행 2023년  5월 22일

지은이 | 이언 레슬리
옮긴이 | 엄윤미
발행인 | 김형보
편집 | 최윤경, 강태영, 임재희, 홍민기, 김수현
마케팅 | 이연실, 이다영, 송신아
디자인 | 송은비
경영지원 | 최윤영

발행처 | 어크로스출판그룹(주)
출판신고 | 2018년 12월 20일 제 2018-000339호
주소 | 서울시 마포구 양화로10길 50 마이빌딩 3층
전화 | 070-8724-0876(편집) 070-8724-5877(영업)
팩스 | 02-6085-7676
이메일 | across@acrossbook.com

한국어판 출판권 ⓒ 어크로스출판그룹(주) 2021

ISBN 979-11-6774-007-6  03190

**만든 사람들**
편집 | 임재희
교정교열 | 오효순
표지디자인 | 김형균
본문디자인 | 송은비
조판 | 박은진